国家社会科学基金青年项目（11CRK021）

《双向搜寻、匹配博弈与大学生就业研究》课题成果

| 光明社科文库 |

双向搜寻、匹配博弈与大学生就业研究

陆义敏◎著

光明日报出版社

图书在版编目（CIP）数据

双向搜寻、匹配博弈与大学生就业研究 ／ 陆义敏
著 ． －－北京：光明日报出版社，2019.4
（光明社科文库）
ISBN 978－7－5194－5276－6

Ⅰ．①双… Ⅱ．①陆… Ⅲ．①大学生—就业—研究
Ⅳ.①G647.38

中国版本图书馆 CIP 数据核字（2019）第 081600 号

双向搜寻、匹配博弈与大学生就业研究
SHUANGXIANG SOUXUN、PIPEI BOYI YU DAXUESHENG JIUYE YANJIU

著　　者：陆义敏

责任编辑：杨　娜　　　　　　　责任校对：赵鸣鸣
封面设计：中联学林　　　　　　责任印制：曹　净

出版发行：光明日报出版社
地　　址：北京市西城区永安路 106 号，100050
电　　话：010－67017249（咨询）　63131930（邮购）
传　　真：010－67078227，67078255
网　　址：http://book.gmw.cn
E － mail：yangna@gmw.cn
法律顾问：北京德恒律师事务所龚柳方律师
印　　刷：三河市华东印刷有限公司
装　　订：三河市华东印刷有限公司
本书如有破损、缺页、装订错误，请与本社联系调换，电话：010－67019571
开　　本：170mm×240mm
字　　数：235 千字　　　　　　印　　张：16.5
版　　次：2019 年 9 月第 1 版　　印　　次：2019 年 9 月第 1 次印刷
书　　号：ISBN 978－7－5194－5276－6
定　　价：85.00 元

摘　要

　　从1999年大学生首次大规模扩招并于2003年逐步进入就业市场以来，大学生就业问题便上升为全社会关注的焦点和学术研究的热点。本书从大学生就业实现的搜寻匹配过程入手，尝试构建起中国大学生就业问题的"微观理论基础"，试图获取认识和解决大学生就业问题的一些新思路。

　　在转轨背景回顾和文献评述的基础上，本书首先提出基于企业（雇主）和大学生的双向搜寻和匹配博弈过程的大学生就业的理论研究脉络，并构建基于中国情境的大学生就业搜寻—匹配模型，包括企业（雇主）搜寻决策方程、大学生工作搜寻决策方程、大学生和企业（雇主）匹配博弈方程，同时结合中国大学生就业市场的实践，提炼出大学生就业影响因素。然后，开展中国大学生就业的实证分析，其中包括：依托宏观经济数据对就业弹性进行面板分析，把握大学生就业的宏观总量环境；依托公共就业服务机构数据开展大学生就业的宏观结构环境分析；依托企业和大学生调查问卷进行企业（雇主）搜寻和大学生工作搜寻的生存分析，对企业（雇主）和大学生的搜寻行为进行研究；设计和实施匹配博弈实验对企业（雇主）和大学生的搜寻行为进行模拟和研究。最后，给出研究的结论与启示。

　　全书共包括四章的内容。

第一章为导言，主要是提出研究问题并对现有的研究文献进行梳理和评述。本章首先详细分析了大学生就业研究的体制转轨背景，其次对国外就业总量分析、就业结构分析和搜寻匹配理论，以及国内大学生就业研究的文献内容进行全面回顾与评价，并发现要更有效把握大学生就业问题的成因及对策，需要深入揭示劳动供需主体经济行为的内涵和提供合理的理论解释，尤其要对劳动供需双向搜寻和匹配博弈这一微观就业实现过程进行系统、深入的论证研究。最后提出研究问题、方法和思路。

第二章为大学生就业搜寻—匹配模型，主要是在文献综述的基础上，围绕所研究的问题构建理论模型并提炼出大学生就业的影响因素。本章首先提出了大学生就业的理论研究脉络，即把企业（雇主）和大学生的双向搜寻、匹配博弈过程划分为五个环节：（1）企业（雇主）传递职位空缺信息和大学生获取职位空缺信息环节；（2）大学生到达企业（雇主）和企业（雇主）形成候选人池环节；（3）企业（雇主）挑选求职大学生和大学生参加企业（雇主）甄选环节；（4）企业（雇主）给出职位雇用条件和大学生收到职位雇用条件环节；（5）大学生决定是否接受工作机会和企业（雇主）职位空缺是否填补环节。其次是基于大学生就业的理论研究脉络来构建大学生就业搜寻—匹配理论模型。最后从企业（雇主）创造和填补工作岗位行为、大学生工作搜寻行为和企业（雇主）与大学生就业匹配博弈的影响因素出发，提炼大学生就业的影响因素和可能的理论影响方向。

第三章为中国大学生就业的实证分析，主要是利用宏观数据、调查数据和实验数据对大学生就业搜寻—匹配理论模型及大学生就业的影响因素进行实证检验。首先，本章利用宏观经济数据和公共就业服务机构数据对大学生就业的宏观环境进行就业弹性和结构分析。其次，利用企业人力资源管理人员和大学生工作搜寻的调查数据，对企业（雇主）搜寻和大学生工作搜寻行为进行生存分析。最后，通过设计和开展匹配博弈实验，对企业（雇主）和大学生的搜寻行为进行模拟和研究。

第四章为研究结论与促进大学生就业的对策建议。本书的研究结论有：1. 通过宏观现象分析与微观行为研究相结合，有利于认识和把握大学生就业实现中会遇到的周期性失业、结构性失业和摩擦性失业问题；2. 所构建的大学生就业搜寻—匹配模型能够为大学生就业研究提供一个可供参考的微观理论基础。本书提出了建立以匹配效率为导向的大学生就业支持体系，增强企业的岗位创造能力和提升大学生的就业能力等促进大学生就业的对策建议。同时，本书给出了本书的研究局限与未来研究展望。

关键词：大学生就业；企业（雇主）搜寻；工作搜寻；匹配博弈

目　录
CONTENTS

第一章 导 言

改革开放以来，我国不断反思计划经济体制的弊端并持续推进体制转轨，高等教育体制改革开始启动。20 世纪 90 年代，我国开始构建社会主义市场经济体制，高等教育体制改革步伐随之提速和深化，1993 年后大学生就业纳入了市场配置的轨道，大学生就业问题由此不断凸显出来。从 1999 年大学生首次大规模扩招并于 2003 年逐步进入就业市场以来，大学生就业问题更上升为全社会关注的焦点和学术研究的热点。

1.1 问题的提出

1.1.1 大学生就业研究的体制转轨背景

1. 新中国成立初期到 20 世纪 80 年代

（1）新中国成立初期到 20 世纪 80 年代高校管理体制的变迁沿革

①新中国成立初期到 1958 年：确立中央集权高校管理体制

新中国成立之初，百废待兴，为恢复和建设国民经济，1950 年，政务院颁布《各大行政区高等学校管理暂行办法》，"为更有效地管理全国高等学校（包括大学、独立学院及专科学校），除华北区高等学校由中央教育部直接领导外，各大行政区高等学校暂由各大行政区教育部或文教部代表中央教育部领导"。我国的中央集权高校管理体制由此确立。1952年，仿效苏联高等教育模式，我国实施了大规模高等院校院系调整，中央集权高校管理体制不断强化。在高校中央集权管理体制下，中央教育行政部门对高等学校实行直接指挥和管理。

②1958年到1963年：确立中央与地方分权高校管理体制

20世纪50年代中后期，针对中央集权计划经济体制实践中出现的问题，1956年毛泽东同志在中央政治局扩大会议上做了《论十大关系》的重要讲话，指出："应当在巩固中央统一领导的前提下，扩大一点地方的权力。"1958年4月，中共中央发布《关于高等学校和中等技术学校下放问题的意见》，赋予地方在高校管理、大学生招生和就业的管理权限，"除了少数综合大学、某些专业学院和某些中等技术学校仍旧由教育部或者中央有关部门直接领导以外，其他的高等学校和中等技术学校都可以下放，归各省、市、自治区领导"。另外，"改变统一招生的制度，一般的高等学校和中等技术学校可以就地招生，各个学校招考的时间不必划一，并且允许学生投考两个以上的学校"，并"改变毕业生分配办法，地方管理的院校，由地方分配"。

1958年8月，中共中央、国务院发布《关于教育事业管理权力下放问题的规定》，规定"教育部和中央主管部门，应该集中精力研究和贯彻执行中央的教育方针和政策，综合平衡全国的教育事业发展规则"。另外，"各地根据因地制宜、因校制宜的原则，可对教育部颁发的指导性教学计划、教学大纲和通用教材领导学校进行修订、补充，也可自编教材；过去国务院或教育部颁布的全国通用的教育规章制度，地方可结合当前工作发展情况，因地制宜、因事制宜地决定存废、修订或另行制定"。1963年，中央正式发布《关于加强高等学校统一领导、分级管理的决定》，明确高校实行中央统一领导，中央和省、市、自治区两级管理的制度。至此，我国中央集权高校管理体制逐步转型为中央与地方分权高校管理体制。

③1978 年到 1979 年：恢复中央与地方分权高校管理体制

"文革"期间，教育部被撤销，我国高等教育事业发展陷入停滞和混乱。"文革"以后，高等教育领域开始拨乱反正，1978 年，国务院转发《教育部关于恢复和办好全国重点高等学校的报告》，在全国重点学校中恢复统一领导、分级管理的管理体制。1979 年 9 月，中共中央又批转了原教育部《关于建议重新颁发〈关于加强高等学校统一领导、分级管理的决定〉的报告》，同意对高等学校实行统一领导，分级管理。至此，我国基本恢复了 1963 年所确立的中央与地方分权高校管理体制。

（2）新中国成立初期到 20 世纪 80 年代的学费、招生和就业安排

①高校学费的财政包干制度

1950 年教育部召开第一次全国高等教育工作会议，确定"工农"是高等教育的主要服务对象。为解决"工农"大学生的生活困难，1952 年政务院发布《关于调整全国高等学校及中等学校人民助学金的通知》，决定在全国高、中等学校学生中实行人民助学金制，同年稍后教育部发布《关于调整全国各级各类学校教职工工资及人民助学金标准的通知》。由此开启了我国高等教育免费时代。

"文革"期间和 1977 年恢复高考以后，高校学费的财政包干制度不断完善且一直延续到 20 世纪 90 年代初期。1977 年，原教育部、财政部印发《关于普通高等学校、中等专业学校和技工学校学生实行人民助学金制度的办法》，其中规定："研究生、高等师范、体育和民族学院学生，以及中等师范、护士、助产、艺术、体育和采煤等专业学生一律享受人民助学金，享受比例按 100% 计算。其他高等院校、中等专业学校和技工学校的学生，其助学金的享受比例按 75% 计算。"1983 年，教育部、财政部进一步发布《普通高等学校本科、专科学生人民助学金暂行办法》。到 20 世纪 90 年代初期，高校大学生学费基本免费，由国家财政包干和支持。

②高校全国统一招生和配额招生制度

第一，高校全国统一招生制度。

1950 年教育部发布《关于高等学校 1950 年度暑期招考新生的规定》："本年度高等学校招生，由各大行政区分别在适当地点定期实行全部或局部的联合或统一招生，并允许各校自行招生，招生名额由各大行政区负责审核。"我国全国统一高考制度由此确立。教育部在《关于高等学校 1951 年暑期招考新生的规定》和《关于全国高等学校 1952 年暑期招收新生的规定》中继续强调执行全国统一高考制度，并在 1977 年恢复高考后一直延续至今。即使 2003 年教育部开始推行自主招生，除高职高专自主招生外，统一高考依然需要参加且高考成绩依然是决定性的招生依据。

第二，高校配额招生制度。

1952 年，教育部在《关于全国高等学校 1952 年暑期招收新生的规定》中强调："各校的招生名额需报请各大行政区人民政府，教育部根据全国招生计划审核批准，严禁招生中的'乱招乱拉'现象。各区教育（文教）部应切实调查统计各该区应届高中毕业学生及其他可能投考高等学校的人数：如发现可能投考人数多于发布计划中所统计的各区人数时，应将多出的人数电报我部，将视其人数多寡，再根据招生计划追加各区招生名额"，并"根据投考学生的分布情况，在招生时对于各区投考学生将做统一的调配"。由此，我国确立了高校配额招生制度。即使在 1999 年第一次大学扩招后，我国大学生招生依然跳不出配额招生的既有制度框架。

③大学生就业统包统配制度

1951 年政务院发布《关于改革学制的决定》，明确提出"高等学校毕业生的工作由政府分配"，并在《关于 1952 年暑期全国高等学校毕业生统筹分配工作的指导》和《关于 1953 年寒假全国高等学校毕业生统筹分配工作的指导》两份文件中确定了"地方分配、中央调剂"的分配原则，大学生就业统包统配制度基本确立，并一直延续到 20 世纪 80 年代。

（3）简要评述

新中国成立以来，我国建立了高校集权管理体制，中央和地方政府的计划管理渗透到了高校管理、学费、招生和就业的各个层面。

20 世纪 80 年代中后期开始高等教育体制改革前，政府对大学生的供给和需求采取了严格的计划管理，我国大学生的每年招生受配额限制且录取率低，以 1977 年恢复高考为例，1977 年底，全国约有 570 万青年参加了高等学校招生考试，各大专院校从中择优录取了 27.3 万名学生①。直到全面扩招前的 1998 年大学录取数仅为 108 万人，毕业大学生人数为 85 万人左右，且实施统包统配的就业分配制度，大学生就业基本没有太大问题，但是也付出了大多数年轻人缺乏高等教育机会、高等教育发展滞后和社会人力资本投资不足等社会代价。

2. 20 世纪 80 年代至今

（1）扩大高校办学自主权

①20 世纪 80 年代：扩大高校办学自主权的启动阶段

1984 年 10 月 20 日，党的十二届三中全会通过了《中共中央关于经济体制改革的决定》，明确指出"科学技术和教育对国民经济的发展有极其重要的作用。随着经济体制的改革，科技体制和教育体制的改革越来越成为迫切需要解决的战略性任务"。

1985 年 5 月《中共中央关于教育体制改革的决定》正式发布，提出"改革管理体制，在加强宏观管理的同时，坚决实行简政放权，扩大学校的办学自主权"，强调"当前高等教育体制改革的关键，就是改变政府对高等学校统得过多的管理体制。在国家统一的教育方针和计划的指导下，扩大高等学校的办学自主权"，并"为了调动各级政府办学的积极性，实行中央、省（自治区、直辖市）、中心城市三级办学的体制"。

1986 年 3 月，为了加强和改进对高等教育的宏观指导和管理，扩大高等学校的管理权限，国务院发布《高等教育管理职责暂行规定》，对国家教育委员会、国务院有关部门和省、自治区、直辖市人民政府对高等教育的管理职责及扩大高等学校的管理权限，做出明确规定。

---

① 资料来源：中国档案报，2014 - 10 - 16（4）.

②1992 年至今：扩大高校办学自主权的深化阶段

1992 年，党的十四大报告明确指出我国经济体制改革的目标是建立社会主义市场经济体制，并提出"进一步改革教育体制、教学内容和教学方法，加强师资队伍的培养和建设，扩大学校办学自主权，促进教育同经济、科技的密切结合"。

在 1993 年 1 月的《国务院批转国家教委关于加快改革和积极发展普通高等教育意见的通知》和 1993 年 2 月中共中央、国务院印发的《中国教育改革和发展纲要》中，均指出"高等教育办学体制的改革是要理顺政府、社会和学校三者之间的关系，按照政事分开的原则，使高等学校真正成为自主办学的法人实体，明确学校的权利和义务、利益和责任，进一步促进学校面向社会自主办学"。从而"保证学校拥有充分的依法办学的自主权，在专业设置、招生、指导毕业生就业、教育教学、科学研究、筹措和使用经费、机构设置、人事安排、职称评定、工资分配、对外交流和学校管理等方面拥有有关法律、法规规定的权限"。

1997 年十五大报告提出"优化教育结构，加快高等教育管理体制改革步伐，合理配置教育资源，提高教学质量和办学效益"。1999 年 1 月 1 日，《中华人民共和国高等教育法》开始施行，从法律层面对高等学校的设立、高等学校的组织和活动进行了清晰界定，为扩大高等学校自主权提供了法律依据。

（2）20 世纪 80 年代至今的学费、招生和就业安排

①高等教育收费制度

20 世纪 80 年代中后期，我国逐步对高等教育免费制度进行调整。在 1986 年 7 月，国务院批准将普通高等学校人民助学金制度改为奖学金制度和学生贷款制度，免除了国家财政对大学生生活费的支持。在 1989 年 8 月，原国家教委、原物价局和财政部联合发布了《关于普通高等学校收取学杂费和住宿费的规定》，"从 1989 学年度开始，对新入学的本、专科学生（包括干部专修科和第二学士学位班学生），实行收取学杂费制度"，其中，学杂费

6

"一般地区以每学年 100 元为宜"，住宿费"一般每学年 20 元左右"。

在 1993 年 1 月的《国务院批转国家教委关于加快改革和积极发展普通高等教育意见的通知》和 1993 年 2 月中共中央、国务院印发的《中国教育改革和发展纲要》中，均提出"高等教育属于非义务教育，学生上大学原则上均应缴费"，要"改革学生上大学由国家包下来的做法，逐步实行收费制度"。在 1999 年 1 月 1 日开始实施的《中华人民共和国高等教育法》更明确规定："高等学校的学生应当按照国家规定缴纳学费"。另外，"家庭经济困难的学生，可以申请补助或者减免学费"。由此，我国步入高等教育收费时代。

②高校扩招

第一，20 世纪 80 年代和 90 年代的双轨制招生改革。

1985 年 5 月《中共中央关于教育体制改革的决定》提出要"改变高等学校全部按国家计划统一招生"的方法，实行"国家计划招生""用人单位委托招生"和"国家计划外招收少数自费生"13 种办法。据统计，到 1991 年，我国自费生已达 11.34 万人，占在校大学生的 5.2%；委培生达 20.7 万人，占在校大学生的 9.48%。在 1993 年 1 月的《国务院批转国家教委关于加快改革和积极发展普通高等教育意见的通知》和 1993 年 2 月中共中央、国务院印发的《中国教育改革和发展纲要》中，提出"在保证完成国家任务计划的前提下，逐步扩大招收委托培养和自费生的比重"。从而形成了国家任务计划和调节性计划并存的双轨制招生制度，事实上扩大了大学的招生人数。

在 1994 年《国家教委关于进一步改革普通高等学校招生和毕业生就业制度的试点意见》中，提出"录取时，对同一学校只划定一个最低控制分数线，不再按国家任务和调节性两种计划分别划定分数线"。双轨制招生出现了并轨安排，并在《关于 1995 年进行普通高等学校招生和毕业生就业制度改革的意见》中要求，"1997 年招生时，全国大多数高等学校都应按改革后的新体制运作；到 2000 年时，基本实现招生和毕业生就业制度的新旧体制转轨"。

第二，1999 年至今的高校大规模扩招。

1998 年 12 月教育部出台的《面向 21 世纪教育振兴行动计划》提出，到 2000 年，高等教育入学率达到 11%；到 2010 年，高等教育入学率接近 15%。其中，"为使更多的高中毕业生有接受高等教育的机会，根据各地的需求和经费投入及师资条件的可能，在采用新的机制和模式的前提下，2000 年高等教育本专科在校生总数将达到 660 万人"。从 1998 年国务院机构改革开始到 2000 年，原机械工业部、原中国兵器工业总公司、中国航空工业总公司、原铁道部等国务院部属高校全部转变为中央与地方政府共建共管的两级办学的高等教育体制。与此同时，遵循 20 世纪 90 年代初期提出的"共建、调整、合作、合并"八字方针，我国开始了新中国成立后第二次大规模高等院校合并和调整，直到 2006 年才基本告一段落。1999 年全国高校开始大规模扩招，当年全国高考报考人数是 288 万人，录取 160 万人，比 1998 年增加了 52 万人，录取率为 55.5%。到 2015 年，全国高考报考人数是 942 万人，计划招生人数接近 700 万人，预计录取率已经接近 75%。据 2016 年 4 月教育部发布的《中国高等教育质量报告》，2015 年中国大学生在校人数达到 3700 万，处于全世界第一位。全国各类高校达到了 2852 所，位居世界第二位。其中，截至 2016 年 5 月 30 日，全国高等学校有 2595 所（含独立学院 266 所），成人高等学校 284 所。

③大学生就业的市场化改革

第一，20 世纪 80 年代的"双向选择"试点阶段。

1985 年 5 月《中共中央关于教育体制改革的决定》已经提出，要改革大学毕业生分配制度，改变高等学校毕业生全部由国家包下来分配的办法。

1986 年，原国家教委、原劳动人事部等有关部门联合发布《高等学校毕业生分配制度改革方案》，提出要制定必要的方针、政策及择优录用、"双向选择"的有关规定和办法，以保证享受专业奖学金的学生及定向生，毕业后到规定的地区、行业就业及择优录用工作的顺利进行，要改革以国家计划分配为主的制度，逐步实行在国家方针、政策指导下的招聘、推荐、择优录用的办法，并提出按长远改革方向，毕业生将主要通过人才（劳务）市场自主择业。该《方案》率先在清华大学、上海交通大学等试行并总结经验。1989年，国务院批转了《国家教委关于改革高等学校毕业分配制度的报告》和《高等学校毕业生分配制度改革方案》。同年，又有100多所高校按两所高校和两个文件精神，在一定范围内实施"双向选择"就业办法。

第二，1993年至今的"自主择业"全面铺开阶段。

1993年1月《国务院批转国家教委关于加快改革和积极发展普通高等教育意见的通知》和1993年2月中共中央、国务院印发的《中国教育改革和发展纲要》均明确提出要改革高等学校毕业生"包当干部"和由国家"统包统配"的就业制度，并随着社会主义市场经济体制的建立和劳动人事制度的改革，在国家政策指导下，实行高等学校大多数毕业生自主择业的就业制度。为保证改革目标的顺利实现，上述两个文件均提出："近期内，国家任务计划招收的学生，原则上由国家负责安排就业，学校与用人单位'供需见面'落实毕业生就业方案，并积极推行毕业生与用人单位'双向选择'的办法。"

在1995年原国家教委发布的《关于1995年进行普通高等学校招生和毕业生就业制度改革的意见》中，要求中央部门所属高校对于实现两种招生计划形式"并轨"以后所招学生，毕业时可以规定原则上要在本系统、本行业范围内自主择业，并在条件成熟后逐步过渡到大多数毕业生自主择业。

1996年原人事部发布《国家不包分配大专以上毕业生择业暂行办法》和1997年原国家教委发布《普通高等学校毕业生就业工作暂行规定》，标志着大学生统包统配制度走下历史舞台。《面向21世纪教育振兴行动计划》提出，"到2000年左右，建立起比较完善的由学校和有关部门推荐、学生和用人单位在国家政策指导下通过人才劳务市场双向选择、自主择业的毕业生就业制度"。

（3）简要评述

20世纪80年代中期，我国开始推进高等教育体制改革，以扩大高校办学自主权为主要抓手，并因此带动了高校管理、学费、招生和就业制度的全方位改革。

在大学招生方面，我国以学费改革入手构建了双轨制招生模式，让更多人通过委托培养和自费生等方式获得了高等教育的机会，扩大了大学招生规模，然后通过高等教育收费制度的建立来实现了招生并轨，为 1999 年大学大规模扩招奠定了坚实的基础。在大学生就业方面，配合着双规制招生模式，我国尝试着开展大学生"双向选择"的就业方式，并在 20 世纪 90 年代招生方式并轨后逐步全面实行了自主择业的就业方式。

时至今日，大学教育已经由"精英教育"转型为"大众教育"，大学录取比例已经超过七成，让更多人获得了高等教育的机会，这是社会的巨大进步，但是，2017 年大学毕业生也达到了 795 万人，需要实现就业的大学生人数不容小觑。另外，大学生就业的市场化改革，使得大学生实现就业不可避免地成了一个充满不确定性的过程，大学生的就业压力日益增大，成了社会的热点和难点问题，不容忽视，需要认真对待和研究。

1.1.2 大学生就业研究的意义

大学生就业研究不仅有必要性，而且有紧迫性。实际上，中国学者大都已有这样的认识：大学生就业问题的有效解决将会"影响人们对人力资本投资的信心和数量"（赖德胜①，2004），而且需要"从维护社会稳定的高度认识当前的大学生就业难问题"（丁元竹②，2003），总而言之，"大学生就业将成为我国社会一个亟待解决的公共课题"（杨宜勇等③，2007）。

有效实现大学生就业，不仅有利于社会稳定发展，更有利于引导和调整

---

① 赖德胜. 大学毕业生就业难的人力资本投资效应［J］. 北京大学教育评论，2004，4：13 - 15.
② 丁元竹. 正确认识当前"大学生就业难"问题［J］. 宏观经济研究，2003，3：3 - 6.
③ 杨宜勇，朱小玉. 大学生就业问题成因及其对策［J］. 中国高等教育，2007，23：25 - 27.

高等教育和全社会人力资本投资的方向和结构，持续提升劳动要素投入质量，为经济结构持续调整提供强大的人力资源支撑。有效实现大学生就业，对中国深入实施科教兴国战略和人才强国战略既构成重大挑战，也提供战略机遇，将对中国加快建设创新型国家的进程产生重要而深刻的影响。

1.2 文献综述

1.2.1 国外就业研究综述

1. 就业总量分析及其发展回顾

传统西方就业理论主要是从就业总量等宏观层面入手研究就业问题。在1929—1933 年世界性的经济危机爆发前，西方古典经济学认为充分就业可以通过市场机制的自动调节功能来实现，即自由竞争条件下劳动力市场上的供求是由实际工资决定的，且实际工资的自动调节会导致劳动力供需均衡并实现充分就业。只有当工资的调整遇到阻力时，才可能出现失业。但是，马克思①在其鸿篇巨制《资本论》中已经洞悉到技术进步引起的资本有机构成的提高是导致失业的关键，而技术进步所引起的资本有机构成提高是资本追逐利润所带来的激烈市场竞争的必然结果，所以，相对过剩人口是资本主义社会的人口规律，失业是资本主义社会的常态②，并且有越演越烈的趋势。在《就业、利息和货币通论》一书中，英国经济学家凯恩斯③通过对 1929—1933 年世界性经济大萧条的反思，认为是由于消费倾向、利息率和资本边际效率这三个变量的数值不能相互协调导致出现失业问题，从而不能达到充分

---

① 马克思. 资本论：第一卷 [M]. 北京：人民出版社，1975：672.
② 马克思. 资本论：第一卷 [M]. 北京：人民出版社，1975：692.
③ ［英］约翰·梅纳德·凯恩斯. 就业、利息和货币通论 [M]. 北京：商务印书馆，2006：13.

就业的状态，因此国家要实施扩张性宏观经济政策以弥补有效需求不足并解决失业问题。

二战后很长时间内西方治理失业问题时都依据凯恩斯主义实施国家干预下的需求管理政策，尤其是 1958 年新西兰学者 Phillips① 通过研究英国 1861—1913 年、1913—1948 年和 1948—1957 年期间失业和货币工资变化率的数据，发现两者呈现出负相关关系。随后经过 Lispey②（1960）以及 Samuelson 和 Solow③（1960）的后续研究，形成了失业和通货膨胀关系的菲利普斯曲线，并因此开启以菲利普斯曲线研究为核心的就业总量理论框架。但是，20 世纪中后期西方主要资本主义国家出现的经济停滞和通货膨胀并存的"滞涨"问题对凯恩斯主义就业理论的解释力提出了严峻挑战，并催生了不同经济学派对就业问题的理论解释。

有的学派从根本上颠覆了凯恩斯就业理论后提出了自己对就业问题的解释，如货币主义、理性预期学派以及供给学派的就业理论。其中，货币主义④提出了自然率假说，理性预期学派⑤将其纳入其基本理论假设，以反对凯恩斯主义的非充分就业理论。供给学派⑥否定了凯恩斯"有效需求不足"的基本论点，转而从供给面寻求实现充分就业的途径。上述学派均认为扩张

---

① Phillips A. W. The Relation between Unemployment and the Rate of Change of Money Wage Rates in the United Kingdom, 1861—1957 [J]. Economica, 1958, 25: 283 – 299.

② 1960 年 Lispey 提出了一个单一劳动市场的理论模型来解释失业和货币工资变化率的负相关关系。在理论模型构建中，首先，Lispey 建立了一个货币工资变化率与劳动过量需求的函数关系，把单一劳动市场的过量需求（excess demand）与货币工资变化率联系起来，两者呈现正向关系；其次，由于现实中无法观察到劳动市场的过量需求，Lispey 建立了劳动过量需求与容易观察得到的失业率的函数关系，两者呈现负向关系。通过以上两个函数关系的建立，Lispey 最终完成了理论解释。

③ Samuelson 和 Solow（1960）利用美国的历史数据来验证 Phillips（1958）所发现的失业和货币工资变化率的关系，结果发现失业与价格水平变动更加能够解释实际情况。因此，Samuelson 和 Solow（1960）提出了菲利普斯曲线的价格水平修正版，即我们今天所常见的菲利普斯曲线。

④ 姚开建. 经济学说史 [M]. 北京：人民大学出版社，2003: 505.

⑤ 姚开建. 经济学说史 [M]. 北京：人民大学出版社，2003: 548.

⑥ 姚开建. 经济学说史 [M]. 北京：人民大学社，2003: 506 – 510.

性的宏观经济政策只会带来通货膨胀却无法改变就业。

有的学派在继承凯恩斯就业理论的基础上发展了新的就业理论，比较出名的是新凯恩斯主义就业理论。20 世纪六七十年代以来，为解决"滞涨"问题对凯恩斯就业理论的挑战，在继承传统凯恩斯主义基础上，新凯恩斯主义学派提出的就业理论相当程度上弥补了传统凯恩斯就业理论的不足，并成了当代就业理论的研究主流。新凯恩斯就业理论[1]的核心在于工资黏性，认为工资黏性导致经济在有效需求减少时不能以降低工资来减少失业，从而导致失业。

值得注意的是，通过引入不完全信息和预期，新凯恩斯主义就业理论逐步构建了就业总量分析的微观理论基础，不断完善菲利普斯曲线为基础的就业总量分析框架。Phelps[2]（1967）和 Friedman[3]（1968）在研究菲利普斯曲线时都引入了对通货膨胀的预期，并都采用了适应性预期的方式。1973 年 Lucas[4] 认为，菲利普斯曲线研究应该采用理性预期的方式。随着 20 世纪 90 年代新凯恩斯主义研究的兴起，Gali 和 Gertler[5]（1999）提出了新凯恩斯主义菲利普斯曲线，其中指出，允许部分企业采取后顾式的方式来预期通货膨胀，另一部分企业采取前瞻式的方式来预期通货膨胀，并采用边际成本而不是产出缺口作为通货膨胀的决定因素。另外，在菲利普斯曲线的理论框架下，Phelps[6]（1968）通过引入预期建立了"劳动力流动（Turnover）模型"，提出不完全信息下企业在预期其他企业的工资设定行为后，需要保持更高的

---

① 姚开建. 经济学说史 [M]. 北京：中国人民出版社，2003：555.

② Phelps Edmund S. Phillips Curves, Expectations of Inflation and Optimal Unemployment over Time [J]. Economica, 1967, 34：254 – 281.

③ Friedman Milton. The Role of Monetary Policy [J]. The American Economic Review, 1968, 58：1 – 17.

④ Lucas, Jr. Robert E. Some International Evidence on Output – Inflation Tradeoffs [J]. The American Economic Review, 1973, 63：326 – 334.

⑤ Gali J. Gertler M. Inflation dynamics：A structural econometric analysis [J]. Journal of Monetary Economics, 1999, 44：195 – 222.

⑥ Phelps Edmund S. Money – Wage Dynamics and Labor – Market Equilibrium [J]. Journal of Political Economy, 1967, 76：678 – 711.

工资才能获取更好的劳动力，从而回答了凯恩斯理论无法解释的非自愿失业问题。更进一步，Phelps① (1969) 在其"孤岛 (Island)"模型中把不完全信息和预期引入了就业理论，进一步解释了企业和工人的工资预期以及两者预期之间的高低比较，会对企业和工人的行为产生影响，最终体现为失业的波动。

2. 就业结构分析及其发展回顾

除了总量分析之外，结构分析也是传统西方就业理论的重要研究方向，其主要理论分析工具是贝弗里奇曲线。1944 年，英国经济学家贝弗里奇② (William Beveridge) 发现失业和职位空缺之间存在着负相关关系，并提出了今天为大家所熟悉的贝弗里奇曲线。贝弗里奇曲线与菲利普斯曲线一起成为西方就业研究的重要起点，其中，菲利普斯曲线侧重于总量性失业问题，而贝弗里奇曲线侧重于结构性和摩擦性失业问题。

在 Dow 和 Dicks – Mireaux③ (1958) 对失业和职位空缺之间关系的研究后，贝弗里奇曲线逐步淡出了就业研究的关注重心，更多研究者倾向于就业总量分析而一定程度上忽视了就业结构分析。随着西方世界"滞胀"问题的持续，西方学界对以菲利普斯曲线为核心的总量就业理论进行了批判和反思，以贝弗里奇曲线为代表的就业结构性分析的重要性也在 20 世纪 80 年代以后重新得到认识。以美国经济学家 Blanchard 等④ (1989) 的研究为标志，贝弗里奇曲线的研究重新兴起，甚至 Blanchard 等 (1989) 认为贝弗里奇关系在概念上讲是首要的且包含了劳动市场运行及冲击因素的基本信息，即就业结构分析的理论研究地位应该高于就业总量分析。

① Phelps Edmund S. The New Microeconomics in Inflation and Employment Theory [J]. The American Economic Review, 1969, 59: 147 – 160.

② Beveridge, W. H. Full Employment in a Free Society [M]. London: Geoprge Allen &Unwin, 1944.

③ Dow J. C. R., Dicks – Mireaux L. A.. The Excess Demand for Labour. A Study of Conditions in Great Britain, 1946 – 56 [J]. Oxford Economic Papers, 1958, 10: 1 – 33.

④ Olivier Jean Blanchard, Peter Diamond, Robert E. Hall, Janet Yellen. The Beveridge Curve [J]. Brookings Papers on Economic Activity, 1989, 1: 1 – 76.

3. 就业研究的重要微观理论基础：搜寻匹配理论

1961 年，Stigler[1][2] 首创性地提出了信息经济学理论，认为信息是有价值的资源所以需要通过开展搜寻活动来获取，并以产品市场的价格信息为研究载体，开创性地提出了产品供需双方搜寻活动的基本理论分析框架。1962 年 Stigler[3] 把搜寻理论应用于劳动力市场。从那时起，西方经济学界通过构建不完全信息背景下的搜寻匹配理论，从而为就业总量和结构分析提供了重要的微观理论基础。

1968 年，Phelps[4] 分析在不完全信息条件下企业和失业工人都要付出相应的搜寻成本，因此，在一个增长的劳动力市场中失业和职位空缺会并存，且由于职位和工人间的空间不匹配会导致每类工作和每类工人都会出现职位空缺和失业的情况，从而尝试着建立搜寻匹配理论与以贝弗里奇曲线为核心的就业结构分析之间的理论联系。Pissarides[5]（1985）的研究也显示搜寻匹配模型能够解释贝弗里奇曲线。Mortensen[6]（1970）在不完全信息条件下引入搜寻摩擦，不仅解释了均衡状态下存在正的失业水平，而且为菲利普斯曲线所呈现的失业和货币工资变化率的负相关关系提供了理论解释，从而尝试着建立搜寻匹配理论与以菲利普斯曲线为核心的就业总量分析之间的理论联系。

随着研究的不断深入，搜寻匹配理论在就业研究中的重要性不断提高，

[1] Stigler G J. The economics of information [J]. The Journal of Political Economy, 1961, 69: 213.

[2] Stigler G J. The economics of information [J]. The Journal of Political Economy, 1961, 69: 213 – 225.

[3] Stigler, G J. Information in the Labor Market [J]. The Journal of Political Economy, 1962. 70: 94 – 105.

[4] Phelps Edmund S. Money – Wage Dynamics and Labor – Market Equilibrium [J]. Journal of Political Economy, 1967, 76: 678 – 711.

[5] Pissarides, Christopher A. Short – Run Equilibrium Dynamics of Unemployment Vacancies, and Real Wages [J]. American Economic Review, 1985, 75: 676 – 690.

[6] Mortensen Dale T. Job Search, the Duration of Unemployment, and the Phillips Curve [J]. The American Economic Review, 1970, 60: 847 – 862.

在三位经济学家 Diamond、Mortensen 和 Pissarides 的共同努力下，1990 年①
DMP（Diamond - Mortensen - Pissarides）搜寻匹配模型首次提出，并历经
1994 年②和 2000 年③两次修正而最终成型。三位经济学家 Diamond、Mortensen 和 Pissarides 更因为在搜寻匹配领域的杰出理论贡献而荣获 2010 年诺贝尔经济学奖。

（1）工作搜寻理论（job search theory）

自 20 世纪六七十年代以来，西方经济学界关于工作搜寻理论的研究取得了众多成果。本书主要从最优工作搜寻停止策略（the optimal stopping strategy）出发来归纳总结相关的研究成果。

工作搜寻研究中的最优工作搜寻停止策略（the optimal stopping strategy）具有保留工资的性质。工作搜寻研究从经济学研究的最优化思想出发，认为求职者开展工作搜寻活动的目的在于实现搜寻效用最大化，并以此为起点分析工作搜寻行为和建立工作搜寻模型。当求职者通过工作搜寻活动实现搜寻效用最大化时，工作搜寻停止，因此在工作搜寻中存在一个最优搜寻停止策略的问题。

1962 年，Stigler④ 从经济学的基本决策原理出发，提出求职者对工资报价（wage offer）信息的搜寻活动应遵循搜寻期望边际收益等于搜寻边际成本的最优搜寻停止策略。该最优搜寻停止策略成了固定样本搜寻模型（the fixed sample size model）⑤ 的构建基础。由于固定样本工作搜寻方式与实际情

---

① Pissarides, Christopher A. Equilibrium Unemployment Theory ［M］. Cambridge, MA：Blackwell, 1990.

② Mortensen Dale T. , Pissarides Christopher A. Job Creation and Job Destruction in the Theory of Unemployment ［J］. The Review of Economic Studies, 1994, 61：397 - 415.

③ ［英］皮萨里德斯. 均衡失业理论 ［M］. 欧阳葵, 王国成, 译. 北京：商务印书馆, 2012.

④ Stigler, G J. Information in the Labor Market ［J］. The Journal of Political Economy, 1962, 70：96.

⑤ 固定样本搜寻模型假定求职者在每次工作搜寻前决定在一天之内搜寻的样本企业数量即最优搜寻数量，且遵循边际搜寻成本等于边际搜寻收益的搜寻停止策略，当工作搜寻活动停止时求职者能够搜寻到最可能高的工资报价。

况不太相符，因此，后续研究发展了更具实际解释力的序贯工作搜寻模型。1965 年，McCall 提出了序贯搜寻（sequential search）模型及相应的最优策略①。1970 年，McCall② 把序贯决策理论应用于工作搜寻的研究，提出了序贯工作搜寻模型。其认为在连续搜寻过程中，求职者的最优搜寻停止策略是在工作搜寻活动开展前设定接受工作机会的最低工资，该最低接受工资即求职者的保留工资（reservation wage）。其中，保留工资满足边际搜寻成本等于边际搜寻收益的条件。在序贯工作搜寻模型中，求职者工作搜寻的最优搜寻停止策略③是：（1）当企业提供的工资报价 W ≥ 保留工资 R 时，则接受这个工资 W，并停止工作搜寻；（2）当企业提供的工资报价 W < 保留工资 R 时，则拒绝这个工资 W，继续工作搜寻。由于具有保留工资性质的最优搜寻停止策略更能解释求职者工作搜寻活动的现实，所以，在后续工作搜寻研究中，序贯工作搜寻模型占据了统治性的地位。

早期序贯工作搜寻模型为静态模型，即完全抽象掉了时间因素和具体的变化过程，假定在工作搜寻过程中保留工资保持固定不变，如 McCall（1970）和 Mortensen④（1970）的无限序贯搜寻模型（infinite search model）。该模型假定先前放弃的工作机会可以召回（recall），因此认为求职者在工作搜寻前所确定的保留工资不随时间而改变。但是，随着研究的推进，通过考虑时间因素对保留工资的影响，逐步放松保留工资固定不变的假定。但是不同模型关于保留工资变动的原因有不同解释。如 Gronau⑤（1971）的有限序

---

① McCall J J. The Economics of Information and Optimal Stopping Rules ［J］. The Journal of Business, 1965, 38：312.

② McCall J J. Economics of Information and Job Search ［J］. The Quarterly Journal of Economics, 1970, 84：113 – 126.

③ McCall J J. Economics of Information and Job Search ［J］. The Quarterly Journal of Economics, 1970, 84：124.

④ Mortensen Dale T. Job Search, the Duration of Unemployment, and the Phillips Curve ［J］. The American Economic Review, 1970, 60：847 – 862.

⑤ Gronau Reuben. Information and Frictional Unemployment ［J］. The American Economic Review, 1971, 61：290 – 301.

贯搜寻模型（finite sequential search model）强调的是年龄效应对保留工资的影响。而 Salop（1973）的系统搜寻模型（systematic search model）① 强调的是工作搜寻时间长短对保留工资的影响。Lippman 和 McCall（1976）的动态经济搜寻模型②，考察了保留工资随商业周期波动而出现相应变动的情况。

Mortensen（1999）按照时间的离散性和连续性特征详尽地解释了离散时间和连续时间工作搜寻模型。

第一，离散时间工作搜寻理论模型③。在离散时间情况下，对求职者的最优搜寻停止问题进行建模时，通常假定每一阶段中只抽取一个工作机会样本直到工作搜寻过程停止，且求职者先前放弃的工作机会不能召回（recall），则每一个阶段的搜寻价值 U_t 由贝尔曼方程（Bellman equation）给定为：

$$U_t = \frac{b-a}{1+r} + \frac{1}{1+r}\int \max\{W, U_{t+1}\} dF(W), t = 1,2\ldots \qquad (1.1)$$

其中 r 为折现率或无风险利息率（risk free interest rate），b 为视失业状况而获取的收入流减去搜寻一份工作的任何成本，a 表示每一阶段的搜寻成本。最优搜寻停止策略包括了比较抽样过程中可观察得到的工作机会 W_t 与下一期中持续搜寻的价值 U_{t+1}。如果前者超过了后者，那么搜寻过程停止，即最优搜寻停止策略满足一种保留的性质（a reservation property）。在无限序贯搜寻的情况下，持续搜寻的价值是方程（1.1）的固定解，即对于所有的 t 都有 $U_t = U$，则：

$$U = \frac{b-a}{1+r} + \frac{1}{1+r}\int \max\{W, U\} dF(W) \qquad (1.2)$$

① Salop S. C. Systematic Job Search and Unemployment [J]. The Review of Economic Studies, 1973, 40: 191–201.

② Lippman, Steven A and McCall, John J, The Economics of Job Search: A Survey [J]. Economic Inquiry, 1976, 14: 175–176.

③ Mortensen Dale T. and Pissarides Christopher A. New developments in models of search in the labor market [C]. Chapter 39 in Handbook of Labor Economics, 1999, 3: 2571–2572.

第二，连续时间工作搜寻理论模型①。基于工作搜寻领域对连续时间研究的历史传统，以及连续时间分析技术通常确实能够减少序贯搜寻和招募问题的复杂性。所以目前工作搜寻的大量理论文献都集中于连续时间的研究。在连续时间情况下，假定工作机会抵达的时间间隔是一个随机变量，由于工作机会抵达时期分离于连续时间中，只有在工作抵达后才修正决策。因此，假定决策时期的时间间隔是一个已知持续时间分布的正的随机变量。其中，工作机会抵达间隔的随机等待时间分布用一般性时间相依危险函数（generally duration dependent hazard function）$\lambda(t)$ 来表现，$\lambda(t)$ 是指在 T 时间之前一个工作机会不会抵达的概率，相应的随机等待时间分布的生存函数（survivor function）为 $\exp\left\{-\int_0^T \lambda(t)dt\right\}$。在考虑等待持续时间后的扩展模型的贝尔曼方程为：

$$U_t = E_T\left\{(b-a)\int_t^T e^{-r(s-t)}ds + e^{-r(T-t)}\int \max\{W, U(T)\}dF(W)\right\}$$

$$= \int_t^\infty\left((b-a)\int_t^T e^{-r(s-t)}ds + e^{-r(T-t)}\int \max\{W, U(T)\}dF(W)\right)\times \quad (1.3)$$

$$\lambda(T)e^{-\int_0^T \lambda(t)dt}dT$$

其中 U_t 为时间 t 的搜寻价值和 $T > t$ 是第一个工作机会抵达的未来随机时期。若给定一个指数分布的等待持续时间，则有一个不变的危险函数 $\lambda(t)$ $= \lambda$，此时搜寻价值是固定的且解为：

$$U = \int_0^\infty\left[\frac{b-a}{r}(1-e^{-rT}) + e^{-rT}\int \max\{W, U\}dF(W)\right]\lambda e^{-\lambda T}dT$$

$$= \frac{b-a}{r+\lambda} + \frac{\lambda}{r+\lambda}\int \max\{W, U\}dF(W) \quad (1.4)$$

其中 λ 为泊松（Poisson）工作机会抵达率。方程（1.4）是在考虑到等

① Mortensen Dale T. and Pissarides Christopher A. New developments in models of search in the labor market [C]. Chapter 39 in Handbook of Labor Economics, 1999, 3: 2571 – 2572.

待持续时间在指数分布为 $1/\lambda$ 情况下对方程（1.2）所做的简单的一般化处理。

（2）企业（雇主）搜寻（employers' search）理论

Stigler 在 1962 年已经初步围绕着工资离散问题对企业（雇主）搜寻（employers' search）进行了描述性分析[①]。在 NBER（National Bureau of Economic Research）1966 年于纽约举行的关于职位空缺（job vacancies）的会议论文集中，Holt 和 David[②]（1966）也对企业（雇主）搜寻进行了早期研究，并开创性地给出了职位空缺的定义。但是，随后企业（雇主）搜寻领域的研究出现了沉寂，直到 20 世纪 80 年代中期才重新兴起。本书主要从最优企业（雇主）搜寻停止策略出发来归纳总结相关的研究成果。

企业（雇主）搜寻研究的最优搜寻停止策略具有保留生产率的性质。企业（雇主）搜寻本质上是一个决策过程，即企业（雇主）依据什么标准来选择适合其要求的员工。在企业（雇主）搜寻研究中，通常假定企业（雇主）追求利润最大化的目标，企业（雇主）遵循边际搜寻成本等于持续搜寻的期望收益的搜寻停止策略。

Lippman 和 McCall[③]（1976）发展了一个类似于工作搜寻的企业（雇主）搜寻基本模型，后续研究（Van Ous, 1989a, b; Van Ous 和 Ridder, 1992; Van Ous 和 Ridder, 1993; Burdett 和 Cunningham, 1998; Weber, 2000）基本以此基本模型为出发点并进行相应拓展。该基本模型的内容是：假定对于给定的工资出价，搜寻新员工的企业（雇主）们面临一个潜在求职者的边际产出分布，分别用 k、m 和 ϕ 表示搜寻成本、潜在求职者的边际产出和潜在求

① Stigler, G J. Information in the Labor Market [J]. The Journal of Political Economy, 1962, 70: 97.

② Holt, C C, David, M H. The concept of job vacancies in a dynamic theory of the labor market. In The measurement and interpretation of Job Vacancies [C]. New York: National Bureau of Economic Research, 1966: 76 – 77.

③ Lippman, Steven A, McCall, John J, The Economics of Job Search: A Survey [J], Economic Inquiry, 1976, 14: 157 – 174.

职者边际产出的分布函数。企业（雇主）的最优搜寻停止策略是：（1）如果 $m \geqslant \eta$，则企业（雇主）接受求职者并停止搜寻活动；（2）如果 $m < \eta$，则企业（雇主）拒绝求职者并继续搜寻。其中 η 是企业（雇主）可接受的最低生产率，即为"保留生产率"（reservation productivity），保留生产率满足边际搜寻成本等于边际搜寻收益的条件。保留生产率 η 可由下列方程求解：

$$k = \int_{\eta}^{\infty} (m - \eta) d\varphi(m) \equiv G(\eta) \tag{1.5}$$

由于信息不对称，现实中要获取工作搜寻者的真实生产率信息有相当难度，而企业（雇主）又需要了解生产率信息以进行最优搜寻停止决策。因此，在搜寻实践中，企业（雇主）通常会通过获取与求职者生产率正相关的特征（如教育、培训和能力倾向测验得分）等信息来力求还原求职者的真实生产率，从而获取的是求职者的生产率信号信息，并为此在搜寻活动中投入了大量时间和金钱成本。而企业（雇主）搜寻的内部和外部环境因素，如搜寻成本、雇用具有某一素质员工的期望收益和市场条件等，都会影响到企业（雇主）对求职者生产率信号信息的获取质量，最终影响到企业（雇主）所设定的保留生产率水平。

若企业（雇主）搜寻时面临的是一个固定不变的搜寻环境，则企业（雇主）设定的保留生产率在搜寻过程中是不随时间而变化的。但是，若企业（雇主）搜寻时面临的是一个变化的搜寻环境，那么企业（雇主）设定的保留生产率会随着时间而增加或减少，此时企业（雇主）的最优搜寻政策实际上是一个保留生产率序列，企业（雇主）的最优政策是去雇用一个生产率高于那个时点的保留生产率的第一个求职者。Burdett 和 Cunningham[1]（1998）在研究提前通知对企业（雇主）搜寻和职位空缺持续时间的影响时，发现保留生产率与提前通知期的长度成正比关系，即离职前提前通知时间越长则企

---

[1] Burdett, K. and Cunningham, E J. Toward a Theory of Vacancies [J]. Journal of Labor Economics, 1998, 16: 445 – 478.

业（雇主）会相对降低保留生产率。Van Ours[①]（1989a）的研究表明，当企业（雇主）需要更多时间去填补一个职位空缺时会降低其保留生产率。

企业（雇主）搜寻模型的基本建模思路是，企业（雇主）通过选择其搜寻策略和设定潜在求职者的保留生产率水平来最大化其期望利润。有以下形式[②]：

$$\max EV_t = P_t E(V|\eta) + (1 - P_t)EV_{t+1} - C_t \qquad (1.6)$$

其中 Ev_t 是企业（雇主）在 t 时期从职位获取的期望（折现）利润流，P_t 是在 t 时期内填补一个职位空缺的概率，η 是企业（雇主）所设定的保留生产率，C_t 是 t 时期内企业（雇主）的搜寻成本。企业（雇主）搜寻的最优搜寻停止问题也是典型的 n 维决策问题，其建模也同样适用动态规划方法。从理论逻辑来说，也同样存在离散时间和连续时间领域的企业（雇主）搜寻模型，但是大量理论文献主要集中于连续时间的情况。

在连续时间情况下，通常假定潜在求职者抵达的时间间隔是一个随机变量，且已知持续时间的分布。为简化分析，在 Van Ous（1989a）、Van Ous 和 Ridder（1992）、Van Ous 和 Ridder（1993）、Burdett 和 Cunningham（1998）、Weber（2000）的研究中，其所构建的企业（雇主）搜寻模型都假定求职者抵达的时间间隔为指数分布，求职者按照一个泊松过程抵达，企业（雇主）依据利润最大化来决定是否雇用，企业（雇主）知道求职者的到达率（而不是他们到达的时间）和潜在求职者生产率特征的分布，但是不能观察到求职者的生产率，企业（雇主）可使用年龄、工作经验和教育水平等可以观察的特征作为筛选工具，可能还有更进一步的测试来补充评估求职者的生产率情况。Mortensen[③]（1999）仿效工作搜寻模型的建模方法，提出了给定潜在求

① Van Ours J. Durations of Dutch Job Vacancies ［J］. DeEconomist1989，137：309 – 327.

② Holzer H. J. Hiring Procedures in the Firm：Their Economic Determinants and Outcomes ［R］. New York：National Bureau of Economic Research，1987：11 – 12.

③ Mortensen Dale T. and Pissarides Christopher A. New developments in models of search in the labor market ［C］. Chapter 39 in Handbook of Labor Economics，1999，3：2574 – 2575.

职者的边际产出分布为指数分布时的连续时间企业（雇主）搜寻模型。该模型认为有一个职位空缺的一名企业（雇主）面临着与工作搜寻者相似的问题。用 c 表示招募一名工人用以填补一个职位空缺的招募成本流，用 η 表示一名企业（雇主）搜寻到求职者的频率。则仿效方程（1.3）可得方程（1.7），即保有职位空缺 V 的企业（雇主）的未来利润的期望现值的解为：

$$V = \frac{-c}{r + \eta} + \frac{\eta}{r + \eta} \int \max\{V, J\} \, dG(J) \tag{1.7}$$

其中 J 表示填补职位求职者所带来的价值，G 表示填补职位求职者所带来价值的分布。

（3）搜寻匹配模型

为解决单边搜寻模型无法为就业实现和工资决定提供完整的理论解释的问题，研究者尝试着发展出把工人和雇主的搜寻和匹配行为都包括进来的搜寻匹配模型。在 Mortensen（1978①，1982②）、Diamond（1979③，1982④）和 Pissarides（1979⑤，1985⑥，1986⑦）的努力下，双边搜寻模型得以构建起来，并经过 1990 年、1994 年和 2000 年的持续研究构建了 DMP 搜寻匹配模型。

① Mortensen, Dale T. Specific Capital and Labor Turnover [J]. Bell Journal of Economics, 1978, 9: 572–586.

② Mortensen, Dale T. The Matching Process as a Non–cooperative/bargaining Game [C]. In The Economics of Information and Uncertainty, ed. J. J. McCall, New York: National Bureau of Economics. 1982: 233–254.

③ Diamond, Peter A., Eric Maskin. An Equilibrium Analysis of Search and Breach of Contract, I: Steady States [J]. Bell Journal of Economics, 1979, 10: 282–316.

④ Diamond, Peter A. Wage Determination and Efficiency in Search Equilibrium [J]. Review of Economic Studies, 1982, 49: 217–227.

⑤ Pissarides, Christopher A. Job Matchings with State Employment Agencies and Random Search [J]. Economic Journal, 1979, 89: 818–833.

⑥ Pissarides, Christopher A. Short–Run Equilibrium Dynamics of Unemployment Vacancies, and Real Wages [J]. American Economic Review, 1985, 75: 676–690.

⑦ Pissarides, Christopher A. Unemployment and Vacancies in Britain [J]. Economic Policy, 1986, 1: 499–540.

①匹配函数和匹配剩余

第一，匹配函数。

Mortensen（1978）的早期研究已经提出了匹配函数的思想，Diamond 和 Eric Msakin（1979）、Pissarides（1979）都使用匹配函数作为分析工具对失业均衡进行了分析。匹配函数把工人和工作匹配的情况与失业工人和职位空缺的数量，以及工人搜寻和企业（雇主）招聘的强度等联系起来，为构建搜寻匹配模型提供了理论分析工具。在研究文献中，匹配函数经常采用的是"柯布—道格拉斯"匹配函数形式，即 $M(u,v) = v^{1-\alpha}u^{\alpha}$，其中 u 和 v 分别代表失业工人和空缺职位的数量，$0 < \alpha < 1$。

在 DMP 搜寻匹配模型的研究中，匹配函数采用了线性和二项式这两种函数形式。其中，线性匹配函数的表达方式为 $M(u,v) = a_1 v + a_2 u$，二项式匹配函数的表达方式为 $M(u,v) = (a_1 + a_2)uv$，u 和 v 分别代表失业工人和空缺职位的数量，a_1 和 a_2 是表示工人和企业（雇主）接触频率的常数。在线性匹配函数中，工人与空缺职位相遇的预期频率表示为一个泊松（Poisson）随机变量。在二项式匹配函数中，工人与空缺职位的总相遇率与从事搜寻的工人和企业（雇主）的数量乘积成一定比例。在 Mortensen（1982）① 的研究中，基于每个参与者最大化其期望未来收入的搜寻策略所进行的匹配均衡分析中，结果显示，线性匹配函数情况下存在一个独一无二的纳什均衡解，而二项式匹配函数情况下至少存在一个系统性均衡解，即都存在匹配均衡解。

第二，匹配剩余。

Mortensen（1982）认为，匹配双方实现匹配后会给双方带来更多的价值，即产生了匹配质量（match quality），即后续 DMP 搜寻匹配模型中的匹配剩余（match surplus）。

在 DMP 模型中，匹配剩余没有给定具体表达形式，且把匹配剩余在匹

---

① Mortensen Dale T. The Matching Process as a Noncooperative Bargaining Game ［C］. John J. McCall，ed. The Economics of Information and Uncertainty. University of Chicago Press，1982：233 – 258.

配双方之间的分配处理为一个双边博弈（bilateral bargaining）问题，工人在匹配中获得的剩余份额多少由工人谈判力量（worker bargaining power）的大小来加以决定。

②工作搜寻、企业（雇主）搜寻与搜寻均衡

第一，最优工作搜寻停止策略。

DMP搜寻匹配模型利用动态流量方法来分析失业波动。该动态流量方法把失业描述为一种劳动力市场参与状态不断变化后产生的结果，其中，不同工人在某段时期内流入工作状态而其他工人会选择流出，失业就是流入和流出工作两种状态共同作用的结果。因此，有失业率表达式为：

$$\frac{u}{1-u} = \frac{s}{f} \tag{1.8}$$

其中，u 为失业率，s 为工人的离职率，f 为工人的工作发现率。$1/f$ 为平均失业持续时间，$1/s$ 为平均就业持续时间。

利用最优搜寻停止规则，工作机会被工人接受的概率为 $1-F(R)$，其中，R 是工人的保留工资，$F(W)$ 是工资机会的累积分布函数。给定保留工资，工作发现率 f 是工作机会到达率 λ 和工作机会被接受概率的乘积，即 $f = \lambda(1-F(R))$。为此，工人的失业率可以改写为：

$$u = \frac{s}{s+\lambda(1-F(R))} \tag{1.9}$$

DMP搜寻匹配模型通过引入匹配函数，工作机会到达率可以表示为：

$$\lambda = \frac{m(u,v)}{u} = M(1,\theta) \equiv m(\theta) \tag{1.10}$$

其中，$\theta = v/u$，v 为职位空缺数，u 为失业人数，$m(\theta)$ 为匹配函数。假定工人都接受工作机会，则失业率为：

$$u = \frac{s}{s+m(\theta)} \tag{1.11}$$

按照劳动力市场流量的观点，求职者找到一份可接受工作是一个信息收集过程的结果，在该过程中工人通过接触朋友和邻居等来获得工作机会。然而，企业（雇主）需从事相应的招聘活动，以及通过不同渠道发布相关的招聘信息。

在 DMP 搜寻匹配模型中，采用双边博弈理论（bilateral bargaining theory）来决定工资，由于匹配剩余（match surplus）的存在，假定工人获得的匹配剩余的份额为 $0 < \beta < 1$，该份额是匹配未来所得的期望现值与继续失业搜寻的价值之间的差额，那么，对于企业（雇主）而言，所获得的相应份额 $1 - \beta$ 可看作是企业（雇主）获得的未来利润。为此，工人的未来工资的期望现值为：

$$W = R + \beta S(R) \tag{1.12}$$

其中，R 表示工人的保留工资，$S(R)$ 表示一个工作匹配所产生的匹配剩余，是工人保留工资的函数。

对于工人而言，最优工作搜寻停止时的保留工资表达式如下：

$$R = b + m(\theta)\beta S(R) \tag{1.13}$$

其中，b 为失业工人能够获取的失业补助。

第二，最优企业（雇主）搜寻停止策略。

职位空缺反映了企业（雇主）的劳动力需求，DMP 模型从贝弗里奇曲线所表达的失业和职位空缺之间的变量关系出发，通过把搜寻和匹配摩擦考虑进去，对劳动需求进行了理论描述。Pissarides（1985）提出了"自由进入（Free Entry）"条件来描述一个职位空缺被填补的过程和情况。Pissarides（1985）论述道，由于需要时间去填补一个职位空缺，合适的需求条件需要满足企业（雇主）所付出的成本与所获得的收益相等的决策条件，即维持一个空缺职位所付出的成本要等于企业（雇主）从工作匹配中获得的未来利润的现值。从而自由进入条件为：

$$\frac{k\theta}{m(\theta)} = (1 - \beta)S(R) \tag{1.14}$$

自由进入条件也是企业（雇主）搜寻停止的最优条件。其中，k 为企业（雇主）维持一个空缺职位付出的成本，$\theta/m(\theta)$ 是企业（雇主）填补该职位空缺的预期时间。

第三，搜寻均衡。

在不具体定义匹配剩余 $S(R)$ 表达形式的前提下，DMP 模型通过给定两个假设前提来讨论就业匹配实现的条件。第一个假设前提是企业和工人对未来发展前景有相同的预期，第二个假设前提是匹配双方能够把这些相同的预期表达为一个具体数字，用来表示匹配剩余 $S(R)$ 的数值，$S(R)$ 是保留工资的递减函数。则搜寻均衡实现条件为：

$$R = b + m(\theta)\beta S(R) = b + \frac{\beta k\theta}{1-\beta} \tag{1.15}$$

因此，DMP 搜寻匹配模型的搜寻均衡条件可以用保留工资 R 和职位空缺与失业比值 θ 来共同表达，该匹配条件同时满足反映最优工作搜寻停止策略和最优企业（雇主）搜寻停止策略的保留工资条件和自由进入条件。

1.2.2 国内大学生就业研究综述

自大学生就业问题于 20 世纪 90 年代初在我国出现以来，我国学者主要从大学生就业配置从计划方式向市场方式的转轨视角（许汉生①，1994；胡守律②，1996；时巨涛③，1998；张秋萍④，1998）研究大学生就业问题，并提出完善大学生就业制度和加快劳动力市场建设等对策。

以 1999 年大学生首次扩招为契机，中国出现了教育学、社会学和经济学等多元视角的研究文献。其中，教育学的文献（陈志平⑤，1999；胡乃武

① 许汉生. 社会主义市场经济与大学生就业 [J]. 经济评论，1994，1：78 - 82．
② 胡守律. 浅议大学生就业难及其对策 [J]. 中国高等教育，1996，3：14.
③ 时巨涛. 从大学生"就业难"谈加快劳动力市场建设 [J]. 江苏高教，1998，3：55 - 58.
④ 张秋萍. 改革开放以来中国大学生就业状况分析 [J]. 教育发展研究，1998，4：62 - 66.
⑤ 陈志平. 高校毕业生就业难的出路：宏观调控与微观搞活 [J]. 广州大学学报（社会科学版），1999，2：25 - 28.

等①，2005；赵立卫②，2005；李广众③，2006）主要强调通过高等教育调整来适应劳动力市场需求，包括合理设置专业、提升高等教育质量和加强大学生就业指导等对策措施。社会学的文献（谭卫华等④，2001；王军等⑤，2004；郑洁⑥，2004；申作青⑦，2006）主要从大学生的就业观念、心理定位、价值取向和社会资本等角度进行分析，并提出强化就业指导以帮助大学生调整心态及关注社会资本的就业促进作用。另外，有些学者综合考察了高等教育发展弊端和大学生就业观念的影响作用（赖德胜等⑧，2003；莫荣⑨，2003）。经济学的文献呈现出从关注大学生就业宏观现象逐步深入大学生就业微观行为探索的研究趋势，而且以开放的态度积极吸纳教育学和社会学研究的成果。

我国学者分别从我国经济发展的阶段性特征（张车伟⑩，2009）、结构

---

① 胡乃武，姜玲. 对当前我国大学生就业缺口的经济学分析 [J]. 山西财经大学学报，2005，27：1 – 4.
② 赵立卫. 职业生涯理论及其在大学生就业辅导中的运用 [J]. 教学研究，2005，2：111 – 116.
③ 李广众. 大学毕业生就业市场的有效性研究 [J]. 教育发展研究，2006，15：43 – 46.
④ 谭卫华，陈沙麦，陈少平. 大学生职业意识探析 [J]. 福州大学学报（哲学社会科学版），2001，15：95 – 97.
⑤ 王军，何苗，黄曙萍. 大学生就业的新趋势及其引发的思考 [J]. 江苏高教，2004.1：121 – 123.
⑥ 郑洁. 当代女大学生就业意识的调查与研究——以重庆市高校的女大学生为例 [D]. 上海：华东师范大学，2004.
⑦ 申作青. 大学生就业的自身障碍及对策探析——以三届毕业生调查为基础的分析研究 [J]. 教育发展研究，2006，7：73 – 75.
⑧ 赖德胜，吉利. 大学生择业取向的制度分析 [J]. 宏观经济研究，2003，7：34 – 38.
⑨ 莫荣. 大学生就业真难吗? [J]. 时事报告，2003，1：37 – 39.
⑩ 张车伟. 解决大学生就业难需建立长效机制 [J]. 中国经贸导刊，2009，5：6 – 7.

性供需关系失衡（杨宜勇等①，2006；杨河清等②，2008；姚先国③，2009）、劳动力市场分割（赖德胜④，2001；张曙光等⑤，2003）和不同行业垄断程度引起的收入差异（岳昌君等⑥，2004）等多元宏观视角进行审视，并提出了强化国家统筹经济增长和扩大就业的关系、促进经济转型升级、建立全国统一的劳动力市场、降低劳动力流动成本、提高国家创新能力、提升大学生就业能力、增强大学生创业能力、强化就业指导、激励大学生下基层工作和转变就业观念等一系列针对性的改革建议。

为更精确揭示大学生就业问题的成因并提供更具针对性的对策建议，我国学者把研究触角延伸到了影响大学生就业实现的劳动供需主体的经济行为。其中，有些学者（杨伟国⑦，2004；赖德胜⑧，2004）从人力资本投资收益角度出发研究大学生就业行为，并提出建立人力资本投资收益补偿机制以促进大学生就业的建议。但是，目前大学生就业行为的文献更多是基于搜寻—匹配理论的研究。其中包括从劳动供给方视角（丁元竹⑨，2003；吴克

---

① 杨宜勇，周帅. 我国社会就业压力与大学生就业难题的破解 [J]. 中国高等教育. 2006，24：.19–21.
② 杨河清，李晓曼. 北京地区大学毕业生需求分析及对策探讨 [J]. 中国人才.2008，7：20–23.
③ 姚先国. "知识性失业"的根源与对策 [J]. 湖南社会科学.2009，3：137–140.
④ 赖德胜. 劳动力市场分割与大学毕业生失业 [J]. 北京师范大学学报（人文社会科学版）.2001，4：69–76.
⑤ 张曙光，施贤文. 市场分割、资本深化和教育深化——关于就业问题的进一步思考 [J]. 云南大学学报（社会科学版），2003，2：70–76.
⑥ 岳昌君，文东茅，丁小浩. 求职与起薪：高校毕业生就业竞争力的实证分析 [J]. 管理世界，2004，11：53–61.
⑦ 杨伟国. 大学生就业选择与政策激励 [J]. 中国高教研究.2004，10：83–85.
⑧ 赖德胜. 大学毕业生就业难的人力资本投资效应 [J]. 北京大学教育评论，2004，2：13–15.
⑨ 丁元竹. 正确认识当前"大学生就业难"问题 [J]. 宏观经济研究，2003，8：3–6.

明①, 2004；范元伟等②, 2005；田永坡等③, 2007；李莹等④, 2008；何亦名等⑤, 2008；李锋亮等⑥, 2009；唐鑛等⑦, 2009；胡永远等⑧, 2009；谢勇等⑨, 2010；王萍⑩, 2010；张抗私等⑪, 2012；杨金阳等⑫, 2014）对大学生工作搜寻行为的研究，张建武等⑬（2007）对大学生保留工资影响因素的研究，从供需搜寻匹配的视角对大学生就业问题进行研究（赖德胜⑭，

① 吴克明. 职业搜寻理论与大学生自愿性失业 [J]. 教育科学. 2004，4：41 – 43.

② 范元伟，郑继国，吴常虹. 初次就业搜寻时间的因素分析——来自上海部分高校的经验证据 [J]. 清华大学教育研究，2005，26：27 – 33.

③ 田永坡，俞婷君，吴克明. 工作搜寻、配置能力与大学毕业生就业研究 [J]. 青年研究，2007，3：33 – 37.

④ 李莹，丁小浩. 中等职业教育毕业生待业时间的生存分析 [J]. 教育与经济.，2008，2：26 – 31.

⑤ 何亦名，朱卫平. 我国大学毕业生工作搜寻行为的实证分析与逻辑推演 [J]. 学习与实践，2008，8：62 – 67.

⑥ 李锋亮，陈晓宇，刘帆. 工作找寻与学用匹配——对高校毕业生的实证检验 [J]. 北京师范大学学报（社会科学版），2009，5：126 – 135.

⑦ 唐鑛，孙长. 基于事件史分析的高校毕业生工作搜寻持续时间研究 [J]. 经济理论与经济管理，2009，9：22 – 27.

⑧ 胡永远，余素梅. 大学毕业生失业持续时间的性别差异分析 [J]. 人口与经济，2009，4：43 – 47.

⑨ 谢勇，李珣. 大学生的工作搜寻时间及其影响因素——基于生存模型的实证研究 [J]. 北京大学教育评论，2010，08：158 – 167.

⑩ 王萍. 大学毕业生工作搜寻行为——基于劳动经济学视角的分析 [J]. 财经问题研究，2010，6：111 – 118.

⑪ 张抗私，盈帅. 中国女大学生就业搜寻研究——基于63所高校的数据分析 [J]. 中国人口科学，2012，1：94 – 112.

⑫ 杨金阳，周应恒，严斌剑. 劳动力市场分割—保留工资与知识失业 [J]. 人口学刊，2014，5：25 – 36.

⑬ 张建武，崔惠斌. 大学生就业保留工资影响因素的实证分析 [J]. 中国人口科学，2007，6：68 – 74.

⑭ 赖德胜. 大学毕业生就业难：现象、原因及对策 [J]. 中国高等教育，2001，13：33 – 35.

2001；宋国学等①，2006；石莹②，2010；刘扬③，2010；王子成等④，2014）。曾湘泉⑤（2004）更通过宏观与微观相结合系统分析了大学生就业问题。上述研究通过在中国宏观经济、社会和制度环境背景下剖析微观劳动供需主体的行为，加深了大学生就业问题的理论认识并验证了之前提出的一系列政策建议，更提出了具有研究依据的政策建议，如建立通畅的信息传递机制、发展健全的职业中介机构、改进就业率统计和建立接受实习生的制度等。

1.2.3 简单评价

派生需求定理告诉我们，包括劳动要素在内的生产要素是产品市场需求的派生需求⑥。大学生要实现就业，不仅需要关注劳动力市场运行及其波动所带来的影响机理，更需要理解工作岗位的创造、大学生就业形势的变化，本质上决定于产品市场直接需求的波动情况，其中涉及宏观经济形势好坏、经济结构调整升级、政府大学生就业政策供给调整等一系列影响因素。由此可见，大学生就业是一个重要的宏观经济问题。

纵观当代就业理论的发展变化历程，我们不难发现，就业研究出现了一个相当重要的发展倾向，即就业理论逐步把研究触角从传统宏观就业总量和结构分析延伸到了劳动力市场微观不完善的领域，侧重考察不完全信息状况下劳动力市场中劳动供需主体的行为及其对就业实现的作用，试图为更准确从宏观层面上把握就业问题提供了必要的微观理论解释支撑，并相应发展了

---

① 宋国学，谢晋宇. 择业模式、择人模式及其匹配 [J]. 经济管理，2006，13：50 - 55.
② 石莹. 搜寻匹配理论与中国劳动力市场 [J]. 经济学动态，2010，12：108 - 113.
③ 刘扬. 大学专业与工作匹配研究——基于大学毕业生就业调查的实证分析 [J]. 清华大学教育研究，2010，6：82 - 88.
④ 王子成，杨伟国. 就业匹配对大学生就业质量的影响效应 [J]. 教育与经济，2014.4：44 - 57.
⑤ 曾湘泉. 变革中的就业环境与中国大学生就业 [J]. 经济研究，2004，6：87 - 95.
⑥ 曾湘泉. 劳动经济学 [M]. 上海：复旦大学出版社，2006：30.

一系列就业理论，包括隐含合同、效率工资、内部人—外部人①和搜寻匹配理论等。其中，伴随着 20 世纪 60 年代信息经济学的兴起及其在就业研究中的应用，通过放松信息完全这一经济学研究的重要假定，信息不完全条件下劳动力市场微观主体的搜寻匹配行为研究得以发展，并为失业问题尤其是结构性和摩擦性失业问题提供了重要的微观解释基础，劳动力市场搜寻匹配领域也因此成为微观视角认识就业问题的重要研究方向。

在这些已有成果的基础上，本书力图深化对大学生就业问题的研究。经济学是"一门研究人类经济行为和经济现象及人们如何进行权衡取舍的学问"（田国强②，2005）。在大学生就业市场配置背景下，大学生会受到全社会就业总量波动所带来的困扰，更加值得关注的是，高等教育是社会人力资本投资的主要途径，在大学生培养定位、培养层次和专业结构设置方面都存在不容忽视的结构性差异，差异化人力资本的大学生需要面对的结构性和摩擦性就业问题更是急迫。为此，要更有效把握大学生就业问题的成因及对策，需要深入揭示劳动供需主体经济行为的内涵和提供合理的理论解释，为更积极制定和实施大学生就业战略和政策提供理论支撑。因此，对于中国大学生就业问题的"微观理论基础"，尤其是针对劳动供需双向搜寻和匹配博弈这一微观就业实现过程，本书将进行系统、深入的论证研究。

1.3 大学生就业研究的问题、方法和思路

1.3.1 研究问题

1. 研究中国大学生就业分析的微观理论基础，构建基于中国情境的大学

---

① 姚开建. 经济学说史 [M]. 北京：人民大学出版社，2003：555 – 556.
② 田国强. 现代经济学的基本分析框架与研究方法 [J]. 经济研究，2005，2：113 – 125.

生就业搜寻—匹配模型，将基于中国大学生的就业环境，通过文献研究全面梳理搜寻—匹配模型的理论渊源、理论假设、理论内涵、理论评价及应用价值，探讨构建基于中国情境的大学生就业搜寻—匹配模型的可能性及实现路径。在此基础上，从经济学、教育学和社会学多学科角度进一步分析中国大学生就业情境与劳动供需双方的搜寻成本、搜寻收益以及匹配博弈谈判能力之间的理论关联度，最终建立基于中国情境的大学生就业搜寻—匹配模型。

2. 研究中国大学生就业实现过程中劳动供需双方搜寻行为及匹配决策的影响因素。在中国大学生搜寻—匹配模型的基础上，更进一步讨论大学生就业市场供需主体和中国劳动力市场的什么特征会影响到中国大学生就业实现的效率，以及影响的方向。

1.3.2 研究方法

1. 文献研究方法

通过搜索国内外相关数据库中关于我国大学生就业发展状况、企业（雇主）搜寻、工作搜寻和匹配博弈的相关文献，从大学生和企业（雇主）之间的双向搜寻和匹配博弈过程出发梳理和评述相关研究成果，并试图发现有价值的研究空间，为提炼完善基于中国情境的大学生就业搜寻—匹配模型奠定基础。

2. 面板数据分析方法

目前就业弹性分析主要采用的是面板数据分析方法。通过构建就业弹性模型，并利用2012—2015年的面板数据来进行经济增长的就业弹性分析，对经济增长的就业创造效应和大学生就业宏观总量环境进行分析。

3. 问卷调查法

在大学生就业搜寻—匹配模型基础上，分别以企业人力资源管理人员和求职大学生为调查对象设计企业（雇主）搜寻和大学生工作搜寻调查问卷。其中，2016年1月份开始分别在北京市、广西南宁、柳州、崇左、百色市等地开展企业（雇主）搜寻的问卷调查工作，2016年3月份开始分别在广州市的 1 所高校、广西南宁市的 8 所高校和广西柳州市的 3 所高校开展大学生工作搜寻的问卷调查工作，分别获取企业（雇主）搜寻和大学生工作搜寻的相关调查数据。

4. 生存分析方法

目前持续时间研究主要采用的是生存分析方法。从大学生就业搜寻—匹配模型出发，分别建立企业（雇主）搜寻和大学生工作搜寻的生存分析计量模型，并利用生存分析方法对调查数据进行实证分析，检验提炼出来的企业（雇主）搜寻和大学生工作搜寻影响因素及其影响方向。

5. 实验研究方法

尝试应用行为经济学的实验研究方法，根据大学生就业搜寻—匹配模型，设计匹配博弈实验，模拟大学生和企业（雇主）的匹配博弈过程，于 2016 年 4 月 17 日在广西行政学院在职研究生班实施，并对实验结果进行统计分析，检验提炼出大学生就业实现的影响因素。

1.3.3　研究思路

首先，在转轨背景回顾和文献评述的基础上，提出基于企业（雇主）和大学生的双向搜寻和匹配博弈过程的大学生就业的理论研究脉络，并构建基于中国情境的大学生就业搜寻—匹配模型，包括企业（雇主）搜寻决策方程、大学生工作搜寻决策方程、大学生和企业（雇主）匹配博弈方程，同时结合中国大学生就业市场的实践，提炼出大学生就业影响因素。

其次，开展中国大学生就业的实证分析，其中包括：依托宏观经济数据对就业弹性进行面板分析，把握大学生就业的宏观总量环境；依托公共就业服务机构数据开展大学生就业的宏观结构环境分析；依托企业和大学生调查问卷进行企业（雇主）搜寻和大学生工作搜寻的生存分析，对企业（雇主）和大学生的搜寻行为进行研究；设计和实施匹配博弈实验对企业（雇主）和大学生的搜寻行为进行模拟和研究。

最后，给出研究的结论与对策建议。

第二章 大学生就业搜寻—匹配模型

2.1 大学生就业的理论研究脉络

从大学生就业实现的搜寻匹配过程入手，才能构建起中国大学生就业问题的"微观理论基础"。基于搜寻匹配实现的顺序，大学生要实现就业，需要经历大学生和企业（雇主）之间的双向搜寻和匹配博弈过程。本书尝试以搜寻匹配过程中大学生和企业（雇主）的搜寻匹配决策行为作为分析主线，全面呈现大学生就业实现的搜寻匹配过程，从而理顺大学生就业的理论研究脉络，为建立大学生就业的理论模型做好铺垫工作。

2.1.1 大学生就业的双向搜寻和匹配博弈过程

为系统反映大学生和企业（雇主）之间的双向搜寻和匹配博弈过程，本书首先单独分析企业（雇主）搜寻过程和大学生工作搜寻过程，然后在此基础上综合提出大学生就业的双向搜寻和匹配博弈过程。

1. 企业（雇主）搜寻过程

企业是满足产品（服务）需求的市场主体，而劳动需求是产品（服务）需求所引致出来的需求，就业岗位创造的主动权在企业（雇主）手中，由此决定了企业（雇主）搜寻在大学生就业实现的搜寻匹配过程中处于先导性地位。为此，本书首先分析企业（雇主）搜寻过程。

对于企业（雇主）而言，企业（雇主）搜寻过程表现为企业所提供职位空缺的填补过程。要填补职位空缺，企业（雇主）需要经历企业（雇主）搜寻前的准备过程、企业（雇主）搜寻的实现过程和企业（雇主）搜寻后的磨合过程等三个相互联系的连续过程，且文献研究显示出现了以企业（雇主）搜寻实现过程为核心向前及向后延伸的研究趋势。因此，本书将首先讨论企业（雇主）搜寻的实现过程，然后以该过程为核心分别讨论搜寻前及搜寻后这两个过程，最终呈现职位空缺填补三个过程，进而还原企业（雇主）搜寻的全貌。

（1）企业（雇主）搜寻的实现过程

要分析企业（雇主）搜寻的实现过程，需要清晰界定企业（雇主）开始搜寻的状态，企业（雇主）停止搜寻的状态和企业（雇主）搜寻实现过程的各个环节等内容。

①企业（雇主）开始搜寻的状态

信息经济学是搜寻匹配理论发展的基础。在工作搜寻理论中，作为劳动供给方的求职者，其开始搜寻的标志即意味着开始搜集工作机会信息。因此，从劳动供求均衡的视角来看，求职者要获得工作机会的信息，自然需要作为劳动力需求方的企业（雇主）公开传递职位空缺的信息。不难发现，企业（雇主）传递职位空缺信息和求职者搜寻工作机会信息就是劳动供需双方通过彼此搜寻活动实现均衡的第一个步骤。

综合以上分析，本书认为，企业（雇主）公开发布职位需求信息，才能认定企业内部出现了职位空缺，而且也正式标志着企业（雇主）开启了搜寻以填补职位空缺的进程。因此，本书把企业（雇主）公开发布职位空缺信息的行为界定为企业（雇主）开始搜寻的状态。

②企业（雇主）停止搜寻的状态

企业（雇主）搜寻停止包括了两种情况。

首先是职位空缺被填补的情况。在此种情况下，企业（雇主）会经历把职位空缺的信息以任何形式公开传递出去，以吸引潜在的求职者，并对求职者进行挑选后提供工作机会，最后求职者选择接受工作机会的一个完整的搜寻过程。该过程终结的标志是企业（雇主）的职位空缺已经填补。

其次是职位空缺被取消的情况。此种情况可能发生于企业（雇主）搜寻过程的任何一个时点上，或在发布职位空缺信息后，或在求职者抵达后，或在挑选求职者后，或在求职者拒绝工作机会后等时点上，若企业（雇主）取消职位空缺，则意味着企业（雇主）所经历的搜寻步骤不是完整的。

为简化和便利研究，在企业（雇主）搜寻过程的理论分析中，一般而言主要以第一种职位空缺被填补的情况为考察的主要背景。而第二种职位空缺被取消情况会暂时搁置下来，此种情况下产生的数据一般会在实证分析阶段加以说明和处理。

③企业（雇主）搜寻实现过程的各环节

在早期研究中，Goodwin 和 Carlson[1]（1981）把企业（雇主）搜寻实现过程划分为三个环节：A. 企业（雇主）获取求职者；B. 企业（雇主）挑选求职者；C. 求职者接受或拒绝企业（雇主）提供的工作机会。在 Goodwin 和 Carlson（1981）研究基础上，Van Ours（1989a）通过假定求职者接受工作的概率为 1，把企业（雇主）搜寻实现过程缩减为两个环节，并首次模型化职位空缺被填补的危险率＝求职者到达的概率×求职者被企业（雇主）接受的概率。上述处理方法也成了后续企业（雇主）搜寻研究的基本理论分析框架。但是，此种划分方法并没有充分反映出企业（雇主）搜寻过程的全貌，尤其重要的是遗漏了关于企业（雇主）开始搜寻状态的内容。

后续有少量研究试图更全面、更细化地把握企业（雇主）搜寻实现的全

① Goodwin W. B. , Carlson J. A. Job - Advertising and Wage Control Spillovers ［J］. The Journal of Human Resources, 1981, 16: 81.

过程。Russo、Rietveld、Nijkamp 和 Gorter①②（1996）认为要实现一个职位空缺和一名求职者的匹配，必须满足四个条件：A. 职位空缺信息必须抵达工作搜寻者；B. 求职者必须有所反应；C. 企业（雇主）挑选适合职位要求的求职者；D. 被挑选的求职者必须接受工作。这就在求职者到达企业（雇主）的阶段前增加了企业（雇主）传递职位空缺信息的阶段，并相应模型化了职位空缺和求职者的匹配概率＝职位空缺信息抵达求职者概率×求职者到达的概率×求职者被企业（雇主）接受的概率×求职者接受工作的概率。

因此，依据上文对企业（雇主）开始和结束搜寻状态的界定，本书把企业（雇主）搜寻的实现过程划分为企业（雇主）传递职位空缺信息、企业（雇主）形成候选人池、企业（雇主）挑选求职大学生、企业（雇主）给出职位雇用条件、企业（雇主）职位空缺是否填补等五个相互联系的环节。

（2）企业（雇主）搜寻前准备过程

劳动要素需求是产品市场需求的派生需求，没有劳动需求就没有企业（雇主）搜寻劳动力以投入生产过程，并通过市场销售而实现利润最大化等一系列经济活动。因此，我们可以认为劳动需求是企业（雇主）开展搜寻活动的诱因。

但是，在企业（雇主）搜寻前的准备过程中，企业（雇主）的劳动需求均属于潜在的劳动力需求，包括两种情况。

A. 由于企业扩大再生产而增加的对劳动要素的新需求，该类型的劳动力需求满足了企业扩大生产能力的需要。B. 由于企业维持简单再生产而形成的劳动要素需求，该类型的劳动力需求是由于员工流动，如离职或退休等因素而形成的，企业为保持现有的生产能力而需要对员工流动后形成的职位空

① Russo G. . , Rietveld P. , Nijkamp P. , and Gorter C. Spatial aspects of recruitment behaviour of firms: an Empirical Investigation ［J］. Environment and Planning, 1996, 28: 1081.

② Russo G. . , Rietveld P. , Nijkamp P. , and Gorter C. Spatial aspects of recruitment behaviour of firms: an Empirical Investigation ［J］. Environment and Planning, 1996, 28: 1079.

缺进行补充。另外，员工流动尤其是员工离职而形成的劳动力需求和相应的职位空缺，按照员工在离职前是否已经通知企业的标准来划分，还可以分为有离职提前通知和没有离职提前通知两种类型。

因此，在企业（雇主）搜寻前的准备过程中，企业（雇主）需要识别其可能会出现的潜在劳动力需求。但是，潜在劳动力需求要转变为真实的劳动力需求，需要企业（雇主）启动搜寻劳动力的活动，如上文分析其标志就是企业（雇主）公开传递职位空缺信息的行为。而且，潜在劳动力需求的不同状态（新需求或是补充需求），以及企业（雇主）对潜在需求变化情况的掌握程度（有离职提前通知或没有离职提前通知），都会影响到企业在进入搜寻过程后的保有职位空缺的机会成本，且有以下几种情况。

A. 如果是不需立即投入生产过程而是作为人员储备的新需求，保有职位空缺的企业（雇主）在搜寻持续过程中不会有以潜在产出损失来计量的机会成本。B. 如果是由于员工流动如离职或退休等因素而形成的补充性需求，保有职位空缺的企业（雇主）在搜寻持续过程中会产生以潜在产出损失来计量的机会成本。而且，有离职提前通知和没有离职提前通知两种情况所带来的职位空缺机会成本会存在着差异，其中有离职提前通知的职位空缺机会成本要低些。

由此可见，企业（雇主）搜寻前准备过程中潜在劳动力需求的不同状态可能会影响到企业（雇主）搜寻过程的决策。

综合上述分析，本书认为有必要把企业（雇主）搜寻前的准备过程纳入研究范围。企业（雇主）搜寻前准备过程的作用主要体现为企业（雇主）公开传递职位空缺信息，并为启动企业（雇主）搜寻活动做好铺垫。

（3）企业（雇主）搜寻后磨合过程

信息不对称是搜寻活动产生的根源。由上文关于企业（雇主）搜寻的研究可知，在搜寻过程中企业（雇主）不可能完全真实了解求职者的真实生产率信息，只能用能够反映求职者生产率的其他信号来大致掌握。

在企业（雇主）搜寻后的磨合过程中，要实现完全的人职匹配，一方面是企业对员工的选择。企业（雇主）在填补职位空缺并结束搜寻过程后一般需要对已雇用的员工进行相应的培训和筛选工作。具体包括以下内容：A. 企业（雇主）普遍会开展培训活动，尤其是与职位相关的各种类型的专业化人力资本投资活动，从而形成了企业的培训成本；B. 企业（雇主）会通过观察和员工的绩效来不断加深对员工真实生产率信息的了解；C. 企业（雇主）会更根据其对员工真实生产率信息的判断，并与其保留生产率进行比较来决定是否解雇该名员工。另一方面是员工对企业的选择。员工也会在该过程中，依据其对企业情况的进一步熟悉来获取以保留工资为核心的保留效用水平的评价，并会做出正常的离职流动等决策，从而为企业带来职位空缺的机会成本。

其中，企业培训成本、解雇成本的高低和离职带来的职位空缺的机会成本都可能会影响到其搜寻过程的决策。因此，有必要把企业（雇主）搜寻后的磨合过程纳入研究范围。

2. 大学生工作搜寻过程

高等教育是重要的人力资本投资方式，拥有一定人力资本的大学生需要和生产资料结合起来才能实现其价值。劳动需求所具有的引致性特征，使得企业（雇主）搜寻一定程度上具有对大学生工作搜寻的引导功能。因此，在双向搜寻背景下，大学生工作搜寻与企业（雇主）搜寻的逻辑联系可以简单表现为：企业（雇主）形成劳动需求（引致需求）阶段——企业（雇主）和大学生双向搜寻实现阶段——企业（雇主）和大学生双向搜寻后磨合阶段。为此，大学生工作搜寻过程，主要包括工作搜寻的实现过程和工作搜寻后的磨合过程。

（1）大学生工作搜寻的实现过程

大学生工作搜寻的实现过程，同样需要清晰界定大学生开始工作搜寻的状态、大学生停止工作搜寻的状态和大学生工作搜寻实现过程的各个环节等内容。

①大学生开始工作搜寻的状态

在信息不完全的劳动力市场环境中，大学生要开始工作搜寻，其标志是开始搜集工作机会信息。因此，把大学生开始搜集工作机会信息的行为界定为大学生开始工作搜寻的状态。

②大学生停止工作搜寻的状态

大学生停止工作搜寻包括了两种情况。

A. 大学生被企业（雇主）雇用的情况。在此种情况下，大学生会经历搜集工作机会信息，到企业（雇主）处求职和参加相应的甄选活动，获得工作机会并决定接受该工作机会的一个完整的搜寻过程。该过程终结的标志是大学生已经实现就业。

B. 大学生取消工作搜寻的情况。在此种情况下，大学生可能是在经历一段工作搜寻后丧失就业信心而暂时或永久取消工作搜寻，或者是大学生在经历一段工作搜寻后或根本没有开展工作搜寻就选择了自我雇佣。若大学生取消工作搜寻，则意味着大学生所经历的工作搜寻步骤不是完整的。

在大学生工作搜寻过程的理论分析中，以大学生被企业（雇主）雇用的情况为主要考察对象，而大学生取消工作搜寻的情况会在后续研究中再加以分析和处理。

③大学生工作搜寻实现过程的各环节

一般而言，在大学生与企业（雇主）的劳动力市场供需关系中，企业（雇主）占有相对强势的地位和作用。为此，从大学生和企业（雇主）双向搜寻的背景下，把大学生工作搜寻主动放入企业（雇主）搜寻的分析框架，会更有利于我们理解和分析大学生就业问题。为此，对照 Russo、Rietveld、Nijkamp 和 Gorter（1996）所提出的一个职位空缺和一名求职者要实现匹配需要满足的四个条件，大学生工作搜寻实现过程可以表述为：A. 大学生搜集到企业（雇主）传递的职位空缺信息；B. 大学生到企业（雇主）处求职；C. 大学生参与企业（雇主）的甄选活动并获得工作机会；D. 大学生决定接受工作机会。

因此，本书把大学生工作搜寻的实现过程划分为大学生获取职位空缺信息、大学生到达企业（雇主）、大学生参加企业（雇主）甄选、大学生收到职位雇用条件、大学生决定是否接受工作机会等五个相互联系的环节。

（2）大学生工作搜寻后的磨合过程

从上文分析可知，企业（雇主）搜寻后的磨合过程中会出现员工离职的情况，即表明员工在实现就业后存在在职搜寻（On－the－Job Search）的倾向和行为，恰如 Banerjee 和 Bucci① （1995） 的在职搜寻研究所揭示的情况。在该项研究中，Banerjee 和 Bucci （1995） 利用印度的数据开展研究后发现，教育程度越高、年龄越轻、工作年限越短，以及在非公共部门任职的劳动者，其在职搜寻的可能性越高，并印证了之前利用发达国家数据所做的研究结果。

纵观大学生就业群体，不难发现其具有较高教育程度、年纪轻和处于职业生涯初期等方面的典型特征，为此，需要我们密切关注大学生工作搜寻后磨合过程中在职搜寻倾向的高低程度，即大学生在多大程度上采取了"先就业再择业"的工作搜寻方式，这会对大学生的工作搜寻决策产生不容忽视的影响。因此，有必要把大学生工作搜寻后的磨合过程纳入研究范围。

3. 大学生就业的双向搜寻和匹配博弈过程

以企业（雇主）与大学生之间的博弈关系为纽带，本书把企业（雇主）搜寻和大学生工作搜寻过程综合起来，为大家呈现大学生就业的双向搜寻和匹配博弈过程。

在上文研究基础上，大学生就业的双向搜寻和匹配博弈过程可以表述为：企业（雇主）搜寻前准备过程——企业（雇主）与大学生的双向搜寻和匹配博弈过程——企业（雇主）与大学生搜寻后的磨合过程。

第一，企业（雇主）搜寻前准备过程，主要体现为企业（雇主）梳理出

---

① Banerjee Biswajit, Bucci Gabriella A. On－the－Job Search in a Developing Country: An Analysis Based on Indian Data on Migrants ［J］. Economic Development and Cultural Change, 1995, 43: 565－583.

职位空缺的相关信息

第二，企业（雇主）与大学生的双向搜寻和匹配博弈过程。从企业（雇主）和大学生的互动关系来看，主要体现为企业（雇主）传递职位空缺信息和大学生获取职位空缺信息——大学生陆续到达企业（雇主）和企业（雇主）形成候选人池——企业（雇主）挑选求职大学生和大学生参加企业（雇主）的甄选活动——企业（雇主）给出职位雇用条件和大学生收到职位雇用条件——企业（雇主）和大学生的匹配博弈过程。

按照开始到结束的顺序，本书把企业（雇主）和大学生的匹配博弈过程细分为以下三个阶段。A. 匹配博弈开始的状态。对于企业（雇主）而言，匹配博弈开始的状态是搜寻到潜在候选求职者并给出相应雇用条件。对于大学生而言，匹配博弈开始的状态是收到企业（雇主）给出的职位空缺雇用条件。B. 匹配博弈持续的过程，即企业（雇主）和大学生围绕着工资等雇用条件经历一系列博弈活动。C. 匹配博弈结束的状态。匹配博弈的结束状态表现为企业找到了合适的大学生求职者和大学生接受工作机会从而实现就业。

第三，企业（雇主）和大学生搜寻后的磨合过程。对于企业（雇主）而言，主要体现为企业开展培训活动、解雇不合格员工和大学生离职行为带来的影响等。对于大学生而言，主要体现为在职搜寻的行为倾向。

2.1.2 大学生就业的理论研究脉络

基于上文对大学生就业的双向搜寻和匹配博弈过程的分析，大学生就业的理论研究脉络描述，如图 2 - 1 所示。

第一，在大学生就业的理论研究脉络中，企业（雇主）和大学生的双向搜寻和匹配博弈过程是研究的核心和基础。本书通过把该过程划分为五个环节来展开研究，即 A. 企业（雇主）传递职位空缺信息和大学生获取职位空缺信息环节；B. 大学生到达企业（雇主）和企业（雇主）形成候选人池环节；C. 企业（雇主）挑选求职大学生和大学生参加企业（雇主）甄选环节；D. 企业（雇主）给出职位雇用条件和大学生收到职位雇用条件环节；E. 大学生决定是否接受工作机会和企业（雇主）职位空缺是否填补环节。为更好把握企业（雇主）和大学生的双向搜寻和匹配博弈过程的研究节奏和研究重点，本书把企业（雇主）和大学生的双向搜寻和匹配博弈过程的五个环节做进一步分类归结。首先，本书通过假定大学生接受工作机会的概率为 1 来简化研究，暂时先不考虑企业（雇主）和大学生的匹配博弈问题，在前四个环节集中研究企业（雇主）和大学生的双向搜寻行为。其次，本书单独把第五个环节作为基础，从而更好揭示企业（雇主）和大学生的匹配博弈过程。

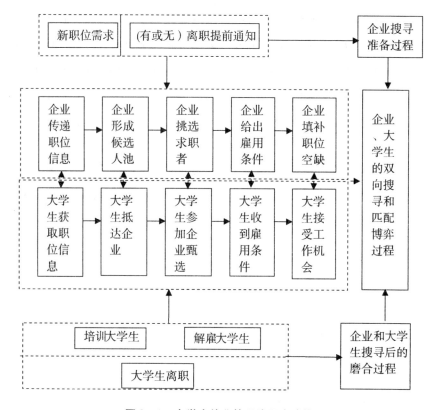

图 2 - 1　大学生就业的理论研究脉络

　　第二，本书以企业（雇主）与大学生的双向搜寻和匹配博弈过程为核心，通过向前、向后拓展把企业（雇主）搜寻前准备过程以及企业（雇主）与大学生搜寻后的磨合过程纳入大学生就业的理论研究脉络。上述两个过程均通过其对企业（雇主）与大学生的双向搜寻和匹配博弈过程的影响，从而影响到职位空缺填补率和大学生的工作接受率，最终搭建起大学生就业的研究路径。

基于大学生就业的理论研究脉络，本书开始构建大学生就业搜寻—匹配理论模型。

2.2　基于中国情境的大学生就业搜寻—匹配模型

在本节中，本书将尝试构建大学生就业研究的微观理论基础：基于中国情境的大学生就业搜寻—匹配模型。在该模型中，尝试描述中国大学生就业情境与劳动供需双方的搜寻成本、搜寻收益以及匹配博弈谈判能力之间的理论关联度，建立起相互联系的企业（雇主）搜寻决策方程、大学生工作搜寻决策方程以及大学生和企业（雇主）匹配博弈方程，对中国大学生微观就业实现过程进行理论构建和研究，为深入研究中国大学生就业问题的成因和对策提供有益的理论分析框架。

2.2.1　理论假定

1. 信息不完全假定

信息不完全是信息经济学和搜寻匹配理论得以发展的基本前提假定。从上文的分析可知，要研究大学生就业，其理论研究的核心是企业（雇主）职位空缺填补过程和大学生的工作接受过程，包括企业（雇主）搜寻前准备过程、企业（雇主）与大学生的双向搜寻和匹配博弈过程、企业（雇主）和大学生搜寻后的磨合过程等三个相互联系的连续过程。研究重心在于微观劳动供需主体即企业（雇主）搜寻和大学生工作搜寻的行为。从信息不完全假定出发，本文进一步对企业（雇主）搜寻和大学生工作搜寻的行为提出以下假定。

（1）假定企业（雇主）搜寻和大学生工作搜寻时遵循的是序贯搜寻策略

在现实经济社会生活中，大量的决策问题不是单阶段决策就能够解决的，而是具有多阶段决策即序贯决策的鲜明特征。为解决多阶段决策的问题，美国统计学家 A. Wald 于 1947 年提出了序贯分析（sequential analysis）的抽样调查方法。不同于其他抽样方法，序贯分析的抽样样本数不是一个事先确定的固定数目，而是一个变化的随机变量。序贯决策的思路是先抽取少数样本，然后把抽样结果与事前确定的标准进行对比，不硬性规定在抽样的具体哪一个步骤必须要做出停止或继续的决策，如果抽样结果符合设定的标准则停止抽样，如果不符合标准则继续抽样，直到抽样结果符合设定的标准才停止抽样。

王玉民等（1996）① 描述序贯决策具有以下特征。第一，无后效性。在序贯决策中，后一阶段决策方案的选择取决于前一阶段决策方案的结果，即第 n 阶段的方案选择取决于 n–1 阶段的选择。第二，多阶段性。序贯决策是在时间上有先后之别的多阶段决策。第三，预测性。序贯决策是对所采用的多种可行方案进行比较，从而选择最优可行方案。第四，条件性。序贯决策是根据最优性原理求解，决策过程满足马尔柯夫性，即利用转移概率矩阵和相应的利润矩阵预测不同方案后进行决策。第五，连续性。序贯决策的每个阶段所面临的不确定性各不相同，决策者在每一个阶段都做出决策，下一个阶段决策是在前一个阶段决策基础上再进行决策，从而连续进行形成一序列方案。本书把企业（雇主）与大学生的双向搜寻和匹配博弈过程划分为五个环节：A. 企业（雇主）传递职位空缺信息和大学生获取职位空缺信息环节；B. 大学生到达企业（雇主）和企业（雇主）形成候选人池环节；C. 企业（雇主）挑选求职大学生和大学生参加企业（雇主）甄选环节；D. 企业（雇主）给出职位雇用条件和大学生收到职位雇用条件环节；E. 大学生决定是否接受工作机会和企业（雇主）职位空缺是否填补环节，从而为采用序贯

---

① 王玉民，周立华，张荣 . 序贯决策方法的应用 [J]. 技术经济，1996，11：57 – 59.

决策开展研究提供了基础和前提。

1970 年，McCall[1] 把序贯决策理论应用于工作搜寻的研究，提出了序贯工作搜寻模型，其中，工作机会阶段性抵达，然后求职者在工作机会抵达时选择接受或是拒绝，只要工作机会低于某个最低可接受的值，求职者继续搜寻并保持失业状态。恰如 Gronau[2]（1971）所说的，工作搜寻是一个随着时间而演进的序贯过程。在每一个阶段中求职者依据保留工资进行决策，如果获得的工作机会大于或等于保留工资时停止搜寻，否则将继续工作搜寻。多阶段决策即序贯决策更符合工作搜寻活动的现实，从而在工作搜寻研究普遍假定求职者采取序贯决策的方式。因此，本书在大学生工作搜寻中延续序贯搜寻策略的假定。

企业（雇主）搜寻策略的研究有序贯与非序贯搜寻之争。恰如 McCall（1970）[3]所指出的，在一个充满不确定性和有成本信息的劳动力市场中，企业（雇主）和求职者都需要搜寻。而且，求职者所采用的序贯搜寻策略也能用于研究企业（雇主）搜寻的行为。Burdett 和 Cunningham[4]（1998）基于序贯搜寻建立了相应的理论模型。然而，Van Ous 和 Ridder[5]（1992）的论文又显示企业（雇主）们使用非序贯搜寻策略，即在企业（雇主）公告职位空缺后求职者很快到达，剩余时间用于从求职者池中挑选一名新雇员。Van Ous 和 Ridder[6]（1993）在研究中进一步假定职位空缺时间可划分为申请期

① McCall J J. Economics of Information and Job Search ［J］. The Quarterly Journal of Economics，1970，84：113 – 126.
② Gronau Reuben. Information and Frictional Unemployment ［J］. The American Economic Review，1971，61：290 – 301.
③ McCall J J. Economics of Information and Job Search ［J］. The Quarterly Journal of Economics，1970，84：113 – 126.
④ Burdett，K. and Cunningham，E J. Toward a Theory of Vacancies ［J］. Journal of Labor Economics，1998，16：445 – 478.
⑤ Van Ours J. and Ridder，G. Vacancies and the Recruitment of New Employees ［J］. Journal of Labor Economics，1992，10：138 – 155.
⑥ Van Ours，J. and Ridder，G. Vacancy durations：Search or Selection ［J］. Oxford Bulletin of Economics and Statistics，1993，55：187 – 198.

和挑选期。在申请期中求职者到达，而在挑选期中不接受新的求职者。Weber①（2000）也同样采用非序贯搜寻策略来分析企业（雇主）搜寻行为和职位空缺持续时间。由于数据来源的制约，企业（雇主）搜寻是采用序贯还是非序贯搜寻策略并没有最终的结论。序贯或非序贯搜寻模型建立的本质都是基于已有的数据，并希望对调查样本企业的搜寻行为进行相对精确的描述和拟合。恰如 Burdett 和 Cunningham（1998）所言，虽然不能了解企业（雇主）使用的是序贯搜寻或是非序贯搜寻策略，但是他们假定企业（雇主）采用序贯搜寻策略的理由是基于其研究所采用的 1982 年美国 Employment Opportunities Pilot Projects（EOPP）调查的样本数据特征，在该调查中的样本企业的职位空缺持续时间更短些，从而导致调查样本中的大多数企业不可能使用非序贯搜寻策略。但是 Van Ous 和 Ridder（1992，1993）、Weber（2000）的研究都采用了 1986—1987 年荷兰 Organization of Strategic Labor Market Research（OSA）的职位空缺调查数据，该调查的特点是要对企业进行两次访谈，两次访谈的时间间隔为 4 个月，从而其调查样本企业会包含更长的职位空缺持续时间数据。因此，Van Ous 和 Ridder（1992，1993）、Weber（2000）基于其研究数据的特征认为企业（雇主）采取的是非序贯搜寻策略。另外，有研究②显示，依据不同的条件，两种搜寻策略都可能是最优的。其中，如果筛选求职者花费大，或求职者到达率低，或没有筛选的规模经济，那么序贯搜寻更加合适。但是，如果求职者到达率高，且大多数求职者在某一个短时期内进行申请，那么非序贯搜寻策略会是首选。另外，2008 年的一项研究③显示，当企业使用广告、私人和公立就业服务机构时企业会混合使用序贯与非序贯搜寻策略，而当企业依赖于社会网络时则会更多采用序贯搜寻策略。因

---

①　Weber, A. Vacancy Durations——A Model for Employer's Search［J］. Applied Economics, 2000, 32：1069 – 1075.

②　Morgan Peter and Manning Richard. Optimal Search［J］. Econometrica, 1985, 53：923 – 944.

③　Van Ommeren, Russo. Firm Recruitment Behaviour：Sequential or Non – Sequential Search？［D］. Free University, FEWEB, Amsterdam. 2008.

此，为简化分析并更有效利用已有的研究成果，延续企业（雇主）搜寻时遵循的是序贯搜寻策略这一假定来展开分析。

（2）假定大学生工作搜寻和企业（雇主）搜寻的决策依据分别是保留工资和保留生产率，且允许大学生与企业（雇主）在双向搜寻和匹配博弈过程中依据情况变化进行调整

在工作搜寻研究中搜寻决策的依据是保留工资。在 McCall（1970）和 Mortensen（1970）① 的无限序贯搜寻模型（infinite search model）中，工作搜寻过程中保留工资是假定保持固定不变的。为更准确反映和拟合求职者的工作搜寻行为，研究中引入了求职者调整保留工资的情况。有的研究侧重从求职者主体的特征来探讨保留工资调整的原因，如 Gronau②（1971）的有限序贯搜寻模型（finite sequential search model）强调年龄效应会对保留工资产生影响。有的研究侧重从工作搜寻过程的发展变化出发寻找求职者调整保留工资的理由，如 Salop③（1973）的系统搜寻模型（systematic search model）强调工作搜寻时间长短会对保留工资产生影响。有的研究从搜寻外部环境的变化入手来发现保留工资调整的来源，如 Lippman 和 McCall④（1976）的动态经济搜寻模型分析了保留工资会随商业周期波动而出现相应变动。在搜寻主体特征、搜寻匹配过程和搜寻外部环境等方面，大学生既有与其他求职者相似的因素，更存在其作为具有一定人力资本的青年求职者的鲜明特征。为此，为更好把握大学生搜寻匹配行为，本书假定大学生在双向搜寻和匹配博弈决策中的保留工资是一个变量。

在企业（雇主）搜寻研究中搜寻决策的依据是保留生产率。和工作搜寻

① Mortensen Dale T. Job Search, the Duration of Unemployment, and the Phillips Curve [J]. The American Economic Review, 1970, 60: 847 - 862.

② Gronau Reuben. Information and Frictional Unemployment [J]. The American Economic Review, 1971, 61: 290 - 301.

③ Salop S. C. Systematic Job Search and Unemployment [J]. The Review of Economic Studies, 1973, 40: 191 - 201.

④ Lippman, Steven A and McCall, John J, The Economics of Job Search: A Survey [J]. Economic Inquiry, 1976, 14: 175 - 176.

研究相类似，企业（雇主）搜寻的内部和外部环境因素，如搜寻成本、雇用具有某一素质员工的期望收益和市场条件等，都会影响到企业（雇主）对求职者生产率信号信息的获取质量，最终影响到企业（雇主）所设定的保留生产率水平。譬如 Burdett 和 Cunningham① （1998） 的研究发现，离职前提前通知时间越长则企业（雇主）会相对降低保留生产率，Van Ours② （1989a） 发现企业（雇主）搜寻时间越长则会降低其保留生产率。因此，假定企业（雇主）搜寻设定的保留生产率水平在职位空缺填补过程中是一个变量，应当更能够反映职位空缺的填补过程，更有利于对企业（雇主）搜寻行为的研究。

2. 经济人假定

在大学生就业的双向搜寻和匹配博弈中，大学生和企业（雇主）在序贯决策中遵循的是最优化原则，依据的是经济学中的经济人假定，即个体追求的是自身利益或效用的最大化。其中，大学生和企业（雇主）在进行搜寻决策时，会通过搜寻成本—收益分析来比较其在搜寻过程中所可能面临的各种可能的机会、目标以及实现目标的手段，从而实现以最小的成本去追求求职者搜寻效用最大化和企业利润最大化的目标。其中，为简化分析，假定企业在生产中只使用劳动要素。

2.2.2　基于中国情境的大学生就业搜寻—匹配模型

本书将从经济学、教育学和社会学多学科角度进一步分析中国大学生就业情境与劳动供需双方的搜寻成本、搜寻收益以及匹配博弈谈判能力之间的理论关联度，最终建立基于中国情境的大学生就业搜寻—匹配模型。该模型包括三部分：企业（雇主）搜寻决策方程；大学生工作搜寻决策方程；大学生和企业（雇主）匹配博弈方程。上述三个方程统一于大学生就业的双向搜

---

① Burdett, K. and Cunningham, E. J. Toward a Theory of Vacancies ［J］. Journal of Labor Economics, 1998, 16: 445 – 478.

② Van Ours J. Durations of Dutch Job Vacancies ［J］. De Economist, 1989, 137: 309 – 327.

寻和匹配博弈过程。

1. 企业（雇主）搜寻决策方程

（1）企业（雇主）搜寻决策基本方程

在本节研究中，首先只基于企业（雇主）搜寻的实现过程来构建企业（雇主）搜寻决策的基本方程，从而为在后一节中把企业（雇主）搜寻决策方程向前和向后进行拓展奠定研究基础。

假定求职大学生接受工作机会的概率为1，侧重研究企业（雇主）搜寻实现过程的企业（雇主）传递职位空缺信息、企业（雇主）形成候选人池、企业（雇主）挑选求职大学生和给出职位雇用条件等环节对企业（雇主）搜寻决策的影响，进而研究对职位空缺填补概率的影响。

根据假定，企业（雇主）搜寻时遵循的是序贯搜寻策略，则在每一期的搜寻活动中，按照企业（雇主）搜寻实现过程中不同环节的先后次序，有如下分析。

A. 在企业（雇主）传递职位空缺信息环节中，企业（雇主）在传递职位空缺信息时需要付出相应的信息传递成本，信息传递成本的高低是影响求职者到达企业（雇主）多少的重要因素，属于企业（雇主）直接付出的搜寻成本的一部分，记企业（雇主）为吸引一名求职大学生抵达而付出的信息传递成本为 C_1。

B. 在企业（雇主）形成候选人池环节中，假定一名求职大学生依据一个泊松过程抵达企业[①]。

C. 从企业（雇主）挑选求职大学生到企业（雇主）给出职位雇用条件

[①] 在搜寻研究中，一般假定求职者按照一个泊松（Poisson）过程抵达发布职位空缺信息的企业（雇主）。泊松分布是指衡量某种事件在一定期间出现的数目的概率。求职者抵达企业（雇主）的情况适合于用泊松分布来解释。泊松分布是一个分布族，族中不同成员的区别在于事件出现数目的均值 λ 不一样。泊松分布的可能取值范围为所有非负整数。参数为 λ 的泊松分布变量的概率分布为 $P(\lambda)$，表示泊松变量等于 k 的概率，有：$P(k) = e^{-\lambda}\dfrac{\lambda^k}{k!}$，$k = 0, 1, 2, \cdots$。

的过程中，企业（雇主）采取基于保留生产率的最优搜寻停止策略进行搜寻决策，其搜寻决策过程描述如下：

Jovanovic（1979a①，b②）在研究工作匹配问题时首先假定跨不同企业（雇主）的一个工人存在一个非退化（nondegenerate）的生产率分布，即一个企业（雇主）和一个求职者实现匹配的生产率是从一个生产率分布 F（p）中抽取的一个随机变量，p 为求职者的生产率，该建模思想在企业（雇主）搜寻的后续研究中得到了继承。但是，Jovanovic（1979a）还认为，一个特定职位的工人的生产率在事先是不可知的，但是随着工作时间的延长，对该名工人的生产率会了解得更为精确。恰如本书所做的文献分析所显示的，正是由于企业（雇主）在搜寻时无法完全精确观察和掌握求职者的生产率，所以才需要通过获取求职者可观察和测试的，且能反映其生产率情况的信号，从而辅助企业（雇主）展开基于保留生产率的搜寻决策。基于上述思想，Barron、Berger 和 Black③（1997）认为，一个企业（雇主）和一个求职者实现匹配的生产率是从一个生产率和生产率信号的联合分布 F（p，s）中抽取的一个随机变量，其中 s 为企业（雇主）获取的求职者生产率信号。

因此，本书假定企业（雇主）每一期会从相同的联合分布 F（p，s）中搜寻到一个求职大学生，且如果企业（雇主）获取了两个生产率信号 s_1 和 s_2，其中 $s_1 > s_2$ 即表明企业（雇主）获取的生产率信号 s_1 的精确程度要优于 s_2，则对于任何的生产率 p 而言，都会有 F（p，s_1）优于 F（p，s_2），即 F（p，s_1）≥F（p，s_2）。企业（雇主）要提高其所获取的求职大学生生产率信号的准确度，需要投入筛选和面试求职大学生的成本支出，筛选和面试成本越高则能够获取更高精确度的生产率信号。筛选和面试成本属于企业（雇

① Jovanovic Boyan. Job Matching and the Theory of Turnover [J]. The Journal of Political E-conomy，1979，87：972 – 990．

② Jovanovic Boyan. Firm – specific Capital and Turnover [J]. The Journal of Political Econo-my，1979，87：1246 – 1260．

③ Barron，J M，Berger，M C，and Black，D A. Employer search，training，and vacancy duration [J]. Economic Inquiry，1997，35：167 – 192.

主）直接付出的搜寻成本的一部分，记企业（雇主）为挑选一名求职大学生而付出的筛选和面试成本为 C_2。

在搜寻过程中，一个企业（雇主）从联合分布 F（p，s）中获得一个生产率信号为 s 的求职大学生后，会依据其设定的保留生产率水平 p'来选择是否接受该名求职大学生，则企业（雇主）有两个行动选项。

A. 企业（雇主）可以选择接受生产率信号为 s 的该名求职大学生。在此情况下，企业（雇主）会在以后每一期都得到 f（p｜s）的产出且支付的工资为 w。另外，企业（雇主）还需要付出信息传递成本 C_1，筛选和面试成本 C_2以及保有职位空缺的机会成本 C_3等，上述三种成本共同构成了企业（雇主）搜寻的成本。其中，企业（雇主）保有职位空缺的机会成本 C_3是指职位空缺给企业带来的潜在产出损失。

B. 企业（雇主）可以选择拒绝该名求职大学生。在此情况下，企业（雇主）会在下一期从联合分布 F（p，s）中获得另外一个生产率信号为 s'的求职大学生，记企业（雇主）在下一期中获得的最大期望收益为π。

令 V（s）是搜寻到生产率信号为 s 的求职大学生的企业（雇主）对搜寻收益的期望值，且企业（雇主）在考虑是接受还是拒绝该名求职大学生时，其搜寻行为是最优的。应用动态规划方法，搜寻企业（雇主）的贝尔曼（Bellman）方程是：

$$V(s) = \max\left\{\frac{[f(p\,|\,s) - w - (c_1 + c_2 + c_3)]}{(1 - \beta)}, \beta\pi\right\} \qquad (2.1)$$

其中β为贴现因子（discount factor）[1]，有 $0 < \beta < 1$，为简化分析假定β为常数。

根据企业（雇主）采取基于保留生产率 p'的最优搜寻停止策略进行搜寻

---

[1]　一般来说，当利率为 i 时，承诺 t 年之后支付的 x 单位货币的现值 = x∕（1 + i）'。其中，1∕（1 + i）'被称为未来 t 时期的货币的贴现因子（discount factor），i 为贴现率（discount rate）。由于本书只研究未来 1 期的搜寻决策问题，因此本书中的贴现因子 β = 1∕（1 + i）。

决策的假定，则当求职大学生的生产率信号 s < p' 时，企业（雇主）会选择拒绝该名求职大学生。同时本书主要考察连续时间情况下的企业（雇主）搜寻决策行为，则贝尔曼（Bellman）方程（2.1）的解的形式如下式所示：

$$V(s) = \begin{cases} \int_{p'}^{\infty} \left\{ \dfrac{[f(p \mid s) - w - (c_1 + c_2 + c_3)]}{(1 - \beta)} \right\} dF(p,s), & s \geq p' \\ \int_{-\infty}^{p'} \beta \pi dF(p,s), & s < p' \end{cases} \quad (2.2)$$

其中，企业（雇主）在下一期中获得的最大期望收益 π = V（p'），且保留生产率 p'可由下式来求解，即：

$$\frac{[f(p') - w - (c_1 + c_2 + c_3)]}{(1 - \beta)} = \beta \pi \quad (2.3)$$

设 N 为企业（雇主）接受一个求职者之前所经历的职位空缺持续时间的长度，N 是一个随机变量，如果企业（雇主）接受了第一个求职者，则 N = 1。令 λ 为一个求职者被企业（雇主）拒绝的概率，有 λ = λ（p'），企业（雇主）设定的保留生产率 p'越高则求职者被拒绝的概率越高，有企业（雇主）接受第一个求职者的概率：prob {N = 1} = 1 − λ（p'）。另外本文假定求职者抵达企业（雇主）的事件是相互独立的，则有 prob {N = 2} = [1 − λ（p'）] λ（p'）。当企业（雇主）接受了第 j 个求职者，则有 prob {N = j} = [1 − λ（p'）] λ（p'）$^{j-1}$，因此企业（雇主）的职位空缺持续时间是服从几何分布的。职位空缺持续时间的均值 E 为：

$$E = \sum_{j=1}^{\infty} j \cdot prob\{N = j\} = \sum_{j=1}^{\infty} j[1 - \lambda(p')]\lambda(^{p'}) j - 1$$

$$= [1 - \lambda(p')] \sum_{j=1}^{\infty} \sum_{k=1}^{j} \lambda(p')^{j-1}$$

$$= [1 - \lambda(p')] \sum_{k=0}^{\infty} \sum_{j=1}^{\infty} \lambda(p')^{j-1+k} \quad (2.4)$$

$$= [1 - \lambda(p')] \sum_{k=0}^{\infty} \lambda(p')^{k} [1 - \lambda(p')]^{-1}$$

$$= [1 - \lambda(p')]^{-1}$$

上式表明企业（雇主）接受一个求职者之前所经历的职位空缺持续时间的均值等同于接受了第一个求职者的概率的倒数值。

另外，考虑到企业（雇主）挑选求职大学生只是企业（雇主）搜寻过程的一个环节，企业（雇主）搜寻过程的其他环节中还存在着影响职位空缺持续时间均值的其他因素。首先，在企业（雇主）挑选求职者环节之前还有一个求职大学生抵达企业（雇主）的环节，由上文假定我们可知每一期中一名求职大学生抵达企业（雇主）的概率为 α，理论上该概率越大则越有利于企业（雇主）缩短搜寻的持续时间，进而缩短职位空缺持续时间的均值。其次，在企业（雇主）挑选求职者环节之后还有一个求职大学生接受工作机会的环节，在理论上求职者接受工作机会的概率 γ 越高则越有利于缩短职位空缺持续时间的均值，但是上文为简化分析已经假定求职大学生接受工作机会的概率 γ 为 1。因此，有企业（雇主）的职位空缺填补概率 $\Omega = \alpha \left[1 - \lambda (p^r) \right] \gamma = \alpha \left[1 - \lambda (p^r) \right]$，即企业（雇主）的职位空缺持续时间的均值 E 为：

$$E = \frac{1}{(\alpha \times [1 - \lambda(p^r)] \times \gamma)} = \frac{1}{(\alpha[1 - \lambda(p^r)])} = \frac{1}{\Omega} \quad (2.5)$$

由上式可知，企业（雇主）的职位空缺持续时间的均值是求职大学生抵达企业（雇主）概率 α 和求职大学生接受工作机会概率 γ 的递减函数。但是，职位空缺持续时间的均值是企业（雇主）拒绝求职者概率 λ 的递增函数，即表明企业（雇主）设定的保留生产率 p^r 越高，则拒绝求职大学生概率 λ 的值越高，企业（雇主）的职位空缺持续时间的均值越长。

（2）企业（雇主）搜寻决策扩展方程

在本节研究中，通过把企业（雇主）搜寻过程向前和向后拓展，从而把企业（雇主）搜寻决策的基本方程进行相应的拓展。

①考察引入企业（雇主）搜寻后的磨合过程后企业（雇主）搜寻决策基本方程出现的变化

由上文分析可知，在引入企业（雇主）搜寻后的磨合过程后，企业（雇主）搜寻的成本与收益会出现下述变化。

第一，企业（雇主）普遍会对新雇用的大学生进行培训，并支出相应的培训成本，记每一个新雇用大学生的培训成本为 T。培训不仅是正式的学校教育，而且是在职培训，包括正式组织的活动如学徒制和其他培训项目到从经验中学习的非正式过程，都会影响到一个工人的素质①。即培训会进一步提高所雇用大学生的生产率水平。本文假定企业（雇主）在付出培训成本 T（T>0）后，新雇用大学生的产出提高为 f（p｜s，T），且 f（p｜s，T）>f（p｜s，0），即表明培训能够提高新雇用大学生的生产率。为简化分析，假定企业承担所有的培训成本 T，并因此获得所有的产出提高的收益 f（p｜s，T）。

第二，对新雇用大学生进行培训后，企业（雇主）会持续通过观察和考核员工绩效来深入了解所雇用大学生的真实生产率，且将其与企业（雇主）设定的保留生产率进行比较，从而最终决定是否解雇该名已培训大学生。在解雇过程中，企业（雇主）不仅要付出相应的办理解雇流程而付出的文书成本等，更为重要的是如法律制度安排导致的解雇成本等。记企业（雇主）解雇一个已培训大学生所要付出的解雇成本为 C_f。

第三，在企业（雇主）搜寻后的磨合过程中，大学生也会在该过程中依据其对企业情况的进一步熟悉来获取以保留工资为核心的保留效用水平的评价，并会做出正常的离职流动等决策，从而导致企业（雇主）职位再次空缺所导致的机会成本。记大学生离职给企业（雇主）带来的职位空缺机会成本为 C_L。

综合信息不对称、经济人假定以及滞后信息经济学（The economics of belated information）的理论思想，本书认为，企业（雇主）作为经济人，由于无法精确掌握求职大学生的真实生产率信息，所以会从趋利避害的角度出发试图更大程度地降低搜寻决策的风险，获得更大的收益。因此，本书认为

① Mincer Jacob. On – the – Job Training: Costs, Returns, and Some Implications [J]. Journal of Political Economy, 1962, 70: 50 – 79.

企业（雇主）在搜寻决策过程中会考虑到其在搜寻后的磨合过程中付出的培训成本 T、解雇成本 C_f、离职导致的职位空缺机会成本 C（L）和相应获取的提高后的产出 f（p，T），并会在折为现值后进行成本收益的比较。

②考察引入企业（雇主）搜寻前准备过程后基本方程出现的变化

由上文分析可知，在企业（雇主）搜寻前的准备过程中，企业（雇主）需要识别其对大学生的潜在劳动要素需求。企业（雇主）对大学生的劳动要素需求包括两种情况：第一，由于企业扩大再生产而增加的对大学生的新劳动要素需求，该类型的劳动要素需求满足了企业扩大生产能力的需要；第二，由于企业维持简单再生产而形成的对大学生的劳动要素需求，该类型的劳动要素需求是由于员工流动如离职或退休等因素而形成的，企业为保持现有的生产能力而需要对员工流动后形成的职位空缺进行补充。另外，员工流动尤其是员工离职而形成的劳动力需求和相应的职位空缺，按照员工在离职前是否已经通知企业的标准来划分，还可以分为有离职提前通知和没有离职提前通知两种类型。因此，我们可以把企业（雇主）对大学生的劳动要素需求划分为三种状态：新需求 D_1、有离职提前通知的补充需求 D_2 和没有离职提前通知的补充需求 D_3。

不同状态的劳动力需求会影响到企业（雇主）搜寻过程中保有职位空缺的机会成本 C_3。首先，如果是作为未来扩大生产能力而进行劳动要素的储备而形成的对大学生的新劳动要素需求 D_1，则企业（雇主）在搜寻过程中不会付出潜在产出损失的机会成本 C_3。其次，如果是有离职提前通知的补充需求 D_2，且企业（雇主）在员工正式离职或退休前一段时间就开始搜寻大学生，则在这一段时间内企业（雇主）不会付出潜在产出损失的机会成本 C_3；但是，在该段时间结束之后企业（雇主）仍没有搜寻到合适的求职大学生时，则开始需要承担保有职位空缺的机会成本 C_3，且 C_3 会随着搜寻持续时间不断延长而不断递增。最后，如果是没有离职提前通知的补充需求 D_3，企业（雇主）自搜寻活动开始就需要承担保有职位空缺的机会成本 C_3，且 C_3 会随着搜寻持续时间不断延长而不断递增。受不同状态劳动要素需求影响的

C_3 可以表示为（$C_3 \mid D_k$），其中 $k = 1, 2, 3$。

③得出企业（雇主）搜寻决策的理论

在职位填补过程中，一个企业（雇主）从联合分布 F（p，s）中获得一个生产率信号为 s 的求职大学生后，会依据其设定的保留生产率水平 p' 来选择是否接受该名求职大学生，并放松假设允许企业（雇主）解雇员工，以及已入职大学生有主动离职行为的发生，则企业（雇主）搜寻决策的行动选项为两个。

第一，企业（雇主）在现期的搜寻过程中选择接受生产率信号为 s 的求职大学生。企业（雇主）会在现期得到 f（p｜s）的产出且支付工资 w，并在现期付出信息传递成本 C_1、筛选和面试成本 C_2 以及保有职位空缺的机会成本（$C_3 \mid D_k$）（其中 $k = 1, 2, 3$）等企业（雇主）搜寻成本，另外把培训成本 T 计入现期的成本支出①，并因此在下期中可能获得（$1 - \delta$）[f（p｜s，T）$- w$] 的收益提高并可能相应承担 δC_f 的解雇成本和大学生离职所可能带来的职位空缺机会成本 σC_L。其中，假定企业（雇主）解雇一名已培训员工的概率为 δ 和在职大学生离职的概率为 σ，有 $0 < \delta < 1$ 和 $0 < \sigma < 1$。

第二，企业（雇主）在现期的搜寻过程中选择拒绝生产率信号为 s 的求职大学生。如果企业（雇主）选择现期拒绝求职者，则企业（雇主）在下一期中会从联合分布 F（p，s）中获得另外一个生产率信号为 s' 的求职大学生，记企业（雇主）下一期中获得的最大期望收益为 ξ。

令 V（s）是搜寻到生产率信号为 s 的求职大学生的企业（雇主）对搜寻收益的期望值，因此，企业（雇主）搜寻的贝尔曼（Bellman）方程是：

$$V(s) = \max \left\{ \begin{array}{c} \dfrac{[f(p \mid s) - w - (c_1 + c_2 + c_3 \mid D_k) - T]}{(1 - \beta)} \\ + \beta [(1 - \delta)(f(p \mid s, T) - w) - \delta c_f - \sigma c_L], \beta \xi \end{array} \right\}, k = 1, 2, 3$$

(2.6)

---

① 由于本书假定企业（雇主）承担所有的培训成本，且假定企业（雇主）是在新员工进行培训后才会考虑针对已培训员工的解雇行为。因此，为简化分析，本文把培训成本 T 处理为现期的成本支出。

根据企业（雇主）采取基于保留生产率 p^r 的最优搜寻停止策略进行搜寻决策和连续时间的假定，贝尔曼（Bellman）方程（2.6）的解如下：

$$V(s) = \begin{cases} \displaystyle\int_{p^r}^{\infty} \left\{ \begin{array}{l} \dfrac{[f(p \mid s) - w - (c_1 + c_2 + c_3 \mid D_k) - T]}{(1 - \beta)} \\ + \beta[(1 - \delta)(f(p \mid s, T) - w) - \delta c_f - \sigma c_L] \end{array} \right\} dF(p, s), s \geq p^r \\ \qquad k = 1, 2, 3 \\ \displaystyle\int_{-\infty}^{p^r} \beta \xi dF(p, s), \qquad\qquad s < p^r \end{cases}$$

$$(2.7)$$

其中，保留生产率可以由下面的方程隐含给定：

$$\frac{[f(p^r) - w - (c_1 + c_2 + c_3 \mid D_k) - T]}{(1 - \beta)} +$$

$$\beta[(1 - \delta)(f(p \mid s, T) - w) - \delta c_f - \sigma c_L] = \beta \xi \qquad (2.8)$$

与上文的形式一致，企业（雇主）的职位空缺持续时间的均值 E 为：

$$E = \frac{1}{(\alpha[1 - \lambda(p^r)])} = \frac{1}{\Omega} \qquad (2.9)$$

但是，与上文不同的是，本节中决定一个求职大学生被企业（雇主）拒绝的概率 $\lambda(p^r)$ 的理论内涵已经出现了拓展。

2. 大学生工作搜寻决策方程

（1）大学生工作搜寻决策基本方程

在本节研究中，首先只基于大学生工作搜寻的实现过程来构建大学生工作搜寻决策的基本方程，从而为在后一节中把大学生工作搜寻决策方程和向后进行拓展奠定研究基础。

假定求职大学生接受工作机会的概率为1，侧重研究大学生工作搜寻实现过程的大学生获取职位空缺信息、大学生到达企业（雇主）、大学生参加企业（雇主）甄选、大学生收到职位雇用条件等环节对大学生工作搜寻决策的影响，进而研究其对大学生工作搜寻成功概率的影响。

根据假定，大学生工作搜寻时遵循的是序贯搜寻策略，则在每一期的搜寻活动中，按照大学生工作搜寻实现过程中不同环节的先后次序，有如下分析。

A. 在大学生获取职位空缺信息环节中，大学生在获取职位空缺信息时需要付出相应的信息获取成本，信息获取成本的高低是影响到求职大学生获得企业（雇主）职位空缺信息多少的重要因素，属于大学生直接付出的工作搜寻成本的一部分，记大学生为获得一个企业（雇主）的职位空缺信息而付出的信息获取成本为 C_4。

B. 在大学生到达企业（雇主）环节中，假定一个职位空缺依据一个泊松过程抵达求职大学生。

C. 从大学生参加企业（雇主）甄选到大学生收到职位雇用条件的过程中，大学生采取基于保留工资的最优搜寻停止策略进行搜寻决策，其搜寻决策过程描述如下：

在 1970 年 McCall[①] 的序贯工作搜寻模型中，假定求职者获得的工作机会是从工资分布的随机抽取，该工作机会阶段性产生且求职者决定接受或是拒绝。其中，求职者通过设定一个值即保留工资来进行决策。后续研究延续了求职者基于保留工作进行工作搜寻决策的建模思路。

因此，本书假定求职大学生每一期会从相同的工资分布 F（w）中搜寻到一个工作机会 w。求职大学生要提高其所获取的工作机会的质量和水平，需要投入投送简历和参加面试等成本支出，投送简历和参加面试的频率越高、付出的成本越大则能够获取更高质量的工作机会。简历和面试成本属于求职大学生直接付出的工作搜寻成本的一部分，记求职大学生为获取一个工作机会而付出的简历和面试成本为 C_5。

在工作搜寻过程中，一个求职大学生从工资分布 F（w）中获得一个工作机会 w 后，会依据其设定的保留工资水平 R 来选择是否接受该工作机会，则求职大学生有两个行动选项。

---

① McCall J J. Economics of Information and Job Search ［J］. The Quarterly Journal of Economics, 1970, 84: 113 - 126.

A. 求职大学生可以选择接受工作机会为 w 的工作机会。在此情况下，大学生会在以后每一期都得到企业（雇主）支付的工资 w。另外，求职大学生还需要付出信息获取成本 C_4、简历和面试成本 C_5 以及机会成本 C_6 等，上述三种成本共同构成了求职大学生工作搜寻的成本。

其中，求职大学生所付出的机会成本 C_6 是指求职大学生接受工作机会而放弃其他选择所导致的潜在收入损失。对于求职大学生而言，除了工作就业以外，还有诸如出国深造、保送或考取研究生、个人创业等多种选择，所以，求职大学生实现就业意味着对其他选择的放弃。

B. 求职大学生可以选择拒绝该工作机会。在此情况下，求职大学生会在下一期从联合分布 F（w）中获得另外一个工作机会 w'，记求职大学生在下一期中获得的最大期望收益为 ψ。

令 V（w）是搜寻到工作机会为 w 的求职大学生对搜寻收益的期望值，且求职大学生在考虑是接受还是拒绝该工作机会时，其搜寻行为是最优的。应用动态规划方法，求职大学生工作搜寻的贝尔曼（Bellman）方程是：

$$V(w) = \max\left\{\frac{[w-(c_4+c_5+c_6)]}{(1-\alpha)}, \alpha\psi\right\} \tag{2.10}$$

其中 α 为贴现因子（discount factor），有 $0<\alpha<1$，为简化分析，假定 α 为常数。

根据求职大学生采取基于保留工资 R 的最优搜寻停止策略进行搜寻决策的假定，则当工作机会 w < R 时，求职大学生会选择拒绝该工作机会。同时本书主要考察连续时间情况下的求职大学生工作搜寻决策行为，则贝尔曼（Bellman）方程（2.10）的解的形式如下式所示：

$$V(w) = \begin{cases} \int_R^\infty \left\{\dfrac{[w-(c_4+c_5+c_6)]}{(1-\alpha)}\right\}dF(w), & w \geq R \\ \int_{-\infty}^R \alpha\psi dF(w), & w < R \end{cases} \tag{2.11}$$

其中，求职大学生在下一期中获得的最大期望收益 ψ = V（R），且保留工资 R 可由下式来隐含求解，即：

$$\frac{[w - (c_4 + c_5 + c_6)]}{(1 - \alpha)} = \alpha\psi \tag{2.12}$$

设 M 为求职大学生接受一个工作机会之前所经历的工作搜寻持续时间的长度，M 是一个随机变量，如果求职大学生接受了第一个工作机会，则 M = 1。令 φ 为一个工作机会被求职大学生拒绝的概率，有 $\varphi = \varphi$（R），求职大学生设定的保留工作 R 越高则工作机会被拒绝的概率越高，求职大学生接受第一个工作机会的概率：prob｛M = 1｝= 1 - φ（R）。另外本文假定工作机会抵求职大学生的事件是相互独立的，则有 prob｛M = 2｝=［1 - φ（R）］φ（R）。当求职大学生接受了第 j 个求职者，则有 prob｛M = j｝=［1 - φ（R）］φ（R）$^{j-1}$，因此大学生工作搜寻持续时间是服从几何分布的。大学生工作搜寻持续时间的均值 D 为：

$$
\begin{aligned}
D &= \sum_{j=1}^{\infty} j \cdot prob\{M = j\} = \sum_{j=1}^{\infty} j [1 - \delta(R)]\varphi(^R)j - 1 \\
&= [1 - \varphi(R)] \sum_{j=1}^{\infty} \sum_{k=1}^{j} \varphi(R)^{j-1} \\
&= [1 - \varphi(R)] \sum_{k=0}^{\infty} \sum_{j=1}^{\infty} \varphi(R)^{j-1+k} \\
&= [1 - \varphi(R)] \sum_{k=0}^{\infty} \varphi(R)^{k} [1 - \varphi(R)]^{-1} \\
&= [1 - \varphi(R)]^{-1}
\end{aligned}
\tag{2.13}
$$

上式表明求职大学生接受一个工作机会之前所经历的工作搜寻持续时间的均值等同于接受了第一个工作机会的概率的倒数值。

另外，考虑到求职大学生挑选工作机会只是工作搜寻过程的一个环节，求职大学生工作搜寻过程的其他环节中还存在着影响工作搜寻持续时间均值的其他因素。首先，在职位空缺抵达求职大学生的环节中，我们假定每一期中一个职位空缺抵达求职大学生的概率为 ρ，理论上该概率越大则越有利于求职大学生缩短工作搜寻的持续时间，进而缩短工作搜寻持续时间的均值。其次，理论上求职大学生接受工作机会的概率 γ 越高则越有利于其工作搜寻持续时间的均值，但是上文为简化分析已经假定求职大学生接受工作机会的

概率 γ 为 1。因此，有工作搜寻成功概率 X = ρ [1 − φ (R)]，即求职大学生工作搜寻持续时间的均值 D 为：

$$D = \frac{1}{(\rho \times [1 - \varphi(R)])} = \frac{1}{X} \tag{2.14}$$

由上式可知，求职大学生工作搜寻持续时间的均值是职位空缺抵达求职大学生概率 ρ 和求职大学生接受工作机会概率 γ 的递减函数，但是，求职大学生工作搜寻持续时间的均值是求职大学生拒绝工作机会概率率 φ 的递增函数，即表明求职大学生设定的保留工资 R 越高则拒绝工作机会概率 φ 的值越高，求职大学生工作搜寻持续时间的均值越长。

（2）大学生工作搜寻决策扩展方程

在本节研究中，通过把大学生工作搜寻过程向后拓展，从而把大学生工作搜寻决策的基本方程进行相应的拓展，考察引入大学生工作搜寻后的磨合过程之后大学生工作搜寻决策基本方程出现的变化。

恰如上文所指出的，大学生就业群体具有较高教育程度、年纪轻和处于职业生涯初期等方面的典型特征，Schults[1]（1961）在其关于人力资本投资的重要演说中已经揭示了大学生在职搜寻的倾向，Meisenheimer II 和 Ilg[2]（2000）的研究也发现，年龄越轻和资历越浅的青年求职者在职搜寻的可能性越大。为此，大学生工作搜寻后的磨合过程中"先就业再择业"的工作搜寻方式是大学生就业研究不可忽视的影响因素，会对大学生工作搜寻的成本与收益进而对大学生工作搜寻决策产生影响。

1978 年，Burdett[3] 已经注意到在职搜寻会对求职者的工作搜寻决策产生影响，通过把在职搜寻纳入序贯工作搜寻过程，Burdett（1978）建立了在职

① Schultz Theodore W. Investment in Human Capital [J]. The American Economic Review, 1961, 51: 1 – 17.

② Meisenheimer II Joseph R. Ilg, Randy E. Looking for á better job: job – search activity of the employed [J]. Monthly Labor Review, 2000, 123: 3 – 14.

③ Burdett Kenneth. A Theory of Employee Job Search and Quit Rates [J]. The American Economic Review. 1978, 68: 212 – 220.

工作搜寻模型, 并认为在职搜寻决策所依据的是两个保留工资, 分别为 R_1 和 R_2 且 $R_2 > R_1$。在该模型中, 假定已就业工人的当前工资为 w, 有三个在职搜寻决策选择: A. 当 $w < R_1$ 时, 即已就业工人的当前工资和搜寻到的工资分布所能提供的工作机会相比较, 要低于在职工人的保留工资下限 R_1, 因此, 已就业工人会采取离职后搜寻的决策方式; B. 当 $R_1 < w < R_2$ 时, 即已就业工人的当前工资和搜寻到的工资分布所能提供的工作机会相比较, 要高于已就业工人的保留工资下限 R_1, 但是低于保留工资上限 R_2, 因此, 已就业工人会采取保持在职状态但是会继续开展在职搜寻活动; C. 当 $w > R_2$ 时, 即已就业工人的当前工资和搜寻到的工资分布所能提供的工作机会相比较, 要高于已就业工人的保留工资上限 R_2, 因此, 已就业工人会采取保持在职状态且不会从事在职搜寻活动。更进一步, 在 Burdett (1978) 所建立模型的基础上, Parsons (1991)① 利用美国的全国青年的纵向调查 [National Longitudinal Survey (NLS)] 的统计数据对已就业年轻人的工作搜寻行为进行了相关研究, 研究结果显示, 当已就业年轻人的当前工资相对于可选择的工资分布出现减少的时候, 在职搜寻的可能性会增加。而且, 当已就业年轻人的当前工资太低的时候, 会选择采取离职后搜寻的行为。

综合上述分析, 借鉴 Burdett (1978) 在职工作搜寻模型的建模思路, 本书把引入大学生工作搜寻后的磨合过程之后的大学生工作搜寻决策进行如下理论表述。

在工作机会获取过程中, 假定大学生会采取 "先就业再择业" 的工作搜寻方式, 并相应假定一个求职大学生设定有两个保留工资 R_1 和 R_2, 且 $R_2 > R_1$。当大学生没有实现就业的阶段, 在一个求职大学生从工资分布 F (w) 中获得一个工作机会 w 后, 求职大学生会依据其设定的保留工资下限水平 R_1 来选择是否接受该工作机会。当大学生已经实现就业的阶段, 已就业大学生开展在职搜寻从工资分布 F (w) 中获得一个工作机会 w', 已就业大学生会

① Parsons Donald O. The Job Search Behavior of Employed Youth [J]. The Review of Economics and Statistics. 1991, 73: 597 - 604.

依据其设定的保留工资水平上限 R_2 来选择是否接受该工作机会，从而会相应地发生已就业大学生的离职行为。则求职大学生工作搜寻决策有两个行动选项。

第一，求职大学生在现期的工作搜寻过程中选择接受工作机会 w。求职大学生会在现期得到工资 w，并在现期付出信息获取成本 C_4、简历和面试成本 C_5 以及工作搜寻所付出的机会成本 C_6 等工作搜寻成本。在下期中已就业大学生会开展在职搜寻活动并有可能获得更高的工资 w'，但是要付出信息获取成本 c'_4、简历和面试成本 c'_5 以及工作搜寻所付出的机会成本 c'_6，其中 c'_6 为已就业大学生所放弃的当前工作所提供的工资收入。

第二，求职大学生在现期的工作搜寻过程中选择拒绝工作机会 w。如果求职大学生选择现期拒绝工作机会，则求职大学生在下一期中会从工资分布 F（w）中获得另外一个工作机会 w''，记求职大学生下一期中获得的最大期望收益为 Γ。

令 V（w）是搜寻到工作机会为 w 的求职大学生工作搜寻收益的期望值，因此，大学生工作搜寻的贝尔曼（Bellman）方程是：

$$V(w) = \max\left\{\frac{[w - (c_4 + c_5 + c_6)]}{(1 - \alpha)} + \alpha[w - (c'_4 + c'_5 + c'_6)], \alpha\Gamma\right\}$$

(2.15)

根据求职大学生采取基于保留工资 R_1 和 R_2 的最优搜寻停止策略进行搜寻决策和连续时间的假定，贝尔曼（Bellman）方程（2.15）的解如下：

$$V(w) = \begin{cases} \int_{R_1}^{\infty} \frac{[w - (c_4 + c_5 + c_6)]}{(1 - \alpha)} dF(w) \\ + \int_{R_2}^{\infty} \alpha[w - (c'_4 + c'_5 + c'_6)]dF(w) & ,w \geq R_i(i = 1,2) \\ \int_{-\infty}^{R_i} \alpha\Gamma dF(w), & w < R_i(i = 1,2) \end{cases}$$

(2.16)

其中，保留工资可以由下面的方程隐含给定：

65

$$\frac{[w - (c_4 + c_5 + c_6)]}{(1 - \alpha)} + \alpha[w - (c'_4 + c'_5 + c'_6)] = \alpha\Gamma \qquad (2.17)$$

与上文的形式一致，求职大学生工作搜寻持续时间的均值 D 为：

$$D = \frac{1}{(\rho \times [1 - \varphi(R)])} = \frac{1}{X} \qquad (2.18)$$

相类似地，一个工作机会被求职大学生拒绝的概率 φ（R）的理论内涵已经出现了拓展。

3. 大学生和企业（雇主）匹配博弈方程

在本节中，本书将集中研究大学生和企业（雇主）匹配博弈的过程，并通过引入匹配函数这一理论分析工具，进而建立起大学生和企业（雇主）匹配博弈方程。

（1）匹配函数

匹配函数 M（u，v），表示的是劳动力市场中企业（雇主）提供的职位空缺和求职大学生实现就业匹配的情况。假定每个求职大学生找到潜在企业（雇主）的概率为 И，则求职大学生遇到职位空缺的总预期比率为 Иu。相类似地，假定企业（雇主）的每个职位空缺找到求职大学生的概率为 η，则职位空缺找到潜在求职大学生的总预期比率为 ηv。最终，有 $Иu \equiv M(u,v) \equiv \eta v$，其中，u 为求职大学生的人数，v 为企业（雇主）所提供的职位空缺数。

对于一个求职大学生而言，找到潜在工作机会的概率 И 等于匹配函数除以求职大学生的人数，表明一个求职大学生所能获得的就业匹配的概率，有

$$И = \frac{M(u,v)}{u} = M(1,\theta) \equiv m(\theta)，其中 \theta = \frac{v}{u}。$$

相类似地，对于一个职位空缺而言，企业（雇主）找到潜在求职大学生的概率 η 等于匹配函数除以职位空缺的总数，表明一个职位空缺所能获得的就业匹配的概率为 $\eta = \frac{M(u,v)}{v} = \frac{M(\theta,1)}{\theta} \equiv \frac{m(\theta)}{\theta} = \frac{И}{\theta}$，其中 $\theta = \frac{v}{u}$。

（2）匹配博弈均衡的实现条件

恰如上文所指出的，本书单独把企业（雇主）和大学生的双向搜寻和匹

配博弈过程的第五个环节，即大学生决定是否接受工作机会和企业（雇主）职位空缺是否填补环节作为基础，从而揭示企业（雇主）和大学生的匹配博弈过程。

本书延续之前就业匹配研究的思路，假定在大学生和企业（雇主）实现就业匹配的时候，由于企业（雇主）和求职者都需要付出相应的搜寻成本，因此会产生一个准租金（quasi - rent），即会形成一个大学生和企业（雇主）共享的未来匹配收益 S（R），其中，R 为求职大学生的保留工资。在就业匹配博弈过程中，S（R）会在大学生和企业（雇主）之间进行分配，一名大学生所能获得的未来匹配收益份额记为 β，相应地，企业（雇主）填补一个职位空缺所能获得的未来匹配收益份额则记为 1 - β。大学生和企业（雇主）能够获取的份额多少，取决于大学生和企业（雇主）在匹配博弈中所处地位即博弈能力的高低。

①求职大学生工作搜寻匹配的实现条件

当一个求职大学生在当期接受工作机会的时候，假定其所能获得的工资收益为 W，并假定其在下一期中继续工作搜寻能够获得的收益为 U，相当于求职大学生接受工作机会后所付出的机会成本 C_6，那么，求职大学生在下一期中继续工作搜寻所能获得的收益满足以下等式：

$$rU = b - c + И(W - U) \tag{2.19}$$

其中，C 为一个求职大学生的工作搜寻成本，包括信息获取成本 C_4 以及简历和面试成本 C_5。r 为折现率，И 为一个求职大学生找到潜在企业（雇主）的概率，1/И 是求职大学生搜寻一个工作机会的持续时间。另外，b 为求职大学生所放弃闲暇的价值。由于大学生处于未就业状态的时候，目前我国除了针对贫困大学生的就业补贴外，由于应届毕业生未参保过失业保险，所以并不能享受失业保险待遇。但是，由于大学生毕业后"啃老"情况在一定程度存在，有些大学生就业也意味着对闲暇时光的放弃。为此，本书认为，大学生未就业所能获得的收益主要体现为大学生拥有的闲暇所提供的价值。

对于求职大学生而言，实现搜寻匹配即意味着不再进行新一轮的工作搜寻活动，而是接受已经搜寻到的工作机会。按照保留工资的决策依据，当求职大学生搜寻到的工作机会至少等于其保留工资的时候，求职大学生不会在下一期开展工作搜寻，而在当期就接受所搜寻到的工作机会，从而实现搜寻匹配博弈的均衡状态，也就意味着新一轮工作搜寻给求职大学生带来的工资收入的折现值至多等于其保留工资。

为此，求职大学生工作搜寻匹配的实现条件为：

$$R = b - c + И \int_{R}^{\infty} (W(w) - U) dF(w) \tag{2.20}$$

其中，$\int_{R}^{\infty} (W(w) - U) dF(w)$ 就等于求职大学生在匹配博弈中所获得的匹配剩余的份额。为集中研究求职大学生和企业（雇主）在匹配剩余分配方面的博弈情况，本书把求职大学生获得的匹配剩余份额表示为 $\Psi S(R)$，其中 Ψ 为大学生所获得份额的大小，$S(R)$ 为匹配所能够提供的总经济剩余，R 为求职大学生的保留工资。从而，求职大学生搜寻匹配的实现条件为：

$$R = b - c + m(\theta)\Psi s(R) \tag{2.21}$$

其中，由上文分析可知 $И = m(\theta)$，b 为求职大学生所放弃闲暇的价值，c 为求职大学生的工作搜寻总成本。如果大学生接受了这样一个至少等于其保留工资的工作机会，那么大学生所获得的未来收益的现值为：$W = R + \Psi s(R)$。

②企业（雇主）搜寻匹配的实现条件

当企业（雇主）的一个职位空缺在当期接受求职大学生的时候，假定其所能获得的利润为 J，并假定企业（雇主）在下一期中继续搜寻能够获得的收益为 H，那么，企业（雇主）在下一期中继续搜寻合适求职者填补一个职位空缺所能获得的收益满足以下等式：

$$rH = - k + \eta(J - H) \tag{2.22}$$

其中，k 为每一期企业（雇主）为填补一个职位空缺所付出的搜寻成本，r 为折现率，η 为企业（雇主）的一个职位空缺找到潜在求职大学生的概率。

对于企业（雇主）而言，实现搜寻匹配即意味着不在下一期保持职位空缺，而是接受已经搜寻到的求职大学生来填补该职位空缺。按照利润最大化的决策依据，当企业（雇主）保持一个职位空缺所带来的收益递减到 0 的时候，企业（雇主）不会在下一期继续保持该职位空缺，而是在当期就接受所搜寻到的求职大学生，从而实现搜寻匹配博弈的均衡状态，也就意味着新一轮搜寻给企业（雇主）带来的收益的折现值等于 0。

为此，企业（雇主）搜寻匹配的实现条件为：

$$k = \eta \int_{p'}^{\infty} (J(p|s) - H) dF(p,s) \qquad (2.23)$$

其中，$\int_{p'}^{\infty} (J(p|s) - H) dF(p,s)$ 就等于企业（雇主）在匹配博弈中所获得的匹配剩余的份额。为集中研究求职大学生和企业（雇主）在匹配剩余分配方面的博弈情况，本书把企业（雇主）获得的匹配剩余份额表示为 $(1 - \Psi) S(R)$，其中 $(1 - \Psi)$ 为企业（雇主）所获得份额的大小，S（R）为匹配所能够提供的总经济剩余，R 为求职大学生的保留工资。从而企业（雇主）搜寻匹配的实现条件为：

$$\frac{k\theta}{m(\theta)} = (1 - \Psi)s(R) \qquad (2.24)$$

其中，由上文分析可知 $\eta = \frac{m(\theta)}{\theta}$，k 为每一期企业（雇主）为填补一个职位空缺所付出的搜寻成本，θ/m（θ）为填补一个空缺职位所付出的时间，即职位空缺持续时间，因此，kθ/m（θ）表示的是企业（雇主）填补一个空缺职位所付出的总搜寻成本。

③大学生和企业（雇主）匹配博弈方程

要实现大学生和企业（雇主）的匹配博弈均衡，需要同时满足求职大学生和企业（雇主）搜寻匹配的实现条件，有

$$\left\{ \frac{k\theta}{m(\theta)} = (1 - \Psi)s(R) \right. \qquad (2.25)$$

进而推导出大学生和企业（雇主）匹配博弈均衡的实现条件为：

$$R = b - c + m(\theta)\Psi s(R) = b - c + \frac{\Psi k\theta}{(1 - \Psi)} \qquad (2.26)$$

在该条件下，求职大学生找到了合适的工作机会，而企业（雇主）也找到了合适的求职大学生来填补空缺的职位。在匹配博弈均衡实现条件中，除了 R、b、c、θ、k 外，求职大学生和企业（雇主）的匹配收益分配比例即 $\frac{\Psi}{(1 - \Psi)}$ 是更为关键的因素。根据已有的研究结果，企业（雇主）和求职者能够在匹配收益分配上达成一致，是匹配博弈均衡得以实现的关键。

针对企业（雇主）和求职者在匹配博弈过程中匹配收益如何分配，已有的研究成果主要基于企业（雇主）和求职者的博弈地位的高低，通过研究求职者工资的形成过程，从而阐释了求职者和企业（雇主）的匹配收益分配状况，并形成了一系列理论解释。具体来说，包括有：A. 在假定企业（雇主）和求职者都没有定价能力的时候，用竞争性搜寻均衡（competitive search equilibrium）模型来解释，匹配均衡结果满足社会最优条件；B. 在假定企业（雇主）和求职者都有定价能力的时候，用双边谈判（bilateral bargaining）模型来解释，匹配均衡结果满足帕累托最优条件；C. 在假定企业（雇主）拥有全部的定价能力的时候，用工资公告（wage posting）模型来解释；D. 在假定求职者拥有全部的定价能力的时候，用垄断工会（monopoly union）模型①来解释。相类似地，匹配收益在求职大学生和企业（雇主）之间的分配，即求职大学生和企业（雇主）能够获取多少的份额，取决于求职大学生和企业（雇主）在匹配博弈中谁的地位更高。如果求职大学生的博弈地位更高，其在匹配收益中所能获得的份额越大，能够获得的工作机会越好、工资越高。反之，如果企业（雇主）的博弈地位更高，其在匹配收益中所能获得的份额越大，从职位空缺填补中收获的利润也就越大。

---

① Pissarides, Christopher A. Equilibrium Unemployment Theory ［M］. Cambridge, MA：Blackwell, 1990.

为此，结合大学生就业的实际情况并参考之前的研究成果，本书从企业（雇主）和大学生在匹配博弈中定价能力的三种情况出发，对匹配博弈均衡的实现条件进行相应讨论：第一种情况，企业（雇主）和大学生都不具有定价能力；第二种情况，企业（雇主）和大学生都具有定价能力；第三种情况，企业（雇主）具有全部定价能力，而大学生没有定价能力。另外，对于企业（雇主）没有定价能力而大学生拥有全部定价能力的情况暂时不进行考察。

第一，企业（雇主）和大学生都不具有定价能力的情况。

在企业（雇主）和大学生都不具有定价能力的情况下，用竞争性搜寻均衡（competitive search equilibrium）模型来解释大学生和企业（雇主）的匹配收益分配和匹配博弈均衡的实现状况。

Moen[①] 在 1997 年提出了竞争性搜寻均衡模型，即在存在市场摩擦的竞争性市场中，市场主体都是价格接受者（price taker）并在一系列市场变量约束下最大化其效用，研究结果显示均衡结果是社会最优的，这与 Hosios[②]（1990）的研究结果相一致。从企业（雇主）和求职者搜寻的外部效应出发，1990 年 Hosios 建立了一个社会效率实现条件下的搜寻匹配模型。一般来说，随着职位空缺数量的增加，企业（雇主）填补一个职位空缺所需要的时间会相应延长，找到合适的求职者的难度在提高，从而体现为边际职位空缺对其他职位空缺的拥挤效应。因此，职位空缺增加对企业（雇主）而言是一种负的社会效应。然而，对于求职者来说，职位空缺数量增加是一件好事情，求职者更容易找到合适的工作机会，即边际职位空缺会降低一个求职者搜寻一个工作所需要的时间。因此，职位空缺增加对于求职者来说是一种正的外部效应。

①　Moen Espen R. Competitive Search Equilibrium ［J］. Journal of Political Economy，1997，105：385 – 411.

②　Hosios J. On the Efficiency of Matching and Related Models of Search and Unemployment ［J］. The Review of Economic Studies. 1990，57：279 – 298.

在 Hosios（1990）的社会效率实现条件下的搜寻匹配模型中，当且仅当匹配函数是一次齐次性函数且求职者所获得的搜寻匹配收益的份额 β 等于匹配函数的求职者弹性，那么，在搜寻均衡实现的时候，企业（雇主）和求职者的外部效应相互抵消即内部化了，即企业（雇主）和求职者的社会贡献分别等于其从匹配过程中获得的私人收益，从而实现了帕累托社会效率，这也是搜寻匹配实现社会效率的 Hosios 条件。在企业（雇主）和大学生都不具有定价能力的情况下，求职大学生所获得的搜寻匹配收益的份额 Ψ 可以表示为：

$$\Psi = \frac{dM(v,u)}{M(v,u)} \bigg/ \frac{du}{u} = \frac{uM_u(v,u)}{M(v,u)} = 1 - \frac{\theta\lambda'(\theta)}{\lambda(\theta)} \qquad (2.27)$$

其中，$\mathit{И} = \frac{M(u,v)}{u} = M(1,\theta) \equiv m(\theta) = \eta\theta$。$\mathit{И}$ 为每个求职大学生找到潜在企业（雇主）的概率，η 为企业（雇主）的每个职位空缺找到求职大学生的概率，$\theta = \frac{v}{u}$，u 为求职大学生的人数，v 为企业（雇主）所提供的职位空缺数。

同样地，满足搜寻匹配实现的 Hosios 条件，企业（雇主）所获得的搜寻匹配收益的份额，等于匹配函数的职位空缺弹性，其中匹配函数是一次齐次性函数。企业（雇主）的搜寻匹配收益份额即匹配函数的职位空缺弹性表示为：

$$\frac{dM(v,u)}{M(v,u)} \bigg/ \frac{dv}{v} = \frac{vM_v(v,u)}{M(v,u)} = \frac{\theta\mathit{И}'(\theta)}{\mathit{И}(\theta)} \qquad (2.28)$$

其中，$\eta = \frac{M(u,v)}{v} = \frac{M(\theta,1)}{\theta} \equiv \frac{m(\theta)}{\theta} = \frac{\mathit{И}}{\theta}$。$\mathit{И}$ 为每个求职大学生找到潜在企业（雇主）的概率，η 为企业（雇主）的每个职位空缺找到求职大学生的概率，$\theta = \frac{v}{u}$，u 为求职大学生的人数，v 为企业（雇主）所提供的职位空缺数。

第二，企业（雇主）和大学生都具有定价能力的情况。

在企业（雇主）和大学生都具有定价能力的情况下，用双边谈判（bilateral bargaining）模型①来解释大学生和企业（雇主）的匹配收益分配和匹配博弈均衡的实现状况。

在双边谈判博弈过程中，大学生以 Ψ 的概率给出一个工资要价，企业（雇主）以 1 − Ψ 的概率给出一个工资出价，在任何一方给出一个工资要价或出价后，另一方选择接受或拒绝。在接受的情况下，匹配收益的分配满足共同理性的要求，即不存在其他分配方式使得匹配双方变得更好，实现了帕累托最优化，大学生和企业（雇主）分别获得的匹配收益的份额是 Ψ 和 1 − Ψ。在拒绝的情况下，博弈终止，大学生和企业（雇主）分别寻找另外的博弈对手。

在双边谈判模型下，匹配函数为线性和二次项的形式时都有纳什均衡解。

当匹配函数为线性时，求职大学生与空缺职位相遇的预期频率表示为一个泊松（Poisson）随机变量，有匹配函数的表达式为 $M(u,v) = a_1 v + a_2 u$，其中，u 和 v 分别代表求职大学生和空缺职位的数量，a_1 和 a_2 是表示求职大学生和企业（雇主）接触频率的常数。Mortensen② （1982）的研究显示，线性匹配函数情况下搜寻匹配博弈存在一个独一无二的纳什均衡解。

当匹配函数为二项式时，求职大学生与空缺职位的总相遇率与从事搜寻的求职者和企业（雇主）的数量乘积成一定比例，有匹配函数的表达式为 $M(u,v) = (a_1 + a_2)uv$。Mortensen（1982）的研究显示，二项式匹配函数情况下搜寻匹配博弈至少存在一个系统性均衡解，即 $\beta = 1/2$。

第三，企业（雇主）具有全部定价能力的情况。

在企业（雇主）具有全部定价能力的情况下，用工资公告（wage pos-

① Pissarides Christopher, Mortensen Dale. New Developments in Models of Search in the Labour Market [R]. Centre for Economic Policy Research. Discussion Paper No. 2053. 1999.

② Mortensen Dale T. The Matching Process as a Noncooperative Bargaining Game [C]. John J. McCall, ed. The Economics of Information and Uncertainty. University of Chicago Press. 1982: 233 – 258.

ting）模型来解释大学生和企业（雇主）的匹配收益分配和匹配博弈均衡的实现状况。

不同于双边谈判模型中求职者和企业（雇主）都能提出工资要价和工资报价的假定，工资公告模型假定只有企业（雇主）才具有设定工资的权力。在工资公告模型下，Diamond（1971）① 的研究显示，由于企业（雇主）获得了所有的匹配博弈谈判权力并获得了所有的匹配收益，而求职者获得的匹配收益份额 Ψ 为 0，如果求职者和企业（雇主）分别是一致没有差别的，工资公告情况下的均衡为求职者的保留工资。如果把求职者的保留工资与失业收益相比较，且求职者的工资信息收集成本严格为正的时候，则有工资公告的均衡解为 R = b − a，其中，a 为求职者的工资信息收集成本，不难发现，会出现求职者参与工作搜寻的价值小于不参与工作搜寻的价值的情况。因此，在求职者的工资信息收集成本严格为正的时候，求职者会选择不参与工作搜寻活动，匹配博弈产生不了有价值的均衡解（non − trivial equilibrium），即出现了 Diamond 悖论（Diamond Paradox）。

通过放松关于企业（雇主）和求职者搜寻匹配的相关约束条件，后续研究对 Diamond 悖论（Diamond Paradox）进行了诸多反思和讨论，从而推导出企业（雇主）设定工资的条件下也有可能实现匹配均衡，即企业（雇主）没有独占所有的匹配收益。

首先是不同大学生具有不同搜寻和机会成本的情况。Albrecht 和 Axell② （1984）的研究显示，在不同求职者具有不同搜寻和机会成本情况下存在工资离散均衡。遵循 1984 年 Albrecht 和 Axell 的研究思路，本书放松所有大学生具有相同搜寻和机会成本的隐含假定。对于两位搜寻和机会成本不同的大学生而言，其保留工资水平也不相同，其中，搜寻和机会成本较低的大

---

① Diamond Peter A. A Model of Price Adjustment ［J］. Journal of Economic Theory, 1971, 3: 156 − 168.

② Albrecht James W., Axell Bo. An Equilibrium Model of Search Unemployment ［J］. Journal of Political Economy, 1984, 92: 824 − 840.

学生所愿意接受的保留工资水平也相应更低些,从而会在匹配博弈中有更多的选择空间和匹配实现可能性。在匹配博弈过程中,企业(雇主)会根据自己的生产率水平给出或高或低的工资报价,该工资报价能够满足企业利润最大化条件。不同搜寻和机会成本的两位大学生则在一个离散的工资报价区间内进行序贯搜寻,进而做出接受或拒绝所获得工资报价的选择,对于搜寻和机会成本较低的那一位大学生而言,会更加容易实现一个稳定的工资离散均衡。

其次是求职大学生能够同时获得两个或多个企业(雇主)工资报价的情况。Burdett 和 Judd[①](1983)在研究中讨论了由于沟通延误等原因会造成非序贯搜寻优于序贯搜寻,从而放松了求职者采取序贯搜寻策略的假定。在非序贯搜寻情况下,大学生会选择观察更多的工资报价,即在搜寻决策前争取能够同时比较两个或更多工资报价,从而在企业(雇主)具有全部定价能力且大学生的搜寻成本大于 0 的时候,也能够实现搜寻匹配均衡,从而获得一部分的匹配收益。

2.3 大学生就业影响因素分析

2.3.1 大学生就业影响因素的来源

要有效把握大学生就业问题,不可避免需要研究工作岗位的创造、大学生的工作搜寻以及企业(雇主)和大学生就业匹配等一系列完整的劳动力市场运作过程,即要研究劳动力市场供给、需求和供需匹配博弈的行为和过程。通过把搜寻匹配理论应用于大学生就业市场均衡的理论分析过程,我们可以得出这样一个基本原理图,如下图 2.2 所示。在大学生就业市场中,企

---

① Burdett Kenneth, Judd Kenneth L. Equilibrium Price Dispersion [J]. Econometrica, 1983, 51: 955 - 969.

业和大学生作为劳动的需求方和供给方，相互开展企业（雇主）搜寻和工作搜寻活动以实现劳动供需双方的匹配，从而达到大学生就业市场均衡。

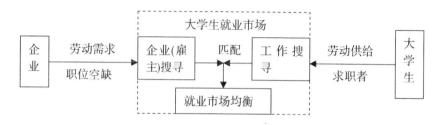

图 2.2　大学生就业市场均衡基本原理图

为此，大学生就业的影响因素可能来源于三个方面。第一，企业（雇主）创造和填补工作岗位行为的影响因素。工作岗位创造和填补是大学生就业的基础和起点，没有或缺乏工作岗位的创造和填补，大学生就业将会没有着落，从而成为一个严重的社会问题。第二，大学生工作搜寻行为的影响因素。大学生不愿意参与甚至退出劳动力市场，会导致严重的社会人力资本闲置和浪费，大学生越是主动参与工作搜寻，越是能够促进大学生就业。第三，企业（雇主）和大学生就业匹配博弈的影响因素。长期不能实现就业匹配，对于企业（雇主）和大学生而言都意味着巨大的机会成本损失，就业匹配博弈越是能够尽快实现均衡，大学生就业实现效率会越高，对于企业（雇主）和大学生而言都是一个双赢的局面。

2.3.2　企业（雇主）创造和填补工作岗位的影响因素

从劳动需求的角度来看，企业（雇主）创造和填补工作岗位的影响因素可能来源于企业（雇主）搜寻主体、搜寻过程和搜寻环境等三个方面。具体包括：第一，搜寻主体方面主要是考察企业（雇主）的特征。第二，搜寻过程方面主要考察的是职位空缺的特征和要求，企业（雇主）使用的搜寻渠道等。第三，搜寻环境方面是指企业（雇主）开展搜寻活动所在的劳动力市场的特征。下文将从企业（雇主）搜寻主体、搜寻过程和搜寻环境等三个方面出发，透析出企业（雇主）创造和填补工作岗位过程的各个环节中可能的影响因素，并将这些因素引入企业（雇主）搜寻决策方程来加以讨论。

1. 企业（雇主）搜寻实现过程的影响因素

从上文分析可知，企业（雇主）搜寻实现过程有三个环节：企业（雇主）传递职位空缺信息环节；企业（雇主）形成候选人池环节；企业（雇主）挑选求职大学生和给出职位雇用条件环节。本书将分环节逐一分析其中可能存在的企业（雇主）创造和填补工作岗位的影响因素。

（1）企业（雇主）传递职位空缺信息环节的影响因素分析

要有效传递职位空缺信息以吸引潜在求职大学生，企业（雇主）需要选择恰当的职位空缺信息的传递途径即搜寻渠道。

信息不完全导致市场搜寻活动，而企业（雇主）们要形成初始求职者池需要积极吸引求职者，因此要利用到正式或非正式的招聘渠道①。劳动力市场的信息网络即搜寻渠道可分为正式和非正式两类。其中包括两种渠道。A. 正式信息网络即正式搜寻渠道。包括公共就业服务机构、私人就业服务机构、报纸广告、学校或大学就业办公室等。B. 非正式信息网络即非正式搜寻渠道。包括现有员工的推荐、其他企业（雇主）的推荐、其他各种不同来源的推荐以及未经预约的或门口雇用（walk – ins or hiring at the gate）等②。随着信息技术的发展，目前搜寻渠道已经呈现出了互联网化的发展趋势，大量的职位空缺信息都是通过网站进行发布并通过网络来进行快速传递。

Rees③（1966）认为企业（雇主）在搜寻时所面临的问题不是与最大可能数量的潜在求职者进行接触，而是要发现一些值得进行调查投资的求职者，且认为可以通过控制雇用标准和选择搜寻渠道等两个方面来形成初始求

---

① Stigler G J. The economics of information [J]. The Journal of Political Economy，1961，69：213 – 225.

② Rees，A. Information networks in labor markets [J]. The American Economic Review，1966，56：559 – 566.

③ Rees，A. Information networks in labor markets [J]. The American Economic Review，1966，56：559 – 566.

职者池。自 Beaumont①（1978）开始，企业（雇主）对搜寻渠道的选择已成为企业（雇主）搜寻研究中需要考虑的决定因素。在后续研究中，企业（雇主）使用的是正式抑或是非正式搜寻渠道及其对企业（雇主）搜寻的影响成了研究的主线和重心，而且研究的主要结论是使用非正式搜寻渠道时填补工作岗位所需要花费的时间要短些。比较具有代表性的研究成果有：A. Holzer②（1987）发现当企业（雇主）使用现有员工推荐来搜寻时所花费的时间要短于其他搜寻渠道。B. Roper③（1988）发现企业（雇主）对搜寻渠道的选择对职位空缺持续时间有显著影响，且从经验研究的角度预期企业（雇主）利用正式搜寻渠道时的工作岗位填补时间会比利用非正式搜寻渠道时要长。另外还发现使用一种以上搜寻渠道的企业（雇主）可以大大减少工作岗位填补时间的期望值和可变性。C. Van Ours④（1989a）比较了企业（雇主）的正式和非正式招聘渠道选择对工作岗位填补时间的影响，预期正式搜寻渠道（如广告和公共就业服务机构等）相比非正式搜寻渠道而言，能够带来更大的求职者流。但是，由于非正式搜寻渠道能够更为精确地把职位空缺的信息传递给潜在的求职者，因此抵达的求职者也会更适合于职位的要求，所以还预期相对正式搜寻渠道，企业（雇主）对从非正式搜寻渠道抵达的求职者有更大的接受概率，从而隐含地认为企业（雇主）利用正式搜寻渠道时的职位空缺持续时间会比利用非正式搜寻渠道时要长。

关于企业（雇主）在搜寻过程中侧重于使用正式或非正式搜寻渠道的理由众说纷纭。Rees（1966）认为非正式渠道具有成本相对低、能够对求职者进行高效的初步筛选、能够提供比报纸广告更多的求职者信息等优点，从而

① Beaumont, P. B. The duration of registered vacancies: An exploratory exercise [J]. Scottish Journal of Political Economy, 1978, 25: 75 – 87.

② Holzer H. J. Hiring Procedures in the Firm: Their Economic Determinants and Outcomes [R]. New York: National Bureau of Economic Research, 1987.

③ Roper, S. Recruitment methods and vacancy duration [J]. Scottish Journal of Political Economy, 1988, 35: 51 – 64.

④ Van Ours J. Durations of Dutch Job Vacancies [J]. DeEconomist, 1989, 137: 309 – 327.

有助于提高工作匹配质量。Datcher[1]（1983）认为许多企业（雇主）有使用非正式网络的偏好，但同时也认为即使企业（雇主）们偏好于非正式网络并不意味着他们总能够有效利用。Stigler[2]（1962）认为对于企业（雇主）而言高工资和高搜寻成本是相互替代的，因此提供低工资就业机会的企业（雇主）可能会被迫去使用高成本的正式信息渠道，如报纸广告和私人就业服务机构等。

综合上文分析结果，本书认为企业（雇主）在搜寻过程中使用的是正式抑或是非正式搜寻渠道是一种基于搜寻成本收益比较基础上的选择。恰如企业（雇主）搜寻决策方程的分析，企业（雇主）在传递职位空缺信息时需要付出相应的信息传递成本，信息传递成本的高低会影响到求职者到达企业（雇主）的多少，且企业（雇主）为吸引一名求职大学生抵达而付出的信息传递成本为 C_1。本书认为，企业（雇主）侧重利用正式搜寻渠道时付出的成本 C_1 要高于非正式搜寻渠道，而企业（雇主）为了要实现期望搜寻收益最大化的目标，就会相应提高其设定的保留生产率水平，从而提高企业（雇主）拒绝求职大学生的概率，延长企业（雇主）的职位空缺持续时间。

（2）企业（雇主）形成候选人池环节的影响因素分析

图 2.3 求职大学生到达企业（雇主）的推力和拉力图示

由上文的理论分析可知，在企业（雇主）形成候选人环节中主要考察的是求职大学生抵达的概率 α。在大学生就业市场中有推和拉两种力量驱动求职大学到达企业（雇主），其中，对求职大学生的拉动力主要来自企业（雇

① Datcher L. The Impact of Informal Networks on Quit Behavior [J]. Review of Economlcs and Statistics, 1983, 491 –495.

② Stigler, G J. Information in the Labor Market [J]. The Journal of Political Economy, 1962, 70: 94 –105.

主），而对求职大学生的推动力主要来自大学生就业市场环境，两种力量的叠加共同决定了求职大学生抵达概率的高低。具体参见图2.3。

①企业（雇主）对求职大学生拉动力的影响因素

企业（雇主）对求职大学生的拉动力来源于企业（雇主）通过搜寻渠道所传递的信息，求职大学生在获取并比较信息后会决定是否到达企业（雇主）。Van Ours 和 Ridder①（1993）认为职位所要求的教育水平和工作经验，企业（雇主）的行业性质（商业和工业）和规模（员工人数），搜寻渠道（广告和就业中介）等因素会影响求职者到达率（applicant arrival rate）的高低。相类似地，Weber（2000）也认为企业（雇主）的行业性质（商业和工业），职位的教育水平要求，搜寻渠道（报纸广告和公共就业机构）等是求职者到达率的决定因素。本书认为企业（雇主）对求职大学生拉动力的影响因素有以下几个。

一是企业（雇主）对搜寻渠道的选择。搜寻渠道为求职大学生到达企业（雇主）提供了前提，依据搜寻环节的前后次序，我们可以很直观地发现企业（雇主）所选择的搜寻渠道会影响到求职大学生抵达的概率，恰如上文所讨论的，本书认为正式搜寻渠道能够为企业（雇主）带来更大的求职大学生流量，并会一定程度提高求职大学生抵达的概率，但是也会导致企业（雇主）提高其设定的保留生产率水平，从而带来一个较低的求职大学生被接受概率。因此，本书认为，利用正式搜寻渠道时，企业（雇主）拒绝求职大学生的概率和职位空缺持续时间，相比非正式搜寻渠道会更高和更长。

二是企业（雇主）所传递的信息。搜寻渠道中所承载的信息流是决定求职大学生是否到达企业（雇主）的关键，包括了职位空缺的特征与要求和企业（雇主）的特征等。

一方面，职位空缺信息主要是职位空缺的特征和要求，一定程度代表了职位空缺对求职大学生的吸引力。企业（雇主）搜寻研究对职位的特征和要

---

① Van Ours J, Ridder, G. Vacancy durations: Search or Selection ［J］. Oxford Bulletin of Economics and Statistics, 1993, 55: 187 - 198.

求的关注始于 Beaumont① （1978） 的经验研究，但没有上升到理论解释的层面。后续如 Van Ours 和 Ridder② （1993） 以及 Weber③ （2000） 把职位的特征和要求与求职者到达率联系了起来，并且不断丰富了职位特征和要求所包括的内容。结合中国大学生就业市场的实践，本书主要考察职位的学校和专业要求、职位的性别要求、职位的全职或临时工作性质、职位的工作条件、职位的工资和职位的户籍与性别要求等职位的特征和要求。

A. 职位的学校和专业要求的影响。若职位的学校和专业要求越高，本书认为会提高求职大学生的进入门槛，会减少求职大学生的到达数，因此也会降低求职大学生的抵达概率，从而延长企业（雇主）的职位空缺持续时间。

B. 职位的全职或临时工作性质，以及职位的工作条件的影响。本书认为，若职位为全职工作或工作条件较好，会比临时工作或工作条件越差的职位更能吸引求职大学生，并因此能够带来更高的求职大学生抵达概率，从而缩短企业（雇主）的职位空缺持续时间。

C. 职位工资的影响。一般来说，若职位的学校和专业要求越高，企业（雇主）相应提供的工资也越高。由于信息不对称，企业（雇主）要搜寻到符合自己生产率要求的求职大学生需要付出成本。另外也有研究显示，企业（雇主）提供高工资能够降低搜寻成本并提高获取更合格员工的概率④，从而缩短企业（雇主）的职位空缺填补时间。

D. 职位的户籍、年龄和性别要求的影响。从中国大学生就业市场的实践来看，企业（雇主）尤其是北京、上海等大型城市的不少企业（雇主）会

① Beaumont P. B. The duration of registered vacancies：An exploratory exercise ［J］. Scottish Journal of Political Economy，1978，25：75 – 87.

② Van Ours J. ，Ridder G. Vacancy durations：Search or Selection ［J］. Oxford Bulletin of Economics and Statistics，1993，55：187 – 198.

③ Weber A . Vacancy durations – A Model for Employer's Search ［J］. Applied Economics，2000，32：1069 – 1075.

④ Stigler G J. Information in the Labor Market ［J］. The Journal of Political Economy，1962，70：94 – 105.

提出职位的本地户籍要求。另外，不少企业（雇主）也会提出职位的年龄和性别要求，从而都会对部分求职大学生形成一道门槛并降低求职大学生到达企业（雇主）的概率，从而延长企业（雇主）的职位空缺持续时间。

另一方面，企业（雇主）的特征代表了企业（雇主）对求职者的吸引力。企业（雇主）特征对企业（雇主）搜寻决定作用的研究始于 Beaumont（1978）对企业（雇主）行业特征的考察。从 Roper（1988）开始，企业（雇主）的特征扩展到了企业（雇主）规模、企业（雇主）行业特征和企业（雇主）是否有人力资源部门等。结合中国大学生就业市场的实践，本书主要考察企业（雇主）规模、企业（雇主）行业特征和企业（雇主）所有制性质等三个因素。

E. 企业（雇主）规模的影响。在企业（雇主）搜寻的研究文献中，Roper（1988）、Van Ours（1989）、Van Ours 和 Ridder（1992，1993）、Burdett 和 Cunningham（1998）以及 Weber（2000）均研究了企业（雇主）规模因素的影响。

现有研究主要是从企业（雇主）成本与收益的视角来考虑企业（雇主）规模对求职者的抵达概率的决定作用。Mellow[1]（1982）和 Oi[2]（1983）的研究均显示更大规模企业（雇主）有更高的单个员工监督成本。在监督成本存在前提下，Barron、Bishop 和 Dunkelberg[3]（1985）、Barron、Black 和 Loewenstein[4]（1987）的研究均揭示更大规模企业（雇主）在雇用高能力工人时可以获得更多收益以最小化监督成本，因此企业（雇主）规模越大则其投

---

[1] Mellow Wesley. Employer Size and Wages [J]. The Review of Economics and Statistics, 1982, 64: 495 - 501.

[2] Oi Walter Y. Heterogeneous Firms and the Organization of Production [J]. Economic Inquiry, 1983, 21: 147 - 171.

[3] Barron J. M, Bishop J., Dunkelberg W C. Employer search: The interviewing and hiring of new employees [J]. The Review of Economics and Statistics, 1985, 67: 43 - 52.

[4] Barron John M., Black Dan A., Loewenstein Mark A. Employer Size: The Implications for Search, Training, Capital Investment, Starting Wages, and Wage Growth [J]. Journal of Labor Economics, 1987, 5: 76 - 89.

入搜寻的资源越多，并相应能够带来更多的求职者。Barron、Berger 和 Black① (1997) 更是明确把企业（雇主）规模作为求职者到达率的一个测量指标，并预测更大规模企业（雇主）能够获得更多的求职者。

但是，Roper② (1988) 从求职者偏好的视角出发，认为求职者可能更偏好于在小企业工作，但也认为由于大企业对求职者的响应速度更快，从而导致企业（雇主）规模对职位空缺持续时间的影响出现不确定性。虽然求职者更偏好小企业的结论并不具有所有地区劳动力市场的普适性，但其毕竟提供了认识企业（雇主）规模因素对求职者抵达概率影响的思考方向。

在中国大学生就业市场实践中，由于大学生处于职业生涯初期，不同风险偏好的大学毕业生会出现不同的求职行为，风险偏好型的大学生会更加寻求职业发展空间，譬如选择跳槽和自主创业等。在目前的大学生就业实现过程中，创业的作用日益重要，但依然并不是大学生就业实现的主流选择，而风险规避型的大学生会更加寻求工作的稳定性，而小企业寿命相比更大规模企业更短，从而导致小企业的工作稳定性要低些。因此本书认为，风险规避型求职大学生对工作稳定性的偏好可能导致规模更大企业（雇主）能够获得更多的该类型求职大学生，从而缩短企业（雇主）的职位空缺持续时间。

综合考虑企业（雇主）成本与收益以及求职大学生风险偏好这些视角，本书认为企业（雇主）规模越大，则企业（雇主）越有激励投入资源进行搜寻，且更具有吸引力，因此求职大学生的抵达概率越高且能够获得更多的求职大学生，从而缩短企业（雇主）的职位空缺持续时间。另外，企业（雇主）规模越大，其雇用标准也相应越高，从而，高求职大学生抵达概率可能会被相应提高的求职大学生被拒绝概率所部分抵消。

F. 企业（雇主）行业特征的影响。企业（雇主）的不同行业特征可能

---

① Barron J M, Berger M C, Black D A. Employer search, training, and vacancy duration [J]. Economic Inquiry, 1997, 35: 167 – 192.

② Roper S. Recruitment methods and vacancy duration [J]. Scottish Journal of Political Economy, 1988, 35: 51 – 64.

会导致不同的企业（雇主）搜寻效率①。其原因在于多元的求职者行业偏好导致求职者到达不同行业企业（雇主）的情况出现不确定性。

但是，依据工作搜寻理论，大学生求职搜寻的主要决策依据是职位工资。若仅考察企业（雇主）所在行业的平均工资水平对求职大学生的吸引力，那么该工资水平的高低同样会影响到求职大学生的抵达概率，进而影响到岗位填补时间的长短。因此，本书用行业平均工资水平来反映企业（雇主）行业特征，并认为企业（雇主）所在行业的平均工资水平越高，则该企业（雇主）具有更高的求职大学生抵达概率，从而缩短企业（雇主）的职位空缺持续时间。但是，企业（雇主）所在行业的平均工资水平越高，必然伴随着较高的保留生产率水平，会增加求职大学生被拒绝的概率，为此，可能会部分抵消高工资所带来的高求职者抵达概率。

G. 企业（雇主）所有制性质的影响。在中国大学生就业市场实践中，企业（雇主）的所有制性质会对求职大学生产生差异化的吸引力。其中，国有企业职位由于具有工作稳定性和福利待遇稳定性等特点而不断成为求职大学生工作搜寻的对象，而外资企业职位由于具有薪酬水平较高且能够提供职业发展机会的特点也吸引不少求职大学生。因此，本书认为企业（雇主）的所有制性质会影响到求职大学生的抵达概率，且认为国有企业和外资企业在搜寻时具有比其他所有制性质企业更高的求职大学生抵达概率，从而具有更短的职位空缺持续时间。但是，国有企业和外资企业所提供的职位所具有的相对优势，会提高该类型企业的保留生产率水平，会增加求职大学生被拒绝的概率，为此，可能会部分抵消企业所有制优势所带来的高求职者抵达概率。

②大学生就业市场环境对求职者推动力的影响因素

大学生就业市场环境对求职大学生的推动力主要来源于市场的供需形势，供过于求的大学生就业市场环境会对求职大学生形成相比更大的求职压

---

① Van Ours J. Durations of Dutch Job Vacancies [J]. DeEconomist, 1989, 137: 309 - 327.

力，增加求职大学生寻找工作的紧迫性，从而提高求职大学生抵达企业（雇主）的概率，缩短企业（雇主）的职位空缺持续时间。

Beaumont① (1978) 指出当地劳动力市场的供需紧张状况是企业（雇主）岗位填补的一个重要决定要素。研究文献主要采用当地劳动力市场失业率来反映当地劳动力市场的供需紧张状况。如 Van Ours② (1989a) 预计高失业率地区的岗位填补时间会更短些。Burdett 和 Cunningham③ (1998) 认为失业率反映了工人对工作岗位需求的粗略测量，并预测高失业率会缩短岗位填补时间。但是，在企业（雇主）搜寻研究文献中，除了利用劳动力市场失业率指标外，还有研究采用求职者到达量来反映当地劳动力市场的供需紧张状况，如 Barron、Bishop 和 Dunkelberg④ (1985) 使用求职者流量来衡量劳动力供求松紧状况，并利用当地的失业率指标进行同步检验，结果发现由于不同企业（雇主）获得的求职者数量不同，会导致失业率指标仅能提供比较微弱的解释力。Andrews、Bradley、Stott 和 Upward⑤ (2007) 在研究中更提出了测量劳动力市场松紧度（Labour market tightness）的另外四个指标，即：当地 18 岁失业者的数量；当地的月度职位空缺数据；当地人口密度的对数值；当地就业服务机构中的登记人数。

综合上述分析，本书认为大学生就业市场供过于求的程度越大，求职大学生面临的求职压力越大，则企业（雇主）获得求职大学生的概率越高，即求职大学生的抵达概率越大，企业（雇主）的职位空缺持续时间越短。

---

① Beaumont P. B. The duration of registered vacancies：An exploratory exercise ［J］. Scottish Journal of Political Economy，1978，25：75–87.

② Van Ours J. Durations of Dutch Job Vacancies ［J］. DeEconomist，1989，137：309–327.

③ Burdett K.，Cunningham，E J. Toward a Theory of Vacancies ［J］. Journal of Labor Economics，1998，16：445–478.

④ Barron J. M，BishopJ.，Dunkelberg，W C. Employer search：The interviewing and hiring of new employees ［J］. The Review of Economics and Statistics，1985，67：43–52.

⑤ Andrews M. J. Bradley，S. Stott D. and Upward R. Successful Employer Search? An Empirical Analysis of Vacancy Duration Using Micro Data ［J］. Economica，2007，1–26.

（3）企业（雇主）挑选求职大学生和给出职位雇用条件环节的影响因素分析

由理论模型可知，在企业（雇主）挑选求职大学生和给出职位雇用条件环节中的变量是企业（雇主）获取的生产率信号 s 和为获取该信号而付出的筛选和面试成本 C_2，以及支付的工资 w，其中企业（雇主）在获取了求职大学生的生产率信号 s 后会与企业（雇主）设定的保留生产率 p' 进行比较，从而共同决定了求职大学生被拒绝的概率 λ（p'）。

①企业（雇主）保留生产率的影响

本书假定企业（雇主）搜寻时的决策依据是保留生产率。由于企业（雇主）不能观察到求职大学生的生产率，所以，企业（雇主）可能使用年龄、工作经验和教育水平等可观察的生产率特征来加以反映，并因此设定可观察生产率特征的保留值，以此来替代保留生产率作为挑选求职者的工具。另外，在劳动力市场实践中，企业（雇主）通常还会使用性别因素来作为求职者生产率的辅助甄别工具。除了生产率特征之外，如 Rees①（1966）所言："除了正式的雇用标准外，企业（雇主）仍有一套更复杂有关工作求职者的偏好"。因此，企业（雇主）除了依据保留生产率挑选求职大学生外，还可能存在企业（雇主）对员工的偏好，尤其是与生产率无关的偏好，会影响到企业（雇主）挑选求职大学生的行为。结合中国大学生就业市场实践，本书还侧重研究中国大城市企业（雇主）在搜寻过程中表现较为突出的户籍偏好对企业（雇主）挑选求职大学生的影响。上述挑选求职大学生的标准集中体现为职位的特征和要求，包括：职位的学校和专业要求，职位的性别要求以及职位的户籍要求等。

A. 职位的学校和专业要求的影响。职位的学校和专业要求越高，意味着企业（雇主）设定的保留生产率水平越高，若假定求职大学生的生产率满足正态分布，则必然会减少已经抵达企业（雇主）的求职大学生中具有高生

---

① Rees A. Information networks in labor markets [J]. The American Economic Review, 1966, 56: 559 – 566.

产率的比例，从而自然会增大求职大学生被拒绝的概率。上述结论已经为大量的研究所验证，如 Van Ours① （1989a）、Van Ours 和 Ridder②③ （1992，1993）均在研究中发现，职位的教育要求越高则职位空缺越难以填补。Barron、Berger 和 Black④ （1997）认为企业（雇主）职位空缺的教育要求越高则有更多搜寻，并会提高求职者被拒绝的概率。而且由上文分析可知，职位的学校和专业要求越高会降低求职大学生抵达概率，从而延长企业（雇主）的职位空缺持续时间。

B. 若企业（雇主）提出了职位的工作经验要求，或是性别、年龄和户籍要求，则会进一步提高挑选求职大学生的标准，并缩小已经抵达求职大学生的被挑选范围，因此，求职大学生被拒绝的概率也越大。而且由上文分析可知，职位的工作经验要求、性别要求、年龄要求，或是职位的户籍要求都会降低求职大学生抵达概率，从而延长企业（雇主）的职位空缺持续时间。

C. 大学生就业市场的供需紧张状况也会影响到企业（雇主）确定的保留生产率水平，进而影响到企业（雇主）挑选求职大学生的行为。当企业（雇主）面临着产出产品需求增长的压力时，其可能会降低雇用时的最低技能要求，而且大学生就业市场的供需状况也会在出现相应变化时对企业（雇主）搜寻行为产生类似效应，即企业（雇主）的雇用标准会随着产品或就业市场供求形势变化而相应调整⑤。Barron 和 Bishop⑥ （1985）对上述推断进

①　Van Ours J. Durations of Dutch Job Vacancies. DeEconomist, 137 （3）, 1989, p309 ~ 327.

②　Van Ours J. and Ridder, G. Vacancies and the Recruitment of New Employees ［J］. Journal of Labor Economics, 1992, 10: 138 – 155.

③　Van Ours J. , Ridder G. Vacancy durations: Search or Selection ［J］. Oxford Bulletin of Economics and Statistics, 1993, 55: 187 – 198.

④　Barron J M, Berger M C, Black D A. Employer search, training, and vacancy duration ［J］. Economic Inquiry, 1997, 35: 167 – 192.

⑤　Mortensen Dale T. Job Search, the Duration of Unemployment, and the Phillips Curve ［J］. The American Economic Review, 1970, 60: 847 – 862.

⑥　Barron, J. M. and Bishop J. Extensive Search, Intensive Search and Hiring Costs: New Evidence on Employer Hiring activity ［J］. Economic Inquiry, 1985, 23: 363 – 383.

行了验证，即当劳动力市场处于低失业率状态时，企业（雇主）会面临一个比较低的求职者流，此时企业（雇主）会降低其雇用标准。因此，本书认为，如果大学生就业市场供过于求的程度越大，企业（雇主）会相应提高其雇用标准，从而会提高求职大学生被拒绝的概率。虽然上文的分析认为大学生就业市场供过于求的程度越大会相应提高求职大学生的抵达概率，但是从总效应来考察，由于企业（雇主）挑选求职大学生和给出职位雇用条件环节在职位空缺填补过程中具有核心地位和作用，本书认为，高求职大学生抵达概率可能会与相应提高的求职大学生被拒绝概率所部分抵消。

②工资 w 的影响

上文分析已经指出，工资一般是与职位的学校和专业要求即企业（雇主）设定的保留生产率水平成正比例关系，即设定的保留生产率水平越高，工资也相应越高。在高工资和信息不对称的约束下，企业（雇主）要实现期望搜寻收益最大化的目标，必然伴随着较高的保留生产率水平，并且会促使企业（雇主）提高其获取的求职大学生生产率信号的精确度，这些因素都会导致企业（雇主）挑选求职大学生时会更严格，从而会增加求职大学生被拒绝的概率。为此，虽然企业（雇主）提供的职位工资越高，能够吸引求职大学生从而提高求职大学生的到达数，但是企业（雇主）的高工资必然伴随着较高的保留生产率水平，会增加求职大学生被拒绝的概率，为此，可能会部分抵消高工资所带来的高求职者抵达概率。

③企业（雇主）筛选和面试成本 C_2 的影响

企业（雇主）若要获得更为精确的求职大学生生产率信号，需要付出更多的筛选和面试成本。若不同企业（雇主）对求职大学生设定一样的保留生产率水平，筛选和面试成本投入越大的企业（雇主）越有机会雇用到有更高生产率期望值的求职大学生，从而提高工作匹配的质量。而如上文分析所指出，规模更大的企业（雇主）有更大激励投入资源进行搜寻。因此，本书认为，企业（雇主）的规模越大，则能够支付的筛选和面试成本 C_2 就越大，并因此会挑选得更为严格且会相应提高设定的保留生产率水平，最终会加大求职大学生被拒绝的概率。虽然上文分析认为企业（雇主）的规模越大会相应提高求职大学生的抵达概率，但是高求职大学生抵达概率可能会被相应提高的求职大学生被拒绝概率所部分抵消。

2. 企业（雇主）搜寻前准备过程的影响因素

在理论模型分析中，我们把企业（雇主）搜寻前准备过程中出现的企业（雇主）对大学生的要素需求划分为三种状态：新需求 D_1、有离职提前通知的补充需求 D_2 和没有离职提前通知的补充需求 D_3。

现有文献集中于后两种需求状态的研究。有研究显示一个职位空缺的隐性成本（即与一个职位空缺相关联的产出）会影响到企业（雇主）搜寻，且由于获得了提前通知的企业（雇主）可以在现有员工仍在岗时就开始搜寻，可以降低搜寻成本[1]，所以，获得了离职提前通知且离职提前通知期较长的企业（雇主）在搜寻时会比较从容，会获得更多的求职者，且企业（雇主）会提高其保留生产率水平，从而会提高求职大学生被拒绝的概率和倾向于出现较长的岗位填补时间。

本书认为不同状态的大学生要素需求会影响到企业（雇主）搜寻过程中保有职位空缺的机会成本 C_3 的大小。其中，新需求的机会成本最低，有离职提前通知的补充需求的机会成本居中，而没有离职提前通知的补充需求的机会成本最高。

由上文分析可知，企业（雇主）付出的信息传递成本 C_1、筛选和面试成本 C_2 以及保有职位空缺的机会成本 C_3 等三种成本共同构成了企业（雇主）的搜寻成本。假定企业（雇主）搜寻成本的总量不变，当保有职位空缺的机会成本 C_3 越低时，则企业（雇主）能够投入更多的资源用于信息传递和求职大学生挑选环节中，即增加信息传递成本 C_1 和筛选和面试成本 C_2 的支出，根据上文的分析结果，虽然 C_1 增加后会使企业（雇主）获得更多的求职大学生，并提高潜在合格求职大学生的抵达概率，但是也会因为保留生产率水平的相应上

---

[1] Barron J M, Berger M C, Black D A. Employer search, training, and vacancy duration [J]. Economic Inquiry, 1997, 35: 167–192.

升而被大幅提高的求职大学生被拒绝概率所抵消。因此，本书认为：A. 当需求状态为新需求即职位为新职位时，企业（雇主）拒绝求职大学生的概率要高些，且职位空缺持续时间要长些；B. 当需求状态为补充需求即职位为旧职位时，有离职提前通知的企业（雇主）拒绝求职大学生的概率和职位空缺持续时间要长于没有离职提前通知的情况，且离职提前通知期越长则企业（雇主）拒绝求职大学生的概率越高，且企业（雇主）的职位空缺持续时间越长。

3. 企业（雇主）搜寻后匹配过程的影响因素

由上文理论分析可知，在企业（雇主）搜寻后匹配过程中决定企业（雇主）搜寻行为的变量有培训成本 T，解雇概率 δ 和解雇成本 C_f 等。

（1）培训成本的影响分析

企业（雇主）对大学生进行培训需要付出培训成本，但是，有研究[1][2]显示，虽然有较高培训要求的职位会在雇用初期带给企业（雇主）较大的培训成本 T，但是经过专门培训的员工在后续时期内会提供更大的弥补性收益。该弥补性收益在本书中体现为 f（p｜s，T），而且由于存在已雇用大学生被解雇的风险，企业（雇主）获得的增量收益还会出现一定程度的下降。

为提高培训成本支出的效率，获得更多产出增长的收益，理性的企业（雇主）必然要在搜寻中投入更多资源，以提高获取的求职大学生生产率信号的精确度，降低未来解雇不合格大学生的概率，并获取更多产出增长的收益。因此，本书认为，培训成本 T 会带来企业（雇主）搜寻成本和收益的相应变化，从而会影响到企业（雇主）的搜寻行为，且培训成本 T 较高的企业（雇主）会在搜寻中采取以下行动：A. 在职位空缺信息传递环节中增加投入，以获得更多求职大学生抵达企业。B. 在后续挑选求职大学生环节中增加筛选和面试成本，以获取更高的求职大学生生产率信号精确度。C. 在挑选求

---

① Barron J. M, Bishop J. , Dunkelberg W C. Employer search：The interviewing and hiring of new employees［J］. The Review of Economics and Statistics，1985，67：43 – 52.

② Barron J M, Berger M C, Black D A. Employer search, training, and vacancy duration ［J］. Economic Inquiry，1997，35：167 – 192.

职者环节中提高所设定的保留生产率水平，以获得更大搜寻收益。所以，对于有较高培训要求的职位而言，企业（雇主）通常会增加支出以获取更多的求职大学生并会增加筛选和面试每一个求职大学生的支出，同时伴随着保留生产率水平的提高。

因此，依据上文分析的结果，本书认为培训成本 T 较高的企业（雇主）其拒绝求职大学生的概率越高，且职位空缺持续时间越长。即职位的培训要求越高即培训成本越大时，企业（雇主）在搜寻决策中会表现得更为谨慎，会更严格地挑选求职大学生，从而导致企业（雇主）拒绝求职大学生概率的增加和企业（雇主）的职位空缺持续时间的延长。

（2）解雇概率和解雇成本的影响分析

如果环境中存在滞后信息，且假定搜寻者一旦进行了选择则不允许采取事后行动来进行纠正，那么"搜寻者在不能取消的决策过程中会更小心翼翼"[1]。依据滞后信息经济学理论，在企业（雇主）搜寻过程中，滞后信息主要是指员工的生产率信息，即企业（雇主）在已经雇用了员工，且该名员工开始工作以后才能发现其真实的生产率。正是由于存在员工生产率信息的滞后性，所以才有解雇不合格员工的行为。如上文所指出，在解雇过程中，企业（雇主）不仅要付出相应的办理解雇流程而付出的文书成本等，更为重要的是如法律制度安排导致的解雇成本等，如在中国劳动力市场实践中，劳动法律制度安排，尤其是劳动合同法制度安排会给不同企业（雇主）带来不同的解雇成本。解雇难度和企业（雇主）搜寻之间存在正向的关系，即解雇难度越大时企业（雇主）的搜寻会越谨慎[2]。解雇难度越大，即意味着解雇成本越大。

但是，目前还缺乏解雇成本对企业（雇主）拒绝求职者概率和岗位填补

---

[1] Lippman, Steven A and McCall, John J, The Economics of Belated Information [J]. International Economic Review, 1981, 22: 135 – 146.

[2] Barron, J. M., Bishop J. Extensive Search, Intensive Search and Hiring Costs: New Evidence on Employer Hiring activity [J]. Economic Inquiry, 1985, 23: 363 – 383.

时间影响作用的研究。本书认为，当解雇成本 C_f 越大时，理性的企业（雇主）必然要投入更多的资源用于搜寻，以获取更高的求职大学生生产率信号精确度，降低未来解雇不合格的已培训大学生的概率 δ，减少解雇成本的支出风险。因此，本书认为，当企业（雇主）面临的解雇成本越大，其相应拒绝求职大学生的概率会越高，且企业（雇主）的职位空缺持续时间会越长。

2.3.3 大学生工作搜寻的影响因素

1. 大学生工作搜寻实现过程的影响因素

从上文分析可知，大学生工作搜寻实现过程有三个环节：大学生获取职位空缺信息环节；大学生到达企业（雇主）环节；大学生参加企业（雇主）甄选到大学生收到职位雇用条件环节。本书将分环节逐一分析其中可能存在的大学生工作搜寻实现过程的影响因素。

（1）大学生获取职位空缺信息环节的影响因素分析

要有效获取职位空缺信息，大学生需要选择恰当的职位空缺信息的获取途径，即搜寻渠道。

从中国大学生就业市场的实践可以观察到，大学生工作搜寻混合使用正式和非正式这两类搜寻渠道。根据教育部直属 75 所高校所提交的 2015 年毕业生就业质量年度报告①，正式搜寻渠道，包括校园招聘会、学校发布招聘信息（网站或海报）、各类招聘网站信息、政府/社会机构组织的招聘会、报纸/杂志发布的招聘信息等，以及非正式搜寻渠道，包括直接向用人单位申请、工作实习、学校老师推荐、家庭或其他社会关系等，都是大学生就业的主要实现渠道。另外，在麦可思研究院所编著的 2009—2011 年《中国大学

---

① 人民网. 75 所部属高校发布 2015 年度毕业生就业质量报告［R/OL］.（2016 - 01 - 11）［2019 - 06 - 05］.

生就业报告》①②③ 中，大学生初次求职成功的主要渠道，既包括正式搜寻渠道如参加大学组织的招聘会、通过专业求职网站或通过媒体看到的招聘信息、参加政府机构组织的招聘会等，也包括非正式渠道如通过朋友和亲戚得到招聘信息、直接向用人单位申请、学校推荐、实习/顶岗实习等。对于大学生而言，哪种类型的工作搜寻渠道在成功就业中的帮助最大，是一个令人感兴趣的研究问题。

不同工作搜寻渠道的劳动市场实践的效果一直是劳动经济学研究的关注点。关于青年求职者所利用的工作搜寻渠道的效果，1988 年 Holzer④ 利用美国的全国青年的纵向研究调查（the National Longitudinal Survey NLS）数据对青年求职者的工作搜寻渠道使用情况进行了研究。其中，为简化研究，在构建工作搜寻理论模型和开展相应实证研究的基础上，Holzer（1988）侧重分析青年求职者对于朋友和亲戚、没有推荐的直接应聘、报纸和公共就业服务机构等四种工作搜寻渠道的利用情况，并取得了以下研究成果。第一，Holzer（1988）研究发现，青年求职者的搜寻强度和在不同搜寻渠道上的搜寻强度分配，是青年求职者平衡成本和相对收益之后的一个选择，决定其所采用的搜寻渠道的影响因素包括：所要承担的成本、预期的效率，以及非工资收入和工资分布情况等。第二，Holzer（1988）的研究显示，非正式搜寻渠道如朋友和亲戚以及没有推荐的直接应聘等，不仅是青年求职者使用最频繁的搜寻渠道，而且这些搜寻渠道也是在获取和接受就业机会时花费时间最短即最有效率的，而且，青年求职者通过朋友和亲戚来搜寻工作的时候，成本最低而且找到工作机会的效率相比最高，能够获得的工资水平要更高些，所以

---

① 麦可思中国大学生就业研究课题组 . 2009 年中国大学生就业报告［M］. 北京：社会科学文献出版社 . 2009.

② 麦可思中国大学生就业研究课题组 . 2010 年中国大学生就业报告［M］. 北京：社会科学文献出版社 . 2010.

③ 麦可思中国大学生就业研究课题组 . 2011 年中国大学生就业报告［M］. 北京：社会科学文献出版社 . 2011.

④ Holzer Harry J. Search Method Use by Unemployed Youth［J］. Journal of Labor Economics, 1988, 6：1 – 20.

其接受工作机会的比例也特别高。第三，Holzer（1988）还发现，对于同一个搜寻渠道而言，不同搜寻个体的成本和效率也存在差异，由于他们的技能、背景和居住地等方面各不相同。因此，对于那些没有太多已经就业的朋友和亲戚或者居住远离商业地区的青年求职者而言，会发现直接和企业接触的搜寻渠道是成本更高的，而且利用朋友和亲戚来寻找工作的效率要比其他人要低。

至于中国大学生工作搜寻渠道的使用情况，目前国内的相关研究成果在很大程度上与 Holzer（1988）基于美国青年求职者搜寻行为的研究发现相类似。麦可思研究院所编著的 2009—2011 年《中国大学生就业报告》对大学生初次求职成功的搜寻渠道进行了描述性统计分析，由此得出的中国大学生工作搜寻渠道的使用情况参见表 2.1。从统计分析结果来看，第一，中国大学生在工作搜寻中对朋友和亲戚以及直接向工作单位申请等非正式搜寻渠道的深度应用，另外，得益于学校就业指导工作效率的日益改善和互联网技术在招聘领域的广泛应用，大学组织的招聘会和专业求职网站等正式搜寻渠道的作用也不断凸显出来，为大学生成功求职提供了很大帮助。第二，对于不同院校背景的大学生而言，譬如"211"院校和非"211"院校毕业生以及本科毕业生和高职高专毕业生，他们在初次求职成功的搜寻渠道的使用比例上存在着差别，其实这一定程度反映了大学生求职者在个体特征方面的差异会导致出现不同的搜寻成本和效率，最终体现为不同院校背景的大学生侧重使用不同的工作搜寻渠道，统计分析结果与 Holzer（1988）关于不同青年求职者在搜寻成本和效率之间权衡之后选择不同搜寻渠道的判断是一致的。

表 2.1　中国大学生工作搜寻渠道的使用情况

	初次求职成功的搜寻渠道（使用比例）				
2008 届 "211" 院校毕业生	参加大学组织的招聘会（39%）	直接向用人单位申请（15%）	通过专业求职网站（13%）	通过亲友得到招聘信息（12%）	参加政府组织的招聘会（7%）

	初次求职成功的搜寻渠道（使用比例）				
2008届非"211"院校毕业生	参加大学组织的招聘会（24%）	通过亲友得到招聘信息（19%）	直接向用人单位申请（17%）	通过专业求职网站（14%）	参加政府组织的招聘会（10%）
2008届高职高专院校毕业生	参加大学组织的招聘会（25%）	通过亲友得到招聘信息（23%）	直接向用人单位申请（19%）	通过专业求职网站（11%）	参加政府组织的招聘会（7%）
2009届"211"院校毕业生	参加大学组织的招聘会（30%）	通过专业求职网站（15%）	通过朋友和亲戚得到招聘信息（14%）	直接向用人单位申请（12%）	通过媒体看到招聘信息（9%）
2009届非"211"院校毕业生	通过朋友和亲戚得到招聘信息（20%）	参加大学组织的招聘会（18%）	通过专业求职网站（16%）	直接向用人单位申请（13%）	通过媒体看到招聘信息（9%）
2009届高职高专院校毕业生	通过朋友和亲戚得到招聘信息（26%）	参加大学组织的招聘会（15%）	直接向用人单位申请（16%）	通过专业求职网站（13%）	通过媒体看到招聘信息（8%）
2010届大学毕业生	本大学的招聘活动或发布的招聘信息（26%）	通过朋友和亲戚得到招聘信息（18%）	通过专业求职网站（17%）	直接向用人单位申请（11%）	参加政府或其让大学组织的招聘活动（8%）
2010届大学本科毕业生	本大学的招聘活动或发布的招聘信息（32%）	通过专业求职网站（18%）	通过朋友和亲戚得到招聘信息（13%）	参加政府或其他大学组织的招聘活动（12%）	直接向用人单位申请（10%）
2010届高职高专院校毕业生	通过朋友和亲戚得到招聘信息（23%）	本大学的招聘活动或发布的招聘信息（20%）	通过专业求职网站（16%）	直接向用人单位申请（12%）	通过媒体看到招聘信息（9%）

资料来源：麦可思研究院所编著的2009—2011年的中国大学生就业报告

综合上文分析结果，本书认为求职大学生在搜寻过程中使用的是正式抑或是非正式搜寻渠道是一种基于搜寻成本收益比较基础上的选择。恰如大学生工作搜寻决策基本方程的分析，大学生在获取职位空缺信息时，需要付出相应的信息获取成本，信息获取成本的高低会影响到求职大学生获得企业（雇主）职位空缺信息的多少，且大学生为获得一个企业（雇主）的职位空缺信息而付出的信息获取成本为 C_4。综合上文的研究成果，本书认为，求职大学生侧重利用正式搜寻渠道时付出的成本 C_4 要高于非正式搜寻渠道，而求职大学生为了要实现期望搜寻收益最大化的目标，就会相应提高其设定的保留工资水平，从而提高求职大学生拒绝企业（雇主）给出的工作机会的概率，延长工作搜寻持续时间。

（2）大学生到达企业（雇主）环节的影响因素分析

在大学生到达企业（雇主）环节中，假定一个职位空缺依据一个泊松过程抵达求职大学生。大学生到达企业（雇主）的过程，本质就是大学生获得企业（雇主）提供的工作机会的过程。

在大学生就业市场中，求职大学生获取工作机会的概率高低，不仅取决于求职大学生客观条件和所能够利用的工作搜寻渠道，而且受到大学生就业市场环境松紧程度的影响，是上述两种力量共同叠加的结果。具体参见图2.4。

图2.4 求职大学生获取工作机会示意图

①求职大学生的客观条件

对于求职大学生而言，其客观条件不仅包括学校背景、专业背景和学习成绩等，而且包括性别、户籍等人口统计学特征，这些因素都会影响到求职大学生获取工作机会的概率。

第一，求职大学生学校背景、专业背景和学习成绩的影响。

　　求职大学生的学校背景、专业背景和学习成绩等集中体现了其人力资本即潜在工作能力的高低，是求职大学生对于企业（雇主）最大的吸引因素。高等教育是人力资本投资的主要方式之一。企业（雇主）雇用求职大学生，看重的是大学生经过高等教育所积累起来的人力资本及其对企业（雇主）生产率提高的积极促进作用。

　　在《国民财富的性质和原因的研究》中，英国古典政治经济学家亚当·斯密①（1776）就已经把一国居民耗费时间和精力后才拥有的技能视为具有资本的属性，即拥有经济剩余的索取权。亚当·斯密在《国民财富的性质和原因的研究》中写道："一种费去许多功夫和时间才学会的需要特殊技巧和熟练的职业，可以说等于一台高价机器。学会这种职业的人，在从事工作的时候，必然期望，除获得普通劳动工资外，还收回全部学费，并至少取得普通利润。"马克思（1867）② 在《资本论》第一卷中阐释了简单劳动与复杂劳动的区别和联系，简单劳动"是每个没有任何专长的普通人的机体平均具有的简单劳动力的耗费"，而"比较复杂的劳动只是自乘的或不如说多倍的简单劳动，因此，少量的复杂劳动等于多量的简单劳动"。但是，直到1961年，美国经济学家 Schultz③ 才明确把劳动者所拥有的知识和技能视为一种特殊资本即人力资本，并把人力资本投资看成是西方国家国民经济增长的重要解释因素。其中，教育投资是人力资本投资的重要手段。由此以来，人力资本的相关研究成了一个热点。

　　然而，由于信息不对称，企业（雇主）在雇用大学生的时候并没有办法准确知道其实际的工作能力。1973 年 Spence④ 就把企业（雇主）的雇用行为描述为不确定情况下的投资，就好像购买彩票一样是具有风险的。为此，

---

① ［英］亚当·斯密. 国民财富的性质和原因的研究［M］. 北京：商务印书馆，1981.
② 马克思. 资本论：第一卷［M］. 北京：人民出版社，1972：57-58.
③ Schultz Theodore W. Investment in Human Capital［J］. The American Economic Review, 1961, 51: 1-17.
④ Spence Michael. Job Market Signaling［J］. The Quarterly Journal of Economics, 1973, 87: 355-374.

Spence（1973）认为，企业（雇主）需要用候选员工可以观察得到的个人特征与特质等信息来作为信号，比如教育程度、以前的工作经历、种族、性别以及犯罪和服务记录等，从而判断候选员工工作能力的高低。其中，Spence（1973）认为教育程度是识别求职者工作能力的重要信号，而求职者通过选择投资教育并承担相应的成本来发出其工作能力的信号。对于求职大学生而言，最能够体现其工作能力的特征是其学校背景、专业背景和学习成绩等。为此，本书认为，求职大学生的学校声誉越好、专业更契合职位要求和学习成绩越好，那么更容易获得企业（雇主）提供的工作机会，其工作搜寻持续时间也越短。

另外，对于求职大学生而言，初次进入劳动力市场求职、没有经历过失业和缺乏工作经验积累等特征，形成了与其他类型劳动力的区别。尤其是工作经验的积累，更是属于专业性人力资本的范畴，与高等教育所形成的一般性人力资本相比较而言，特定行业企业会更为看重求职大学生的专业性人力资本状况，因为会加速已经录用的大学生适应工作的速度，这对于企业（雇主）而言是一大利好。为此，本书认为，求职大学生拥有工作实习经验，那么更容易获得企业（雇主）提供的工作机会，其工作搜寻持续时间也越短。

第二，求职大学生性别和户籍因素的影响。

如果企业（雇主）所提供的工作机会有户籍和性别的要求，那么，求职大学生的户籍和性别特征就会影响到其获取工作机会的概率。由上文分析可知，企业（雇主）的性别和户籍要求会形成求职大学生的工作搜寻门槛和障碍，其中，由于大城市的人口控制政策以及大城市所能够提供的更多工作机会，大城市户籍依然是重要的影响因素，对于具有大城市户籍的大学生而言，不仅获得工作机会的概率会更高，而且所在城市地方政府依据户籍所提供的就业服务和就业支持也能增加其获取工作机会的概率。因此，没有符合户籍和性别要求的求职大学生获取工作机会的概率会更低，其工作搜寻持续时间会更长。

②求职大学生所能利用的工作搜寻渠道

目前，求职大学利用正式工作搜寻渠道的情况差异不大，普遍获得了2000年以来逐步完善的高等院校就业服务和职业指导，另外，2013年起贫困大学生还获得了政府提供的一次性求职补贴①。与此形成对比的是，不同求职大学生在家庭背景和社会关系等社会资源方面存在着鲜明的差异性，从而影响到求职大学生工作搜寻的广度和深度，影响到其获得工作机会的概率和工作搜寻持续时间的长短。

为此，在求职大学生普遍能够利用正式工作搜寻渠道的情况下，求职大学生如果能够有更好的家庭背景和社会关系等社会资源，应该能够获得更多的求职帮助和支持，获得工作机会的概率会相应更高些，工作搜寻持续时间会更短些。另外，由于社会资源丰富的求职大学生拥有更多的选择机会，其工作预期会更高些，从而会一定程度抵消其高的工作机会获得概率。

③大学生就业市场环境松紧程度的影响

大学生就业市场环境会影响到求职大学生获得工作机会的概率。恰如上文分析，供过于求的大学生就业市场环境会对求职大学生形成相比更大的求职压力，直接体现为工作机会的争夺会比较激烈，获得工作机会的概率会相应更低些，并延长工作搜寻持续时间。

（3）大学生参加企业（雇主）甄选到大学生收到职位雇用条件环节的影响因素分析

由上文的理论分析可知，在大学生参加企业（雇主）甄选到大学生收到职位雇用条件环节中的变量是求职大学生获得的工作机会 w、为获得该工作机会而付出的信息获取成本 C_4、简历和面试成本 C_5 以及机会成本 C_6，其中求职大学生在获取了工作机会 w 后会与其设定的保留工资 R 进行比较，从而

---

① 《国务院办公厅关于做好2013年全国普通高等学校毕业生就业工作的通知》规定："从2013年起，对享受城乡居民最低生活保障家庭的毕业年度内高校毕业生，可给予一次性求职补贴，补贴标准由省级财政、人力资源社会保障部门会同有关部门根据当地实际制定，所需资金按规定列入就业专项资金支出范围。"

共同决定了工作机会被接受的概率。由此可见，求职大学生保留工资的影响因素在其是否接受工作机会的决策中起到了重要作用。

从上文大学生工作搜寻决策方程和求职大学生工作搜寻匹配的实现条件出发，并结合保留工资影响因素的相关研究成果，不难发现，求职大学生保留工资的影响因素大致包括工作搜寻持续时间长短、所能搜寻到满意工作机会多少、非市场收入和闲暇价值高低、搜寻成本高低、心理成本和风险偏好高低等。

第一，工作搜寻持续时间长短的影响。工作搜寻持续时间越长，意味着求职大学生一直没有找到满意的工作机会，即在一般情况下大学生就业市场的工作机会没有之前预期的那么乐观，上述结论已经为大量的研究所验证，McCall① （1970）、Gronau② （1971）、Salop③ （1973）、Rothschild④⑤（1973，1974）、Whipple⑥（1973）和 Stephenson Jr. ⑦（1976）的早期研究都认为，随着工作搜寻时间的延长，求职者的保留工资会不断下降。为此，本书认为，求职大学生会随着工作搜寻时间的延长而不断降低其保留工资，从而增加其接受工作机会的概率。

第二，所能搜寻到满意工作机会多少的影响。求职大学生开始了工作搜寻过程，即意味着其开始了学习和认识就业市场的过程，通过工作搜寻活

① McCall J. J. Economics of Information and Job Search ［J］. Quarterly Journal of Economics 1970，84：113 - 126.

② Gronau R. Information and Frictional Unemployment ［J］. American Economic Review 1971，61：290 - 301.

③ Salop S. Systematic Job Search and Unemployment ［J］. Review of Economic Studies 1973，40：91 - 202.

④ Rothschild M. Models of Market Organization with Imperfect Information ［J］. Journal of Political Economy，1973，81：1283 - 1308.

⑤ Rothschild M. Searching for the Lowest Price When the Distribution of Prices is Unknown ［J］. Journal of Political Economy1974，82；689 - 711.

⑥ Whipple D. A Generalized Theory of Job Search ［J］. Journal of Political Economy，1973，81：1170 - 1188.

⑦ Stephenson Jr. ，Stanley P. The Economics of Youth Job Search Behavior ［J］. The Review of Economics and Statistics，1976，58：104 - 111.

动，求职大学生能够获得更多的大学生就业市场的信息，从而不断修正其之前对于工作机会分布的观念和认识，并体现为以下两种情况。

一种情况是求职大学生通过工作搜寻发现工作机会分布没有之前乐观，为此会调低其保留工资。Salop① （1973） 的研究显示，求职者在可确信工作机会的可能性减少的时候会下调其保留工资。Burdett 和 Vishwanath② （1988） 研究发现，求职者通过工作搜寻的学习过程来修正其对于工作机会分布的认知，会使得一直没有找到工作的求职者随着时间推移而不断调低其保留工资，Gonzalez 和 Shi③ （2010） 的研究也得出了类似的结论。

另一种情况是求职大学生通过工作搜寻发现工作机会分布没有之前悲观，为此会调高其保留工资。Mortenson④ （1970） 认为，当求职者有更高的期望可接受工作机会的时候，其保留工资会更加高。Gronau⑤ （1971） 和 Gordon⑥ （1973） 认为，当可接受工作机会的到达概率更高的时候，其保留工资会更高，并认为更高的工作机会抵达概率受到搜寻努力的广度和个体特征如教育等因素的影响，使得求职者对于雇主而言更有吸引力。Sant⑦ （1977） 通过引入求职者的学习行为，即通过工作搜寻的不断抽样来学习工资分布的情况，并预期刚开始悲观的求职者也会在工作搜寻结束前提高其保留工资水平。

---

① Salop, S. Systematic Job Search and Unemployment ［J］. Review of Economic Studies 1973，40：191 –202.

② Burdett Kenneth, Vishwanath Tara. Declining Reservation Wages and Learning ［J］. The Review of Economic Studies, 1988，55：655 –665.

③ Gonzalez Francisco M. , Shi Shouyong . An Equilbrium Theory of Learning, Search, and Wages ［J］. Econometrica, 2010，78：509 –537.

④ Mortensen, D. T. Job Search, the Duration of Unemployment, and the Phillips Curve ［J］. American Economic Review, 1970，60：847 –862.

⑤ Gronau, R. Information and Frictional Unemployment ［J］. American Economic Review, 1971，61：290 –301.

⑥ Gordon, R. J. The Welfare Cost of Higher Unemployment ［J］. Brookings Papers on Economic Activity, 1973，1：133 –195.

⑦ Sant Donald T. Reservation Wage Rules and Learning Behavior ［J］. The Review of Economics and Statistics, 1977，59：43 –49.

由此可见，求职大学生的保留工资的高低和其能够获得多少工作机会有密切关系，上文研究已经指出，在大学生就业市场中，求职大学生获取工作机会的概率高低，不仅取决于求职大学生客观条件和所能够利用的工作搜寻渠道，而且受到大学生就业市场环境松紧程度的影响，是上述两种力量共同叠加的结果。本书认为，首先，求职大学生的客观条件，比如学校背景、专业背景、学习成绩和（或）性别、户籍等人口统计学特征越有优势，则求职大学生获取工作机会的概率会越大，也越不容易接受工作机会，并体现为更长的工作搜寻持续时间。其次，社会资源丰富的求职大学生获取工作机会的概率会越大，拥有更多的选择机会，也越不容易接受工作机会，工作搜寻持续时间会更长。最后，供过于求的大学生就业市场环境会对求职大学生形成相比更大的求职压力，所需要放弃的持续搜寻带来的潜在经济收益即机会成本会相对小些，为此，在获得机会的情况下更容易接受工作，工作搜寻持续时间会更短。

第三，非市场收入和闲暇价值高低的影响。对于求职大学生而言，非市场收入主要来源于家庭所提供的经济支持，还有部分来源于政府为贫困大学生所提供的一次性求职补贴。其中，家庭经济支持所形成的非市场收入对于求职大学生保留工资的影响会大些。Kasper① （1967） 的研究显示求职者资产和储蓄的消耗会使其保留工资下降。Gronau② （1971） 的研究显示，求职者获得更高的非生产收入时其保留工资会更加高。Bloemen 和 Stancanelli③ （2001） 研究求职者的个人财富对于其保留工资设定具有显著的正面影响效应。Shimer 和 Werning④ （2007） 研究较高的失业保险会降低求职者维持失

① Kasper H. The Asking Price of Labor and the Duration of Unemployment ［J］. Review of E-conomics & Statistics，1967，49：165 – 172.

② Gronau R. Information and Frictional Unemployment ［J］. American Economic Review，1971，61：290 – 301.

③ Bloemen Hans G. ，Stancanelli Elena G. F. Individual Wealth， Reservation Wages， and Transitions into Employment ［J］. Journal of Labor Economics，2001，19：400 – 439.

④ Shimer Robert， Werning Iván . Reservation Wages and Unemployment Insurance ［J］. The Quarterly Journal of Economics，2007，122：1145 – 1185.

业的成本并因此提高其保留工资。为此，本书认为，求职大学生会所获得的非市场收入越高则其设定的保留工资会越高，从而使其有更多的选择机会，最终体现为其接受工作机会的概率会低些，工作搜寻持续时间会长些。

如果求职大学生对于闲暇价值的评价不高，则闲暇时光所所能提供的价值会更低些，其保留工资也会相应降低。恰如 Kasper（1967）的研究，求职者闲暇的边际效用下降会使得求职者的保留工资下降。为此，本书认为，求职大学生如果对于闲暇价值评价不高，其设定的保留工资会低些，从而接受工作机会的概率会高些，工作搜寻持续时间会短些。

第四，搜寻成本、心理成本和风险偏好高低的影响。对于求职大学生而言，工作搜寻成本包括货币和心理两个层面的因素。关于工作搜寻货币成本对于保留工资设定的影响，Burdett 和 Vishwanath① （1988）的研究显示，当求职者的搜寻成本超过了由工作机会分布所决定的某个临界值以后，求职者会随搜寻时间推移而降低其保留工资。关于工作搜寻心理成本对于保留工资设定的影响，Holt② （1970）揭示求职者更高的心理和焦虑成本会使得其保留工资下降。另外，求职者的风险偏好也会影响其保留工资的设定。Harnett，Cummings 和 Hughes③ （1971）认为，当求职者有更高的风险偏好即愿意承担更多风险的偏好的时候，求职者会倾向于更高的保留工资且不随着时间持续而降低。

综上述所述，本书认为，当求职大学生的搜寻货币和心理成本都比较大的时候，其保留工资会相应降低，工作搜寻持续时间会更短些。当求职大学生愿意承担更多风险的时候，其保留工资会更高些，工作搜寻持续时间会更

① Burdett Kenneth, Tara Vishwanath . Declining Reservation Wages and Learning ［J］. The Review of Economic Studies, 1988, 55: 655 – 665.

② Holt C. C. Job Search, Phillips' Wage Relation, and Union Influence: Theory and Evidence ［C］. Micro – economic Fouindations of Employment and Inflation Theory, New York: W. W. Norton, 1970.

③ Harnett D. L. , Cummings L. L. , Hughes G. D. The Influence of Risk – Taking Propensity on Bargaining Behavior ［J］. Behavioral Science, 1971, 2: 91 – 101.

长些。

2. 大学生工作搜寻后磨合过程的影响因素

大学生工作搜寻后磨合过程中大学生在职搜寻的行为倾向，会对求职大学生的工作搜寻决策产生影响。为此，需要侧重什么因素会影响求职大学生的在职搜寻倾向。

（1）已就业员工对所从事工作不满意是在职搜寻的主要原因

恰如 Kim① （2010） 的研究所指出的，对于从事不令人满意工作的员工而言，在职搜寻是一项特别重要的工作变换策略。其中，不令人满意的工作，包括非标准化的工作、没有建立工会的工作、低技能的工作、低报酬的工作和缺乏额外福利的工作等，都是已就业员工开展在职搜寻的主要驱动因素。工资薪酬因素对于已就业员工在职搜寻的影响作用在 Burdett② （1978）、Kahn 和 Low③ （1984）、Parsons④ （1991） 和 Meisenheimer II 和 Ilg⑤ （2000）的研究中都有所体现。

（2）工作稳定性会对在职搜寻倾向产生影响

Meisenheimer II 和 Ilg （2000） 利用美国劳动力市场的数据研究了就业者的工作搜寻行为并发现：临时性工作和工作稳定性越低的员工，其在职搜寻的可能性越大；在政府部门工作比在私人部门工作的有更高的稳定性；不同发展前景的行业其员工在职搜寻的可能性也不相同。在制造业、矿业、运输业和公共事业部门等夕阳产业中工作的员工，其在职搜寻的可能性要高些。

---

① Kim Chigon . Looking for a " Better" Job：Job Characteristics and On – the – Job Search among the Employed in the Metropolitan Labor Market ［J］. Journal of Applied Social Science，2010，4：44 – 63.

② Burdett Kenneth. A Theory of Employee Job Search and Quit Rates ［J］. The American Economic Review，1978，68：212 – 220.

③ Kahn Lawrence M. ，Low Stuart A. An Empirical Model of Employed Search，Unemployed Search，and Nonsearch ［J］. The Journal of Human Resources，1984，19：104 – 117.

④ Parsons Donald O. The Job Search Behavior of Employed Youth ［J］. The Review of Economics and Statistics，1991，73：597 – 604.

⑤ Meisenheimer II Joseph R. ，Ilg Randy E. Looking for á ' better' job：job – search activity of the employed ［J］. Monthly Labor Review，2000，123：3 – 14.

另外，在竞争激烈的如金融、保险和房地产等行业中，员工在职搜寻的可能性也不低。

（3）求职者的创业意愿会对其未来在职搜寻倾向产生影响

Hyytinen 和 Ilmakunnas[1]（2007）研究了当求职者有更多的创业意愿的时候，其在职搜寻的可能性会更高，更倾向于变换工作。大学生个体风险偏好程度的差异在于愿意选择稳定的工作，还是选择创业和创新活动等更加具有冒险性的工作。

更进一步来考察，本书认为：A. 如果大学生的求职能力不够，所获得工作机会不佳，则其在职搜寻的倾向会更高些，从而会采取先就业再择业的模式，其接受所搜寻到工作机会的可能性会高些，工作搜寻持续时间会短些；B. 如果大学生就业市场的大环境不够景气，高质量的就业机会不多，那么求职大学生也会采取先就业再择业的模式，其接受所搜寻到工作机会的可能性会高些，工作搜寻持续时间会短些；C. 求职大学生所选择从事的行业如果是夕阳产业或是竞争激烈的行业，其在职搜寻的倾向会更高，其接受所搜寻到工作机会的可能性会高些，工作搜寻持续时间会短些；D. 求职大学生如果有创业意愿，其如果求职的话采取先就业再择业的可能性会更大些，为此接受所搜寻到工作机会的可能性会高些，工作搜寻持续时间会短些。

2.3.4　大学生和企业（雇主）匹配博弈的影响因素

恰如上文所指出的，企业（雇主）和求职大学生能够在匹配收益分配上达成一致，是匹配博弈均衡得以实现的关键。其中，企业（雇主）和求职大学生的最终匹配收益分配状况与双方在匹配博弈中谈判地位高低密切相关。本书讨论了三种情况：第一，企业（雇主）和大学生都不具有定价能力；第二，企业（雇主）和大学生都具有定价能力；第三，企业（雇主）具有全部定价能力，而大学生没有定价能力。为此，本部分将讨论求职大学生和企业

---

[1]　Hyytinen Ari, Ilmakunnas Pekka . Entrepreneurial Aspirations：Another Form of Job Search？[J]. Small Business Economics，2007，29：63 - 80.

（雇主）在匹配博弈中谈判地位的高低是由什么因素所决定，从而梳理出求职大学生和企业（雇主）匹配博弈的影响因素。

1. 企业（雇主）和大学生都不具有定价能力的情况

在企业（雇主）和大学生都不具有定价能力的情况下，根据 Hosios①（1990）所建立的社会效率实现条件下的搜寻匹配模型，求职大学生的搜寻匹配收益份额为 $\Psi = \dfrac{dM(v,u)}{M(v,u)} \Big/ \dfrac{du}{u} = \dfrac{uM_u(v,u)}{M(v,u)} = 1 - \dfrac{\theta И'(\theta)}{И(\theta)}$，$И = \dfrac{M(u,v)}{u}$ $= M(1,\theta) \equiv m(\theta) = \eta\theta$。企业（雇主）的搜寻匹配收益份额为 $\dfrac{dM(v,u)}{M(v,u)} \Big/ \dfrac{dv}{v} = \dfrac{vM_v(v,u)}{M(v,u)} = \dfrac{\theta И'(\theta)}{И(\theta)}$，$\eta = \dfrac{M(u,v)}{v} = \dfrac{M(\theta,1)}{\theta} \equiv \dfrac{m(\theta)}{\theta} = \dfrac{И}{\theta}$。其中，$И$ 为每个求职大学生找到潜在企业（雇主）的概率，η 为企业（雇主）的每个职位空缺找到求职大学生的概率，$\theta = \dfrac{v}{u}$，u 为求职大学生的人数，v 为企业（雇主）所提供的职位空缺数。由此可见，大学生就业市场中职位空缺数 v 相对于求职大学生人数 u 的比值 $\theta = \dfrac{v}{u}$，反映了大学生就业市场的松紧程度，会影响到求职大学生和企业（雇主）在就业市场中的地位对比，即 $\dfrac{\Psi}{(1-\Psi)}$ 是匹配博弈过程中企业（雇主）和大学生谈判地位的重要影响因素。

为此，本书认为，如果职位空缺和求职大学生相比的数值越大，则求职大学生的谈判地位越高，其获得的匹配收益份额会越高；如果职位空缺和求职大学生的数值相比越小，则企业（雇主）的谈判地位越高，其获得的匹配收益份额会越高。

2. 企业（雇主）和大学生都具有定价能力和企业（雇主）具有全部定价能力的情况

---

① Hosios J. On the Efficiency of Matching and Related Models of Search and Unemployment [J]. The Review of Economic Studies. 1990，57：279 – 298.

由上文分析可知，在企业（雇主）和大学生都具有定价能力的情况下，用双边谈判（bilateral bargaining）模型来解释大学生和企业（雇主）的匹配收益分配和匹配博弈均衡的实现状况。在企业（雇主）具有全部定价能力的情况下，用工资公告（wage posting）模型来解释大学生和企业（雇主）的匹配收益分配和匹配博弈均衡的实现状况。Hall 和 Krueger① （2012）以及 Brenčič② （2012）的研究都验证了工资公告（wage posting）和工资谈判（wage bargaining）是工资确定的重要机制。

（1）职位技能要求高低的影响

Hall 和 Krueger（2012）通过一项美国劳动力市场的研究发现，企业（雇主）与教育程度越高和专业水平越高的求职者之间会更多地采用工资谈判的方式来确定工资，而对于教育程度较低和专业技能不高的蓝领求职者而言，事前确定工资的工资公告方式是更常用的工资确定机制。另外，在政府公共部门工作岗位中更多采用的是工资公告方式。

Brenčič（2012）利用美国、英国和斯洛文尼亚的劳动力市场数据进行研究后发现，当企业（雇主）搜寻高技能工人的时候会较少采用工资公告的方式，取而代之的则是以工资谈判的方式。然而，当企业（雇主）搜寻的是低技能工人或者技能是很容易观察和衡量的时候，会更有可能采用工资公告的方式，从而降低甄别求职者成本和职位空缺没有填补的搜寻机会成本，而且相对固定的工资报价有利于抵消低技能求职者的生产率劣势。另外，Brenčič（2012）还发现，如果工作类型的信息具有更大程度的确定性，企业（雇主）更倾向于采用工资公告的方式。一般而言，工作的确定性程度越高，对于技能的要求也会越低。

① Hall Robert E. , Krueger Alan B. Evidence on the Incidence of Wage Posting, Wage Bargaining, and On – the – Job Search ［J］. American Economic Journal：Macroeconomics, 2012, 4：56 – 67.

② Brenčič Vera. Wage posting：evidence from job ads ［J］. The Canadian Journal of Economics / Revue canadienne d'Economique, 2012, 45：1529 – 1559.

为此，本书认为，如果企业（雇主）所提供职位空缺的技能要求越高，会更倾向于与经过甄选入围的求职大学生进行工资谈判，其所提供的工资的浮动区间会更大些，因此，具有更高人力资本的求职大学生会获得更多的匹配收益份额。反之，如果企业（雇主）所提供职位空缺的技能要求越一般，会更倾向于为求职大学生提供相对没有太大浮动空间的公告工资，因此，具有一般或较低人力资本的求职大学生所获得的匹配收益份额会更低些，甚至会低至0。

（2）企业（雇主）规模大小的影响

Brenčič（2012）发现，规模更大的公司会较少采用工资公告的方式。一方面规模更大的公司如果采用工资公告方式会增加其雇用低技能工人的可能性，会导致该类型公司的较大损失。另一方面，规模较大公司有资源在短时间内甄别求职者。

为此，本书认为，如果企业（雇主）的规模越大，会更倾向于规避低人力资本求职大学生给其带来的潜在生产力损失，从而会提高其职位的技能水平要求，从而会更倾向于吸引更高技能水平的求职大学生，并进行工资谈判和提供更大的工资浮动区间，因此，具有更高人力资本的求职大学生会获得更多的匹配收益份额。

2.3.5　大学生就业的影响因素汇总

从大学生实现就业需要经历的大学生和企业（雇主）之间双向搜寻和匹配博弈过程入手，本书探讨了大学生就业的理论模型，并结合大学生就业市场的实践，按照大学生和企业（雇主）之间双向搜寻和匹配博弈过程的不同环节逐步提炼出大学生就业的影响因素，并从企业（雇主）创造和填补工作岗位的影响因素、大学生工作搜寻的影响因素和企业（雇主）和大学生就业匹配博弈的影响因素等三个方面来加以梳理。

1. 企业（雇主）创造和填补工作岗位的影响因素

（1）在企业（雇主）搜寻前准备过程中，通过考察理论模型中的保有职

位空缺的机会成本，提炼出的影响因素

A. 当劳动力需求状态为新需求即职位为新职位时，企业（雇主）拒绝求职大学生的概率要高些，且职位空缺填补时间要长些。

B. 当劳动力需求状态为补充需求即职位为旧职位时，有离职提前通知的企业（雇主）拒绝求职大学生的概率和企业（雇主）的职位空缺持续时间要长于没有离职提前通知的情况，且离职提前通知期越长，企业（雇主）拒绝求职大学生的概率越高，企业（雇主）的职位空缺填补时间越长。

（2）在企业（雇主）搜寻过程中，通过考察理论模型中的信息传递成本，求职大学生抵达的概率、保留生产率、生产率信号、筛选和面试成本、工资和求职大学生被拒绝的概率等变量，提炼出的决定因素

A. 企业（雇主）侧重利用正式搜寻渠道时付出的成本要高于非正式搜寻渠道，会相应提高其设定的保留生产率水平，从而提高企业（雇主）拒绝求职大学生的概率，延长企业（雇主）的职位空缺填补时间。

B. 职位的学校和专业要求越高，会降低求职大学生的抵达概率，从而延长企业（雇主）的职位空缺填补时间。

C. 职位的工作经验要求、年龄要求、性别要求，或是职位的户籍要求都会降低求职大学生抵达概率，从而延长企业（雇主）的职位空缺持续时间。

D. 职位为全职工作或工作条件较好，会比临时工作或工作条件越差的职位吸引更多的求职大学生，从而缩短企业（雇主）的职位空缺填补时间。

E. 企业（雇主）提供的职位工资越高，能够吸引求职大学生从而提高求职大学生的到达数，从而缩短企业（雇主）的职位空缺填补时间。但是，企业（雇主）的高工资必然伴随着较高的保留生产率水平，会增加求职大学生被拒绝的概率，为此，可能会部分抵消高工资所带来的高求职者抵达概率。

F. 企业（雇主）尤其是北京、上海等大型城市的企业（雇主）所提出的职位本地户籍要求，企业（雇主）提出的职位性别要求，以及企业（雇主）提出的工作经验要求，都会降低求职大学生到达企业（雇主）的概率，

从而延长企业（雇主）的职位空缺填补时间。

G. 企业（雇主）规模越大，则企业（雇主）越有激励投入资源进行搜寻，且更具有吸引力，因此求职大学生的抵达概率越高且能够获得更多的求职大学生，从而缩短企业（雇主）的职位空缺持续时间。另外，企业（雇主）规模越大，其雇用标准也相应越高，从而，高求职大学生抵达概率可能会被相应提高的求职大学生被拒绝概率所部分抵消。

H. 企业（雇主）所在行业的平均工资水平越高，则该企业（雇主）具有更高的求职大学生抵达概率，从而缩短企业（雇主）的职位空缺持续时间。但是，企业（雇主）所在行业的平均工资水平越高，必然伴随着较高的保留生产率水平，会增加求职大学生被拒绝的概率，为此，可能会部分抵消高工资所带来的高求职者抵达概率。

I. 国有企业和外资企业在搜寻时具有比其他所有制性质企业更高的求职大学生抵达概率，从而具有更短的职位空缺持续时间。但是，国有企业和外资企业所提供的职位所具有的相对优势，会提高该类型企业的保留生产率水平，会增加求职大学生被拒绝的概率，为此，可能会部分抵消企业所有制优势所带来的高求职者抵达概率。

J. 大学生就业市场供过于求的程度越大，则求职大学生面临的求职压力越大，则企业（雇主）能够吸引到更多的求职大学生，从而会缩短企业（雇主）的职位空缺填补时间。但是，如果大学生就业市场供过于求的程度越大，企业（雇主）会相应提高其雇用标准，从而会提高求职大学生被拒绝的概率，为此，高求职者抵达概率可能会与相应提高的求职者被拒绝概率所部分抵消。

（3）在企业（雇主）搜寻后匹配过程中，通过考察理论模型中的培训成本、解雇概率和解雇成本等变量，提炼出下述影响因素

A. 培训成本较高的企业（雇主）其拒绝求职大学生的概率越高，且职位空缺填补时间越长，即职位的培训要求越高即培训成本越大时，企业（雇主）在搜寻决策中会表现得更为谨慎，会更严格地挑选求职大学生，从而导

致企业（雇主）拒绝求职大学生概率的增加和职位空缺填补时间的延长。

B. 当企业（雇主）面临的解雇成本越大，其相应拒绝求职大学生的概率会越高，从而职位空缺填补时间会越长。

2. 大学生工作搜寻的影响因素

（1）在大学生工作搜寻实现过程中，通过考察理论模型中的大学生信息获取成本、简历和面试成本以及机会成本、求职大学生获取工作机会的概率、保留工资等变量，提炼出下述影响因素

A. 求职大学生侧重利用正式搜寻渠道时付出的成本要高于非正式搜寻渠道，会相应提高其设定的保留工资水平，从而提高求职大学生拒绝企业（雇主）给出的工作机会的概率，并延长工作搜寻持续时间。

B. 求职大学生的学校声誉越好、专业更契合职位要求和学习成绩越好，更容易获得企业（雇主）提供的工作机会，工作搜寻持续时间也越短。

C. 求职大学生拥有工作实习经验，更容易获得企业（雇主）提供的工作机会，工作搜寻持续时间也越短。

D. 没有符合职位对于户籍和性别要求的求职大学生获取工作机会的概率会更低，其工作搜寻持续时间会更长。

E. 求职大学生如果能够有更好的家庭背景和社会关系等社会资源，获得工作机会的概率会相应更高些，工作搜寻持续时间会更短些。

F. 供过于求的大学生就业市场环境会对求职大学生形成相对更大的求职压力，获得工作机会的概率相应会更低些，并延长工作搜寻持续时间。

G. 求职大学生会随着工作搜寻时间的延长而不断降低其保留工资，从而增加其接受工作机会的概率。

H. 求职大学生的客观条件，比如学校背景、专业背景、学习成绩和（或）性别、户籍等人口统计学特征越有优势，则求职大学生获取工作机会的概率会越大，也越不容易接受工作机会，并体现为更长的工作搜寻持续时间。

I. 社会资源丰富的求职大学生获取工作机会的概率会越大，拥有更多的

选择机会，也越不容易接受工作机会，工作搜寻持续时间会长些。

G. 供过于求的大学生就业市场环境会对求职大学生形成相对更大的求职压力，所需要放弃的持续搜寻带来的潜在经济收益即机会成本会相对小些，为此，在获得机会的情况下更容易接受工作，工作搜寻持续时间会短些。

K. 求职大学生所获得的非市场收入越高，则其设定的保留工资会越高，从而使其有更多的选择机会，最终体现为其接受工作机会的概率会低些，工作搜寻持续时间会长些。

L. 如果求职大学生对于闲暇价值评价不高，其设定的保留工资会低些，从而接受工作机会的概率会高些，工作搜寻持续时间会短些。

M. 当求职大学生的搜寻货币和心理成本都比较大的时候，其保留工资会相应降低。当求职大学生愿意承担更多风险的时候，其保留工资会更高些，工作搜寻持续时间会长些。

（2）在大学生工作搜寻后磨合过程中，通过考察理论模型中的大学生在职搜寻的行为倾向，提炼出下述影响因素

A. 如果大学生的求职能力不够，所获得工作机会不佳，则其在职搜寻的倾向会更高些，从而会采取先就业再择业的模式，其接受所搜寻到工作机会的可能性会高些，工作搜寻持续时间会短些。

B. 如果大学生就业市场的大环境不够景气，高质量的就业机会不多，那么求职大学生也会采取先就业再择业的模式，其接受所搜寻到工作机会的可能性会高些，工作搜寻持续时间会短些。

C. 求职大学生所选择从事的行业如果是夕阳产业或是竞争激烈的行业，其在职搜寻的倾向会更高，其接受所搜寻到工作机会的可能性会高些，工作搜寻持续时间会短些。

D. 求职大学生如果有创业意愿，其求职会采取先就业再择业的可能性会更大些，为此接受所搜寻到工作机会的可能性会高些，工作搜寻持续时间会短些。

3. 企业（雇主）和大学生就业匹配博弈的影响因素

在企业（雇主）和大学生就业匹配博弈过程中，通过考察企业（雇主）和求职大学生的匹配收益分配，并提炼出下述影响因素。

A. 如果职位空缺和求职大学生相比的数值越大，则求职大学生的谈判地位越高，其获得的匹配收益份额会越高；如果职位空缺和求职大学生的数值相对越小，则企业（雇主）的谈判地位越高，其获得的匹配收益份额会越高。

B. 如果企业（雇主）所提供职位空缺的技能要求越高，会更倾向于与经过甄选入围的求职大学生进行工资谈判，其所提供的工资的浮动区间会更大些，因此，具有更高人力资本的求职大学生会获得更多的匹配收益份额。反之，如果企业（雇主）所提供职位空缺的技能要求越一般，会更倾向于为求职大学生提供相对没有太大浮动空间的公告工资，因此，具有一般或较低人力资本的求职大学生所获得的匹配收益份额会更低些，甚至会低至0。

C. 如果企业（雇主）的规模越大，会更倾向于规避低人力资本求职大学生给其带来的潜在生产力损失，从而会提高其职位的技能水平要求，从而会更倾向于吸引更高技能水平的求职大学生，并进行工资谈判和提供更大的工资浮动区间，因此，具有更高人力资本的求职大学生会获得更多的匹配收益份额。

第三章 中国大学生就业的实证分析

3.1 大学生就业的宏观环境分析

恰如上文分析所指出的，就业问题不仅包括总量性，而且包括结构性和摩擦性问题，大学生就业亦概莫能外。为此，本书从总量和结构两个层面出发，探析一下大学生就业所面临的宏观总量和结构环境。

3.1.1 大学生就业的宏观总量环境分析

在以菲利普斯曲线研究为核心的就业总量理论分析框架中，利用失业和通货膨胀的负相关关系分析了总量性失业问题。根据派生需求原理可知，经济活动的活跃度与景气程度越高，资本、劳动等要素需求会大幅增加，不仅会推升全社会的物价水平，而且意味着全社会所创造出来的工作机会更多，失业率会下降。为此，经济增长的就业创造效应，成了大学生就业宏观总量环境分析的应有之义。

1. 经济增长理论和就业弹性模型

（1）经济增长理论

一直以来，资本要素、劳动要素和技术进步因素都是经济增长分析的重要研究变量。

第一，在《国民财富的性质和原因的研究》中，英国古典政治经济学家亚当·斯密① (1776) 利用劳动分工所导致的技术进步来讨论经济增长的问题。在《资本论》中，马克思分析了技术进步引起的资本有机构成的提高，会导致生产资料对劳动的替代关系，从而导致相对过剩人口和失业问题②，并用资本积累和扩大再生产理论来说明经济增长问题③。

第二，从 20 世纪 40 年代开始，基于英国经济学家凯恩斯④在《就业、利息和货币通论》中所构建的理论框架，经济增长理论的研究逐步成型。Harrod⑤ (1948) 和 Domar⑥ (1947) 分别分析经济增长问题并得到了类似的研究成果，由此统称为 Harrod – Domar 经济增长模型。在 Harrod – Domar 经济增长模型中，经济增长的要素包括资本和劳动且假定两者彼此不能替代，但是没有考虑到技术进步的影响。

第三，20 世纪 50、60 年代，经济研究通过假定资本和劳动可以相互替代，并引入了外生的技术进步因素，并经过 Solow⑦ (1956)、Swan⑧ (1956)、Cass⑨ (1965) 和 Koopmans⑩ (1965) 等学者的不懈努力，从而形

---

① [英] 亚当·斯密. 国民财富的性质和原因的研究 [M]. 北京：商务印书馆，1981.

② 马克思. 资本论 (第一卷) [M]. 北京：人民出版社，1975：672.

③ 马克思. 资本论 (第二卷) [M]. 北京：人民出版社，1975：551.

④ [英] 约翰·梅纳德·凯恩斯. 就业、利息和货币通论 [M]. 北京：商务印书馆，2006.

⑤ Harrod, R. F. Towards a Dynamic Economics [M]. London：MacMillan，1948.

⑥ Domar, E.. Expansion and Employment [J]，American Economic Review，1947 (3)，37：343 – 55.

⑦ Solow Robert M. A Contribution to the Theory of Economic Growth [J]. The Quarterly Journal of Economics，1956，70：65 – 94.

⑧ Swan TW. Economic Growth and Capital Accumlation [J]，Economic Record，1956，32：334 – 361.

⑨ Cass David. Optimum Growth in an Aggregative Model of Capital Accumulation [J]，The Review of Economic Studies，1965，32：233 – 240.

⑩ Koopmans Tjalling C. On the Concept of Optimal Economic Growth [R]. Cowles Foundation Paper，No. 238，1965.

成了新古典增长理论，并统称为 Solow – Swan 经济增长模型。

第四，为解决外生技术进步假定在经济增长实践中解释能力不足的问题，从 20 世纪 80 年代开始，Romer① （1986）、Lucas② （1988） 等学者重新回归亚当·斯密③ （1776） 和 Young④ （1928） 的研究思路，即技术进步能够带来收益递增从而推动经济增长和进步。通过把新古典增长理论中外生技术进步的假定修正为内生技术进步，技术进步成了经济增长的内在动力而不是外部影响因素，形成了新增长理论 （New Growth Theory）。

（2） 就业弹性模型

关于经济增长和就业创造之间的关系，一方面是劳动要素的投入为经济增长提供支撑，另一方面是经济增长为创造更多就业岗位提供了可能，从而形成了一个相互促进的循环。为更好理解和应对就业问题，经济增长的就业创造效应自然成了一个重要的研究领域，并形成了相应的就业弹性理论。

在早期就业弹性研究中，直接利用经济活动的产出和就业数据进行弹性系数的统计分析，是最为常见也最为简单的研究方法，其中，最著名的研究成果是我们大家耳熟能详的奥肯定律 （Okun Law）。1962 年，美国经济学家 Okun⑤ 利用美国 1947—1960 年的季度产出和就业数据进行了相应的统计分析，发现就业率的产出弹性为 0.35—0.4，即失业每降低 1% 的时候，实际产出会增加略低于 3%，从而揭示了经济增长和就业创造之间密不可分的联系。

然而，随着就业弹性研究的不断深入，仅仅利用产出和就业的最终数据

①　Romer Paul M. Increasing Returns and Long – Run Growth ［J］. Journal of Political Economy，1986，94：1002 – 1037.

②　Lucas Jr. Robert E. On the mechanics of economic development ［J］. Journal of Monetary Economics，1988，22：3 – 42.

③　［英］ 亚当·斯密. 国民财富的性质和原因的研究 ［M］. 北京：商务印书馆，1981.

④　Young Allyn A. Increasing Returns and Economic Progress ［J］. The Economic Journal，1928，38：527 – 542.

⑤　Okun A. . Potential GNP：Its Measurement and Significance，in American Statistical Association ［C］，Proceedings of the Business and Economics Statistics Section；reprinted with slight changes in Arthur M. Okun，The Political Economy of Prosperity，Washington，D. C. ：Brookings Institution，1970.

来直接计算出弹性系数的方法，逐步暴露出结果容易受到所选取数据的影响，以及无法有效揭示经济增长的其他因素变动与就业变化之间关系等诸多弊端。恰如 Kumar① （1981） 所指出的，虽然利用时间序列数据进行产出的就业弹性分析是最简单的方法，但是，只是简单比较产出和就业关系的弹性分析，其最大局限是分析结果对于数据基期和终止期的选择相当敏感，因为这些期限可能不是经济表现"正常"的年份。另外，只是简单比较产出和就业忽视了其他诸如资本、技术和工资水平等因素对于旧生产能力现代化和促进劳动效率提升的影响，因此，只是简单地对经济增长的产出和就业结果进行统计分析，不足以有效说明经济增长的就业效应出现波动的原因，从而不利于更好理解经济增长与就业创造之间的有机联系。

为此，要更有效把握和理解经济增长的就业创造效应，需要抓住企业在经济增长中的微观经济主体作用，经济增长即意味着企业（雇主）的劳动要素需求旺盛，从而创造出更多的就业岗位，自然也为大学生就业营造出有利的宏观总量环境。因此，本书借鉴 Parikh 和 Edwards② （1980）、Kumar（1981） 和 Michl③ （1986） 的理论分析和建模思路，建立起就业弹性模型。

①就业弹性的基本模型

本书采用柯布—道格拉斯生产函数（Cobb – Douglas production function）来描述一定技术水平下投入劳动、资本要素后的企业产出状况，即 $Q_t = A(t)L_t^\alpha K_t^\beta$。其中，$Q_t$ 为 t 时期的产出，L_t 为 t 时期的劳动投入，K_t 为 t 时期的资本投入，ǎ 和 ð 分别为劳动和资本投入的产出弹性，令 ǎ + ð = Δ，其中，Δ > 1 时为规模报酬递增状况，Δ = 1 时为规模报酬不变状况，Δ < 1 时为规模

---

① Kumar Raj. Employment elasticities and speeds of labour adjustment: The implications of different estimation methods for Malaysian commercial agriculture and forestry ［J］. The Journal of Development Studies, 1981, 4: 497 – 510.

② Parikh A. , Edwards R. An Input – Output Approach to Forecasting Gross Domestic Output and Employment Intensities by Sectors ［J］. Empirical Economics, 1980, 5: 1 – 14.

③ Michl Thomas R. The Productivity Slowdown and the Elasticity of Demand for Labor ［J］. The Review of Economics and Statistics, 1986, 68: 532 – 536.

报酬递减状况。另外，$A(t)$ 为企业所面临的技术进步状态，由于技术演进是需要时间的，借鉴 Clark 和 Freeman[1]（1980）、Baily[2]（1982）以及 Aghion 和 Howitt[3]（1994）的假设，令 $A(t) = A_0 e^{\hat{u}t}$，其中，A_0 为基期技术状态，$\hat{u}$ 为技术变化系数。为此，有企业的柯布—道格拉斯生产函数的最终形式为 $Q_t = A_0 e^{\hat{u}t} L_t^{\check{a}} K_t^{\check{\delta}}$。

在企业要素投入主要为资本和劳动的情况下，企业从事经营活动的要素投入成本为 $C_t = r_t K_t + w_t L_t$，其中，C_t 为 t 时期的总成本，r_t 为 t 时期的资本投入成本即利息率，w_t 为 t 时期的劳动投入成本即工资率。

假设一定产出水平约束条件下的企业遵循要素投入成本最小化的决策原则，则有：

$$Min.\ C_t = r_t K_t + w_t L_t$$
$$st.\ Q_t = A_0 e^{\hat{u}t} L_t^{\check{a}} K_t^{\check{\delta}}$$

(3.1)

根据成本最小化的生产者均衡条件，将企业要素投入成本最小化的均衡解即资本与劳动比为 $\dfrac{K_t}{L_t} = \dfrac{\check{\delta}}{\check{a}} \times \dfrac{w_t}{r_t}$，代入企业的柯布—道格拉斯生产函数，则企业的员工最优雇用量为：

$$L_t^* = \left(\frac{\check{a}}{\check{\delta}}\right)^{\frac{\delta}{\check{a}}} A_0^{-\frac{1}{\check{a}}} e^{-\frac{\hat{u}t}{\check{a}}} \left(\frac{r_t}{w_t}\right)^{\frac{\delta}{\check{a}}} Q_t^{\frac{1}{\check{a}}}$$

(3.2)

首先，劳动投入的调整存在滞后性。随着经济技术等条件的变化，企业需要不断调整劳动等要素投入的总量和比例，然而，劳动要素的调整无法一蹴而就。Oi[4]（1962）已经指出劳动要素具有准固定性，后续就业弹性的相

① Kim B. Clark, Richard B. Freeman How Elastic is the Demand for Labor? [J] The Review of Economics and Statistics, 1980, 62: 509 – 520.
② Martin Neil Baily. The Productivity Growth Slowdown by Industry [R]. Brookings Papers on Economic Activity, 2: 1982.
③ Aghion Philippe, Howitt Peter. Growth and Unemployment [J]. The Review of Economic Studies, 1994, 61: 477 – 494.
④ Oi Walter Y. Labor as a Quasi – Fixed Factor [J]. Journal of Political Economy 1962, 70: 538 – 555.

关研究（Clark 和 Freeman[1]，1980；Kumar，1981；Michl，1986）都延续了劳动要素具有准固定性的假定，劳动要素的准固定性主要来自于企业雇用、培训员工需要花费的时间和成本，另外，劳动相关法律规定如《劳动合同法》等会对企业的解雇行为形成制约。为此，企业的员工雇用量向最优水平的调整存在时间滞后性。借鉴 Kumar（1981）的处理方法，利用柯依克（Koyck）方法对企业的雇用量调整过程进行估计，即：$\dfrac{L_t}{L_{t-1}} = \left(\dfrac{L_t^*}{L_{t-1}}\right)^{\varepsilon}$，其中 L_t 和 L_{t-1} 分别为当期和上一期的企业雇用量，ε 为企业雇用量调整系数，ε 越大则企业雇用量的调整速度越快，有 $0 < \varepsilon < 1$。上式两边取自然对数后，有 $\ln L_t^* = \left(\dfrac{1}{\varepsilon}\right)[\ln L_t - (1 - \varepsilon)\ln L_{t-1}]$。把该式代入企业的员工最优雇用量式子中，则企业劳动需求方程为：

$$\ln L_t = a_0 - \frac{\varepsilon r}{\Delta}t + \left(\frac{\varepsilon \delta}{\Delta}\right)\ln \frac{r_t}{w_t} + \left(\frac{\varepsilon}{\Delta}\right)nQ_t + (1 - \varepsilon)\ln L_{t-1} \qquad (3.3)$$

其中，$a_0 = \left(\dfrac{\varepsilon \delta}{\Delta}\right)\ln \dfrac{\check{a}}{\delta} - \left(\dfrac{\varepsilon}{\Delta}\right)\ln A_0$。

其次，为更好估计长期就业弹性，延续 Clark 和 Freeman（1980）的研究思路，放松企业劳动需求方程中劳动投入 L_t 对于资本价格 r_t 和劳动价格 w_t 具有相同变化系数的约束，在上述企业劳动需求方程中分开估计资本价格和劳动价格的系数。为此，就业弹性的基本模型为：

$$\ln L_t = a_0 + a_1 t + a_2 \ln r_t + a_3 \ln w_t + a_4 \ln Q_t + a_5 \ln L_{t-1} + \vartheta \qquad (3.4)$$

其中，短期就业弹性为 a_4，企业雇用量调整系数 $\lambda = 1 - a_5$，长期就业弹性为 $a_4/(1 - a_5)$，ϑ 为随机误差项。

②就业弹性的拓展模型

基于本书就业实现的搜寻匹配理论研究的逻辑，就业实现会受到劳动需求方［企业（雇主）］的岗位创造意愿、劳动供给方（求职者）的求职与接

---

①　Clark Kim B. , Freeman Richard B. How Elastic is the Demand for Labor? [J]. The Review of Economics and Statistics, 1980, 62：509 – 520.

受意愿的影响。为此，需要从以上方面出发进一步拓展就业弹性的基本模型。

首先，劳动需求方［企业（雇主）］的岗位创造意愿的影响因素。

第一，地区市场空间和行业利润增长状况的影响。空间越大和利润增长速度越快则企业（雇主）的投资和创造工作岗位的意愿会越高，会有利于大学生实现就业。本书用人均地区生产总值来反映一个地区的市场消费能力。

第二，行业固定资产投资总额的影响。越高意味着行业所在企业（雇主）的投资和创造工作岗位的意愿会越高，会有利于大学生实现就业。

第三，企业所有制结构的影响。国有企业、外商投资企业和民营企业随着经济形势变化进行的经营调整，会影响到不同所有制企业就业岗位的增减，从而会对大学生就业形成正面或负面的冲击。

第四，企业规模的影响。由于企业实力上的差异，大型企业和中小型企业在经营活动中资本和劳动的投入比例是不同的，一般而言，中小型企业会更倾向于使用劳动要素，从而会创造出更多的就业岗位，从而有利于大学生实现就业。

第五，社会保障缴费率、税率、最低工资等制度因素的影响。越高则企业（雇主）的投资和创造工作岗位的意愿会越低，从而会不利于大学生实现就业。

其次，劳动供给方（求职者）的求职与接受意愿的影响因素。城镇劳动力主要是受到最低生活保障的影响，越高则求职和接受意愿越低，而农村劳动力主要受到务农收入的影响，越高则求职和接受意愿越低。由于劳动分工的关系，城镇和农村劳动力的求职和接受意愿越低求职和接受意愿越低，会直接抑制企业创造管理岗位的意愿，对大学生就业而言是不利的。

因此，把上述因素作为控制变量引入就业弹性的基本模型后，就得到了就业弹性的拓展模型。

2. 2012—2015年经济增长的就业弹性分析

（1）数据说明

就业弹性分析的数据来源于历年的《中国统计年鉴》、各省（市、自治区)《统计年鉴》以及《中国劳动统计年鉴》等。

①时间序列的选择

在 2008 年全球金融危机的严重冲击下，我国于 2008 年 11 月出台经济刺激政策，经济增长速度得以维持，随着政策刺激效应逐步衰退，2012 年我国 GDP 增长速度跌破 8% 后便一路下滑，时至今日我国已经进入经济发展新常态。为剔除强经济刺激政策的影响效应，本书选取的时间序列从政策刺激效应呈现衰减迹象的 2012 年开始，一直到 2015 年为止。随后，利用 2012—2015 年的面板数据来进行经济增长的就业弹性分析。

②区域和行业的选择

为更准确把握经济增长对于大学生就业的宏观影响，需要从以下几个方面进行分析。首先，我国东、中、西部地区①在产业结构方面存在差异，导致不同地区吸纳大学生就业的能力高低不等，为此，需要进行相应的区域就业弹性比较分析。其次，对于大学生而言，第二、第三产业是主要的就业集中领域，尤其随着我国逐步步入后工业化社会，第二产业转型升级和第三产业比重上升，都会对大学生就业产生深刻影响，为此，需要进行相应的产业就业弹性比较分析。更进一步来说，参考麦可思研究院所 2015 年所编著的《中国大学生就业报告》②，大学生的第二产业就业比例在下降，且主要集中在建筑业和制造业等。而第三产业就业比例在上升，主要集中在教育、卫生和社会工作、金融业、信息传输、软件和信息技术服务业等。为此，在产业比较分析的基础上，需要进行上述 6 个行业的就业弹性比较分析。

---

① 根据《中国统计年鉴》的划分标准，东部地区包括北京、天津、河北、辽宁、上海、江苏、浙江、福建、山东、广东、海南 11 个省（直辖市），中部地区包括黑龙江、吉林、山西、安徽、江西、河南、湖北、湖南 8 个省，西部地区包括内蒙古、广西、重庆、四川、贵州、云南、西藏、陕西、甘肃、青海、宁夏、新疆 12 个省（自治区、直辖市）。

② 麦可思研究院 . 2015 年中国本科生就业报告 [M]. 北京：社会科学文献出版社，2015.

③相关变量的数据说明

第一，劳动投入 L_t 用各省（市、自治区）的第二、第三产业以及 6 个行业在 2012—2015 年的就业人数来表示。其中，各省（市、自治区）的分行业人数，近似等于各行业的城镇单位就业人员数与私营企业和个体就业人数的相加值。在就业弹性的模型中考虑到上一期的劳动投入 L_{t-1}，为此，在分析的时候包括了 2011 年的相关就业数据。

第二，产出 Q_t 用各省（市、自治区）的第二、第三产业以及 6 个行业在各年份的生产总值来表示；r_t 用所在年份的一年期贷款利率的均值乘以 100 来近似表示；w_t 用所在年份的各行业城镇单位就业人员平均工资来近似表示。

第三，q_t 为所在年份各省（市、自治区）的人均地区生产总值；c 为行业固定资产投资总额，用所在年份各省（市、自治区）6 个行业的全社会固定资产投资额来表示；为反映企业所有制结构，以私营企业为对照组，用所在年份各省（市、自治区）的规模以上国有控股工业企业（state）以及外商投资和港澳台投资工业企业（foreign）的主营业务收入之和与规模以上工业企业主营业务收入的比值乘以 100 来近似表示；MLE 为企业规模，用所在年份各省（市、自治区）的大中型工业企业主营业务收入与规模以上工业企业主营业务收入的比值乘以 100 来近似表示。min 为最低工资，用所在年份各省（市、自治区）的省会城市的最低工资来表示；county 为城镇居民的最低生活保障，用所在年份各省（市、自治区）的平均最低生活保障来表示；village 为农村居民的务农收入，用所在年份各省（市、自治区）的农村人均现金收入中的家庭经营收入[1]来近似表示。

（2）统计分析方法、结果及讨论

在就业弹性理论分析基础上形成了就业弹性分析的面板数据，本书利用

---

[1] 按照《中国统计年鉴》，农村人均现金收入是指农村住户和常住人口在调查期内得到以现金形态表现的收入。按来源分成工资性收入、家庭经营收入、财产性收入、转移性收入。其中，家庭经营收入是指农村住户以家庭为生产经营单位进行生产筹划和管理而获得的收入。

Eviews 统计分析软件并分别采用固定效应模型和随机效应模型对就业弹性进行估计，具体分析过程和结果如下所示。

①第二产业的就业弹性

2012—2015 年第二产业就业弹性估计的似然比检验的 F 值为 28.96，其对应的 p 值为 0，为此，选择固定效应模型进行第二产业就业弹性估计，估计结果参见表 3.1。

表 3.1 2012—2015 年第二产业就业弹性的估计结果 （被解释变量 $\ln L_t$ ）

$\ln Q_t$	$\ln L_{t-1}$	$\ln r_t$	$\ln q_t$	MLE
− 0.309 **	0.157 ***	0.328 ***	0.77 ***	− 0.01 ***
state	foreign	min	county	village
− 0.0016	− 0.0013	0.023	− 0.168 **	0.045

注：*、*、、*＊＊分别表示 0.10、0.05 和 0.01 的显著性水平。

由上表可知，第二产业的短期就业弹性为 − 0.309，企业雇用量调整系数为 1 − 0.157 = 0.843，有长期就业弹性为 − 0.309/0.843 = − 0.367。2012—2015 年第二产业的就业弹性为负值，反映了在经济发展新常态下我国第二产业正经历着艰苦的产业结构调整，第二产业的就业吸纳能力出现下滑。而且从第二产业的长短期就业弹性的比较来看，第二产业结构调整还在继续深化，对于就业的负面影响作用不能掉以轻心。第二产业的持续调整意味着能够提供给大学生的就业岗位不容乐观。

由于我国东中西部产业发展程度的差异，本书继续分析东中西部第二产业的就业弹性，其中，2012—2015 年东部第二产业就业弹性估计的似然比检验的 F 值为 4.795，其对应的 p 值远小于 0.05，为此，选择固定效应模型进行东部第二产业就业弹性估计；2012—2015 年中部第二产业就业弹性估计的 Hausman 值为 3.283，为此，选择随机效应模型进行中部第二产业就业弹性估计；2012—2015 年西部第二产业就业弹性估计的似然比检验的 F 值为 94.6，其对应的 p 值为 0，为此，选择固定效应模型进行西部第二产业就业弹性估计。估计结果参见表 3.2。由分析结果可知，2012—2015 年西部地区第二产业调整对就业的影响程度最大，这和西部地区第二产业中资源型产业和低附加值加工产业受到市场变化的冲击较大有直接联系，然后是东部地区，与东部地区外向型的加工装配行业的转移有直接关系，而中部地区受到的就业冲击相对小些。

表 3.2 2012—2015 年东中西部①第二产业就业弹性的

估计结果（被解释变量 $\ln L_t$ ）

	$\ln Qt$	$\ln L_{t-1}$	$\ln r_t$	$\ln q_t$	MLE
东部地区	− 0.2720	0.3960 ***	0.264 ***	0.546 **	− 0.0096 **
	state	foreign	min	county	village
	0.0022	− 0.0038	− 0.0138	− 0.169	0.0550
	$\ln Qt$	$\ln L_{t-1}$	$\ln r_t$	$\ln q_t$	MLE
中部地区	− 0.0445	1.0750 ***	0.1850	0.373	− 0.0008
	state	foreign	min	county	village
	0.0008	0.0106	− 0.0975	− 0.124	− 0.0440
	$\ln Qt$	$\ln L_{t-1}$	$\ln r_t$	$\ln q_t$	MLE
西部地区	− 0.7312 ***	0.1200 **	0.3810 ***	1.500 ***	− 0.0080 **
	state	foreign	min	county	village
	− 0.0024	− 0.0070	− 0.0099	− 0.374 **	0.0850

注：* 、* * 、* * * 分别表示 0.10、0.05 和 0.01 的显著性水平。

利率对第二产业就业产生了显著的影响，但是从影响的方向来看，2012—2015 年一年期贷款利率从 6% 下降到 4.75%，但是利率下降刺激第二产业的有效投资进而促进就业的作用并没有显示出来，这与现实中信贷资金

---

① 由于数据获取的因素，在第二产业数据中，东部地区包括：北京，天津，河北，辽宁，上海，江苏，浙江，福建，山东，广东，海南；中部地区包括：吉林，山西，安徽，江西，湖北，湖南；西部地区包括：内蒙古，广西，重庆，四川，贵州，陕西，甘肃，新疆。

不能有效流入实体经济的情况是吻合的。由分析结果可知，人均地区生产总值对第二产业就业产生了显著的正向影响，说明经济发展为第二产业提供了更多的发展空间。

虽然影响不显著，2012—2015年国有企业、外商投资和港澳台投资企业的第二产业就业吸纳能力出现下滑趋势，大中型企业的第二产业就业吸纳能力也显著地出现轻微下滑，为此，更需要发挥民营企业和中小企业的第二产业就业吸纳能力。

另外，最低工资对于第二产业就业的影响不显著，其原因可能在于目前各地的市场工资水平普遍远高于最低工资标准，为此最低工资标准递增对就业的抑制作用没有体现出来。农村居民的务农收入对于第二产业就业的影响不显著，其原因是务农收入水平不高，农村劳动力外出打工依然是一个重要的选择。城镇居民的最低生活保障对于第二产业就业的影响显著，虽然各地城镇居民的最低生活保障水平很低，但出现这种情况的原因可能是第二产业调整导致无法提供有效的工作岗位，使得部分城镇劳动力不得不退出劳动力市场。

②第三产业的就业弹性分析

2012—2015年第三产业就业弹性估计的似然比检验的F值为3.15，其对应的p值为0，为此，选择固定效应模型进行第三产业就业弹性估计，估计结果参见表3.3。

表3.3 2012—2015年第三产业就业弹性的估计结果（被解释变量 $\ln L_t$）

$\ln Qt$	$\ln L_{t-1}$	$\ln r_t$	$\ln q_t$
0.245	0.309***	0.084	−0.0129
min	county	village	
0.041	−0.082	0.048	

注：*、**、***分别表示0.10、0.05和0.01的显著性水平。

由表3.3可知，第三产业的短期就业弹性为0.245，企业雇用量调整系数为 1 - 0.309 = 0.691，那么长期就业弹性为 0.245/0.691 = 0.355。2012—2015 年第三产业的就业弹性为正值，而且估计结果显示长期就业弹性比短期就业弹性更大，反映了在经济发展新常态下，我国第三产业正成为吸纳就业的主力，同样为大学生实现就业提供了更为广阔的空间。

2012—2015 年东部第三产业就业弹性估计的 Hausman 值为 0，为此，选择随机效应模型进行东部第三产业就业弹性估计；2012—2015 年中部第三产业就业弹性估计的似然比检验的 F 值为 9.79，其对应的 p 值远小于 0.05，为此，选择固定效应模型进行中部第三产业就业弹性估计；2012—2015 年西部第三产业就业弹性估计的似然比检验的 F 值为 4.08，其对应的 p 值远小于 0.05，为此，选择固定效应模型进行西部第三产业就业弹性估计。估计结果参见表 3.4。由分析结果可知，2012—2015 年东、中部地区第三产业的就业弹性为负值，表明东、中部地区第三产业出现了结构性调整，而且东部地区第三产业的调整速度要明显快于中部地区，所受到的就业冲击要相对小些。相比之下，西部地区第三产业的就业弹性为正值，第三产业增长带来了显著的就业促进作用，继续考察三次产业结构可以发现，西部地区第三产业的比例低于全国的平均水平，处于第三产业的补课发展阶段，并弥补了东部和中部地区第三产业调整所导致的就业损失，促使全国第三产业就业弹性转为正值。

表 3.4　2012—2015 年东中西部①第三产业就业弹性的估计结果（被解释变量 $\ln L_t$）

	$\ln Qt$	$\ln L_{t-1}$	$\ln r_t$	$\ln q_t$
东部地区	- 0.0378	0.9230 ***	0.093	- 0.0196
	min	county	village	
	0.0890	- 0.0334	0.01780	

---

①　由于数据获取的因素，在第三产业数据中，东部地区包括：北京，天津，河北，辽宁，上海，江苏，浙江，福建，山东，广东，海南；中部地区包括：吉林，山西，安徽，江西，湖北，湖南；西部地区包括：内蒙古，广西，重庆，四川，贵州，陕西，甘肃，新疆。

	$\ln Qt$	$\ln L_{t-1}$	$\ln r_t$	$\ln q_t$
东部地区	-0.2040^{**}	0.6140^{**}	-0.0730	-0.0140
	min	county	village	
	-0.0170	0.2360^{**}	0.1130	
西部地区	$\ln Qt$	$\ln L_{t-1}$	$\ln r_t$	$\ln q_t$
	0.9620^{***}	0.1930	-0118	-0.3690
	min	county	village	
	-0.0380	-0.2070	-0.1110	

注：＊、＊＊、＊＊＊分别表示 0.10、0.05 和 0.01 的显著性水平。

利率对第三产业就业的影响不显著，但是从影响的方向来看，2012—2015 年一年期贷款利率的下降也没有发挥出刺激第三产业的有效投资进而促进就业的作用。人均地区生产总值对第三产业就业的影响不显著，而且从影响的方向来看，说明随着经济发展水平的提高，对第三产业所提供的生产性服务和生活性服务供给的要求也水涨船高，而目前国内第三产业的供给质量依然存在不小的缺口，经济转型升级的任务依旧繁重，所以经济发展的红利没有立竿见影直接惠及第三产业的就业增长。

另外，最低工资、农村居民的务农收入和城镇居民的最低生活保障对于第三产业就业的影响都不显著，且影响方向类似于第二产业，即 2012—2015 年最低工资标准递增没有体现出对第三产业就业的抑制作用，务农收入水平不高依然是农村劳动力外出打工的重要原因，另外东、中、部第三产业的结构调整也挤出了部分低技能的工作岗位，使得部分城镇劳动力不得不退出劳动力市场，只能通过寻求最低生活保障来进行兜底。

③分行业的就业弹性分析

为更深入把握第二、第三产业的就业弹性对大学生就业的影响，本书继续分析 2012—2015 年第二产业中大学生就业比较集中的建筑业和制造业的就业弹性，以及第三产业中大学生就业比较集中的教育、卫生和社会工作、金融业、信息传输、软件和信息技术服务业等行业的就业弹性。

A. 建筑业和制造业的就业弹性分析

2012—2015 年建筑业和制造业就业弹性估计的似然比检验的 F 值分别为 4.762 和 3.846，其对应的 p 值都为 0，为此，选择固定效应模型进行建筑业和制造业就业弹性估计，估计结果参见表 3.5。

表 3.5　2012—2015 年建筑业和制造业就业弹性的估计结果（被解释变量 $\ln L_t$ ）

	lnQt	$\ln L_{t-1}$	$\ln r_t$	$\ln q_t$	MLE
第二产业	− 0.3090 **	0.1570 ***	0.3280 ***	0.7700 ***	− 0.0100 ***
	state	foreign	min	county	village
	− 0.0016	− 0.0013	0.0230	− 0.1680 **	0.0450
建筑业	lnQt	$\ln L_{t-1}$	$\ln r_t$	$\ln q_t$	MLE
	0.4110	0.1250	0.8100 ***	0.0176	− 0.0116
	state	foreign	min	county	village
	0.0157	− 0.0060	− 0.1700	− 0.0138	0.2700
	lnWt	lnCt			
	1.2550 ***	0.0236			
制造业	lnQt	$\ln L_{t-1}$	$\ln r_t$	$\ln q_t$	MLE
	0.08	− 0.098	0.295	− 0.005	0.672
	state	foreign	min	county	village
	0.004	− 0.0029	− 0.0126	0.409 *	0.063
	lnWt	lnCt			
	− 0.0419	0.209 **			

注：*、**、***分别表示 0.10、0.05 和 0.01 的显著性水平。

第二产业包括采矿业，制造业，电力、燃气及水的生产和供应业、建筑业。根据 2013—2016 年的《中国统计年鉴》可知，2012—2015 年第二产业以及建筑业和制造业的就业数据如下表 3.6 所示。2012—2015 年全国第二产业的就业人数处于不断下滑的趋势，这与第二产业的就业弹性为负值是吻合的。但是，对于建筑业和制造业而言，2012—2015 年就业人数处于增长的态势，其中原因包括全社会固定资产投资的持续增长，2012—2015 年全社会固定资产投资总额分别为 374694.7、446294.1、512020.7 和 561999.8 亿元，为建筑业提供了充足的发展空间，且制造业转型升级的成效初步显现，2012—2015 年建筑业和制造业的就业回暖，相当程度缓解了第二产业就业吸纳能力下滑的压力，也为大学生实现就业提供了重要的行业选择。

表 3.6 2012—2015 年建筑业，制造业就业人数（万人）

	2012 年	2013 年	2014 年	2015 年
第二产业	23241	23170	23099	22693
建筑业	2850.5 (2010.3 + 840.2)	3898.2 (2921.9 + 976.3)	4053.8 (2921.2 + 1132.6)	4113.0 (2796 + 1317)
制造业	8730.0 (4262.2 + 4467.8)	10036.8 (5257.9 + 4778.9)	10317.4 (5243.1 + 5074.3)	10304.9 (5068.7 + 5236.2)

注：括号内为城镇单位就业人员数与私营企业和个体就业人数之和。

更进一步来考察，建筑业工资水平对行业就业有显著影响，但是建筑业工资水平的提高并没有体现为对劳动需求的抑制作用，结合 2012—2015 年全社会固定资产投资总额的快速增长，建筑业工资上涨更多地是要解决熟练劳动力供给不足的问题，即通过涨工资来吸引更多劳动力。虽然制造业工资水平对行业就业的影响不显著，但是其影响方向值得注意，即制造业工资水平的上涨具有就业的挤出效应，这一方面反映了制造业就业回稳的市场基础依旧不够牢固，另一方面反映了制造业依旧面临着不小的成本下调压力。另外，建筑业和制造业的固定资产投资对本行业就业都有一定的促进作用，即新增投资形成了新的就业需求，而且制造业固定资产投资的就业创造效应更加显著。

2012—2015 年东中西部地区建筑业就业弹性估计的似然比检验的 F 分别为 3.88、9.05 和 3.064，其对应的 p 值分别为 0.0035、0.0007 和 0.0231，为此，都选择固定效应模型进行就业弹性估计，估计结果参见下表 3.7。由分析结果可知，2012—2015 年东部地区建筑业就业弹性为负值，其中主要的原因可能在于辽宁省固定资产投资 2014 年比 2013 年下滑 1.5% 和 2015 年比 2014 年下滑 27.8%，相对应地，该省建筑业的就业人数从 2013 年 159.4 万人下滑到了 2014 年 154.6 万人和 2015 年 115.6 万人，从而直接影响了整体东部地区建筑业的就业弹性。2012—2015 年中部地区建筑业就业弹性为负值，其中主要的原因可能在于山西省持续调整经济发展，2014 年和 2015 年山西省地区生产总值比上年增长分别为 4.9% 和 3.1%，远低于全国同期的 7.4% 和 6.9%。2012—2015 年西部地区建筑业就业弹性为正值，充分说明了我国西部地区依然存在着不小的后发优势，从而为我国产业结构转型升级提供了不小的战略缓冲空间。

表 3.7　2012—2015 年东中西部①建筑业就业弹性的估计结果（被解释变量 $\ln L_t$）

	$\ln Q_t$	$\ln L_{t-1}$	$\ln r_t$	$\ln q_t$	$\ln W_t$
东部地区	−0.092	0.216	1.675**	1.654	1.254**
	$\ln C_t$	min	county	village	
	−0.0198	−0.726*	−0.339*	0.209	
中部地区	$\ln Q_t$	$\ln L_{t-1}$	$\ln r_t$	$\ln q_t$	$\ln W_t$
	−0.695	−0.17	1.124***	1.954*	−0.0129
	$\ln C_t$	min	county	village	
	−0.0178	0.0022	1.0398**	0.715	
西部地区	$\ln Q_t$	$\ln L_{t-1}$	$\ln r_t$	$\ln q_t$	$\ln W_t$
	0.234	−0.32	1.397*	0.356	0.691
	$\ln C_t$	min	county	village	
	0.016	0.392	0.629	0.526	

注：*、**、***分别表示 0.10、0.05 和 0.01 的显著性水平。

---

① 由于数据获取的因素，在建筑业数据中，东部地区包括：北京，天津，河北，辽宁，上海，江苏，浙江，福建，山东，广东，海南；中部地区包括：吉林，山西，安徽，江西，河南，湖北，湖南；西部地区包括：内蒙古，广西，重庆，四川，贵州，陕西，甘肃，宁夏，新疆。

2012—2015 年东中西部地区制造业就业弹性估计的似然比检验的 F 分别为 7.492、3.421 和 4.003，其对应的 p 值分别为 0.0001、0.0482 和 0.01，为此，都选择固定效应模型进行就业弹性估计，估计结果参见表 3.8。由分析结果可知，2012—2015 年东部地区制造业就业弹性显著的为负值，其中，虽然北京、天津和上海的制造业就业人数不断下降，但是江苏、浙江和广东等主要制造业大省的就业人数却处于上升态势，反映了这些东部省份在经济发展新常态下制造业转型升级初显成效，也为大学生在东部制造业中实现就业提供了可预期的空间。2012—2015 年中部和西部地区制造业就业弹性分别为负值和正值，但是统计数据可以看到中部和西部制造业就业人数的上下波动，也显示中西部地区制造业转型升级仍在不断推进。

表 3.8　2012—2015 年东中西部①制造业就业弹性的估计结果 （被解释变量 $\ln L_t$ ）

	$\ln Qt$	$\ln L_{t-1}$	$\ln r_t$	$\ln q_t$	$\ln Wt$	$\ln Ct$
东部地区	− 0.7760 **	0.1380	0.5550 **	− 0.5430	0.3550	0.4990 ***
	state	foreign	MLE	min	county	village
	0.0270 **	− 0.0080	− 0.0070	0.1440	0.3980	0.0680
中部地区	$\ln Qt$	$\ln L_{t-1}$	$\ln r_t$	$\ln q_t$	$\ln Wt$	$\ln Ct$
	− 0.1390	0.0969	0.4660	1.1720	− 0.5780 *	− 0.3640
	state	foreign	MLE	min	county	village
	− 0.0130	− 0.0110	0.0025	− 0.1880	0.7750 **	0.4550 *
西部地区	$\ln Qt$	$\ln L_{t-1}$	$\ln r_t$	$\ln q_t$	$\ln Wt$	$\ln Ct$
	0.0110	− 0.6560	− 0.2190	0.8370	0.0250	− 0.0154
	state	foreign	MLE	min	county	village
	0.0214	− 0.0026	− 0.0099	− 0.6190	0.0188	0.5640

注：*、＊＊、＊＊＊分别表示 0.10、0.05 和 0.01 的显著性水平。

B. 教育，卫生和社会工作，金融业，信息传输、软件和信息技术服务业的就业弹性分析

---

① 由于数据获取的因素，在制造业数据中，东部地区包括：北京，天津，河北，辽宁，上海，江苏，浙江，福建，山东，广东，海南；中部地区包括：吉林，山西，安徽，江西，河南，湖北，湖南；西部地区包括：内蒙古，广西，重庆，四川，贵州，陕西，甘肃，宁夏，新疆。

金融业进行东中西部的就业弹性比较分析，由于部分省份没有对应行业的统计数据，教育，卫生和社会工作，信息传输、软件和信息技术服务业只进行东部地区的就业弹性分析。

2012—2015 年金融业就业弹性估计的 Hausman 值为 0，2012—2015 年东部、中部和西部地区①金融业就业弹性估计的 Hausman 值为 0，为此，都选择随机效应模型进行就业弹性估计，估计结果参见表 3.9。由分析结果可知，东部地区金融业就业弹性要高于中西部地区，这也反映了东部地区金融业的发展程度更高，能够提供更多的金融业就业岗位的现实。

表 3.9　2012—2015 年金融业就业弹性的估计结果（被解释变量 $\ln L_t$）

	$\ln Q_t$	$\ln L_{t-1}$	$\ln r_t$	$\ln q_t$	$\ln W_t$
全国	0.0020	0.9700***	−0.0900	0.0295	0.0047
	$\ln C_t$	min	county	village	
	−0.0068	0.0135	0.0559	−0.00016	
东部地区	$\ln Q_t$	$\ln L_{t-1}$	$\ln r_t$	$\ln q_t$	$\ln W_t$
	0.0255	0.9700***	−0.1990	0.0282	0.0460
	$\ln C_t$	min	county	village	
	−0.02980	−0.0620	0.0510	0.0359	
中部地区	$\ln Q_t$	$\ln L_{t-1}$	$\ln r_t$	$\ln q_t$	$\ln W_t$
	0.0119	0.0925***	−0.0500	0.0327	0.0820
	$\ln C_t$	min	county	village	
	−0.0039	0.0530	−0.0290	−0.0585	

①　由于数据获取的因素，在金融业数据中，东部地区包括：北京，天津，河北，辽宁，上海，江苏，浙江，福建，山东，广东，海南；中部地区包括：吉林，山西，安徽，江西，河南，湖北，湖南；西部地区包括：重庆，四川，贵州，陕西，甘肃。

续表

	lnQt	lnL$_{t-1}$	lnr$_t$	lnq$_t$	lnWt
西部地区	− 0.00698	1.1150 ***	− 0.2200	− 0.0170	0.0062
	lnCt	min	county	village	
	− 0.0256	0.0798	− 0.05430	− 0.1980	

注：* 、* * 、* * *分别表示 0.10、0.05 和 0.01 的显著性水平。

2012—2015 年东部地区教育、卫生和社会工作就业弹性估计的似然比检验的 F 值分别为 9.026 和 4.347，其对应的 p 值为 0.0002 和 0.0081，为此，都选择固定效应模型进行就业弹性估计。2012—2015 年东部地区信息传输、软件和信息技术服务业就业弹性估计的 Hausman 值为 0，为此，选择随机效应模型进行就业弹性估计。估计结果参见表 3.10。由分析结果可知，教育，卫生和社会工作，信息传输、软件和信息技术服务业等行业的就业弹性都为正值，为东部地区创造就业的新兴服务业。

表 3.10 2012—2015 年东部地区①教育，卫生和社会工作，
信息传输、软件和信息技术服务业就业弹性的估计结果（被解释变量 lnL$_t$）

	lnQt	lnL$_{t-1}$	lnr$_t$	lnq$_t$	lnWt
教育	0.0585	− 0.4680 **	0.1740	0.1250	− 0.0138
	lnCt	min	county	village	
	0.0613 *	− 0.1040	0.2650	− 0.0149	
卫生和社会工作	lnQt	lnL$_{t-1}$	lnr$_t$	lnq$_t$	lnWt
	0.0251	0.1590	0.1860	0.4320	0.2990
	lnCt	min	county	village	
	0.0011	− 0.0714	− 0.0070	− 0.0293	

---

① 由于数据获取的因素，在教育，卫生和社会工作，信息传输、软件和信息技术服务业的行业数据中，东部地区包括：北京，天津，上海，江苏，浙江，福建，山东，海南。

信息传输、软件和信息技术服务业	$\ln Q_t$	$\ln L_{t-1}$	$\ln r_t$	$\ln q_t$	$\ln W_t$
	0.4750**	0.5220***	-0.2410	0.2260	-0.5630*
	$\ln C_t$	min	county	village	
	-0.0236	-1.1030	0.6940	-0.2320	

注：*、＊＊、＊＊＊分别表示 0.10、0.05 和 0.01 的显著性水平。

由此可见，东部地区的教育，卫生和社会工作，金融业，信息传输、软件和信息技术服务业等新兴服务业日益发展，自然成了大学生实现就业的重要行业选择。

3.1.2 大学生就业的宏观结构环境分析

在以贝弗里奇曲线研究为核心的就业结构理论分析框架中，利用失业和职位空缺之间的负相关关系分析了结构性失业问题，即稳定状态的失业率随着职位空缺数相对于搜寻这些工作的失业人数的增加而出现下降，也就是说，工作发现率会随着职位空缺与失业人员比率的增加而上升。失业和职位空缺并存，深刻反映了经济结构变迁所带来的劳动力供需结构失衡的问题。对于大学生就业而言，劳动力供需结构的变化所带来的失业和职位空缺并存的情形，是有利抑或不利，需要开展大学生就业的宏观结构环境分析。

表3.11 2012—2016 年分季度劳动力供求状况

	职位空缺（万人）（监测城市数）	求职者（万人）（监测城市数）	职位空缺/求职者
2012 年第一季度	590.3（91）	546.3（91）	1.08
第二季度	633.5（102）	603.7（102）	1.05
第三季度	643.3（100）	610.0（100）	1.05
第四季度	508.9（103）	473.1（103）	1.08

	职位空缺（万人） （监测城市数）	求职者（万人） （监测城市数）	职位空缺/ 求职者
2013 年第一季度	611.5（101）	555.9（101）	1.10
第二季度	609.2（104）	569.6（104）	1.07
第三季度	564.8（100）	524.2（100）	1.08
第四季度	512.5（104）	463.8（104）	1.10
2014 年第一季度	629.2（102）	565.3（102）	1.11
第二季度	570.5（100）	515.6（100）	1.11
第三季度	554.0（102）	509.0（102）	1.09
第四季度	494.0（105）	430.0（105）	1.15
2015 年第一季度	525（100）	469（100）	1.12
第二季度	560（101）	528（101）	1.06
第三季度	505（101）	462（101）	1.09
第四季度	439（97）	400（97）	1.10
2016 年第一季度	520.0（101）	487.0（101）	1.07
第二季度	497.0（98）	472.0（98）	1.05
第三季度	475.0（97）	432.0（97）	1.10
第四季度	433.5（98）	384.5（98）	1.13

数据来源：2012—2016 年中国人力资源市场信息监测中心的分季度《部分城市公共就业服务机构市场供求状况分析》。

虽然公共就业服务机构不是大学生实现就业的主流搜寻渠道，但是中国人力资源市场信息监测中心发布的 2012—2016 年分季度的《部分城市公共就业服务机构市场供求状况分析》中所提供的数据，能够一定程度披露出劳动力市场中失业和职位空缺并存的状态，从而能够为反映大学生就业所要面对的结构性难题提供重要启示。

首先，考察一下 2012—2016 年分季度全国公共就业服务机构所统计的劳动力供求状况，具体参见表 3.11。由统计数据可知，在公共就业服务机构这一就业渠道中的职位空缺数大于求职者总数，即该渠道中劳动力需求是大于劳动力供给，存在着富余的工作岗位。但是，从《部分城市公共就业服务机构市场供求状况分析》中应届高校毕业生占新成长失业青年的比重数据中，可以发现在现实中大学生求职是遇到了困难。具体参见表 3.12。

表 3.12　2012 年第一季度到 2015 年第一季度新成长失业青年数据

	新成长失业青年/求职人员	应届高校毕业生/新成长失业青年
2012 年第一季度	23.1%	41.0%
第二季度	23.7%	46.2%
第三季度	24.2%	51.4%
第四季度	24.3%	46.4%
2013 年第一季度	23.9%	44.7%
第二季度	24.2%	46.2%
第三季度	26.4%	51.0%
第四季度	26.1%	12.4%
2014 年第一季度	22.9%	43.0%
第二季度	23.9%	47.7%
第三季度	25.3%	52.0%
第四季度	24.4%	48.3%
2015 年第一季度	23.1%	44.9%

数据来源：2012—2015 年中国人力资源市场信息监测中心的分季度《部分城市公共就业服务机构市场供求状况分析》。

注：2015 年第二季度开始，新成长失业青年数据没有公开发布，无法获取。

究其原因，这与应届大学毕业生处于人力资本积累的初级阶段有很大关系。由分季度《部分城市公共就业服务机构市场供求状况分析》可知，一方面对于人力资本要求不高的服务业和制造业就业岗位的需求比较旺盛，比如推销展销人员、餐厅服务员和机械冷加工人员等，但是这些岗位由于职业发展前景有限，对于应届大学生而言并不一定是合适的求职选择；另一方面，市场数据显示，中高级技能人才的职位空缺要大于求职者，工作岗位的需求比较旺盛，而应届大学毕业生刚好处于人力资本积累的过渡性阶段，还不具备市场所需要的更高的职业技能。综上所述，不难发现应届大学生确实面临着不容忽视的结构性就业问题。

3.2 大学生就业的搜寻行为实证分析

恰如上文分析所指出的,在大学生就业市场中,企业和大学生作为劳动的需求方和供给方,相互开展企业(雇主)搜寻和工作搜寻活动以实现劳动供需双方的匹配,从而达到大学生就业市场均衡。为此,本书从劳动需求和供给两个角度出发,分别对企业(雇主)搜寻和大学生工作搜寻进行实证分析。

3.2.1 企业(雇主)搜寻和大学生工作搜寻的生存分析方法

在劳动力市场搜寻研究中,生存分析方法[①]最早应用于工作搜寻的研究,如 Salant[②](1977)、Lancaster[③](1979)和 Nickell[④](1979)等在研究中使用危险模型(hazard model)去估计一个条件概率,即一名失业者在已经经历了某一段失业期的条件下找到一份工作的概率。而生存分析方法在企业(雇主)搜寻研究中的应用始见于 Van Ours[⑤](1988)的一篇工作论文,后续研究如 Van Ours(1989a,b)、Van Ours 和 Ridder(1992)、Barron,Berger 和 Black(1997)、Burdett 和 Cunningham(1998)等都遵循了相同的实证研究思路。其中,企业(雇主)搜寻生存分析的关键在于估计一段职位空缺持续时间条件下职位填补的概率,而工作搜寻生存分析的关键在于估计一段失业持

[①] 在许多学科领域都存在对某给定事件发生的时间进行估计和预测的问题,例如,疾病的发生时间、系统失效时间等。研究事件发生时间的规律问题就是生存分析问题(彭非和王伟,2004)。

[②] Salant S. W. Search Theory and Duration Data: a Theory of Sorts [J]. Quarterly Journal of Economics, 1977, 91: 39 – 77.

[③] Lancaster T. Econometrie Methods For the Duration of Unemployment [J]. Econometrica, 1979, 47: 939 – 956.

[④] Nickell S. Estimating the Probability of Leaving Unemployment [J]. Econometrica, 1979, 47: 1249 – 1266.

[⑤] Van Ours. Durations of Dutch Job Vacancies [R]. Amsterdam: Free University Research Memorandum, 1988.

续时间条件下找到工作的概率。

在工作搜寻研究中,失业持续时间和工作搜寻成功概率有着密不可分的联系。在 Ljungqvist 和 Sargent (2004) 对失业持续时间的理论推导过程①中,假定 N 为"直到遇到一个成功的工作机会的时间长度"的随机变量,如果接受了提供的第一份工作机会,则 N = 1。令 λ 为一个工作机会被拒绝的概率,则接受了提供的第一份工作机会即 N = 1 的概率为 Prob {N = 1} = (1 - λ)。由于不同工作机会抵达的独立性,有 Prob {N = 2} = (1 - λ) λ。更一般的有 Prob {N = j} = (1 - λ) $λ^{j-1}$,失业持续时间服从几何分布②。失业持续时间的均值为:

$$
\sum_{j=1}^{\infty} j.\, prob\{N = j\} = \sum_{j=1}^{\infty} j(1 - \lambda)\lambda^{j-1}
$$

$$
= (1 - \lambda)\sum_{j=1}^{\infty}\sum_{k=1}^{j} \lambda^{j-1}
$$

$$
= (1 - \lambda)\sum_{k=0}^{\infty}\sum_{j=1}^{\infty} \lambda^{j-1+k} \tag{3.5}
$$

$$
= (1 - \lambda)\sum_{k=0}^{\infty} \lambda^{k}(^1 - \lambda) - 1
$$

$$
= (^1 - \lambda) - 1
$$

方程(3.5)表明失业持续时间的均值等于求职者搜寻一次就接受了企业(雇主)所提供的工作机会的概率的倒数值。由此可见,在工作搜寻研究中,失业持续时间与工作搜寻的成功概率有着密切关系,利用生存分析方法

① [美]扬奎斯特,萨金特. 递归宏观经济理论 [M]. 北京:中国人民大学出版社,2005:73.

② 几何分布(Geometric distribution)是离散型概率分布,其定义为:P (x = k) = $(1 - p)^{k-1}$p,表示在第 n 次伯努利试验中才得到第一次成功的概率。详细地说就是 n 次伯努利试验的前 n - 1 次都失败了,第 n 次才成功的概率。有两种情况:1. 得到 1 次成功而进行 n 次伯努利试验,求 n 的概率分布,取值范围为(1,2,3,…);2. m = n - 1 次失败,第 n 次成功,求 m 的概率分布,取值范围为(1,2,3,…)。由两种不同情况而得出的期望和方差如下:E (n) = 1/p, var (n) = (1 - p) / p^2;E (m) = (1 - p) /p, var (m) = (1 - p) /p^2。

[如 Salant① （1977），Lancaster② （1979） 和 Nickell③ （1979） 等]，以工作搜寻成功概率为纽带，从而把失业持续时间与工作搜寻的最优停止策略和工作搜寻理论有机结合起来。

相类似地，虽然早期企业（雇主）搜寻的研究文献多采用多元线性回归的实证分析方法，譬如 Beaumont④ （1978） 通过分别把已填补和取消的职位空缺持续时间取自然对数值后进行最小二乘回归分析来开展企业（雇主）搜寻分析；Roper⑤ （1988） 把职位空缺持续时间按时间长短进行划分后取自然对数值并进行多元序次 probit （Polychotomous Ordered Probit） 回归分析来进行企业（雇主）分析。但是，后续研究显示生存分析方法是企业（雇主）搜寻的主流实证研究方法，即把职位空缺持续时间与职位空缺填补概率相互联系起来，是把握企业（雇主）搜寻行为的关键。由此可见，职位空缺持续时间和失业持续时间为企业（雇主）搜寻和工作搜寻的主要研究切入点。

在职位空缺持续时间和失业持续时间的分析中，普遍采用危险率模型来进行估计。在危险率模型中，基本危险率 $\theta_0(t)$ 可以有特定的参数形式，也可以是任意的非负函数形式。根据基本危险率的不同表现形式，可以对危险率模型进行 Cox 模型（半参数模型） 和参数模型这两种类型的回归分析。

1. Cox 模型

该模型在 1972 年由 Cox 首次提出，该模型的一个重要特征是当所有其他协变量都固定在 0 时刻时，协方差值不同的两个危险率函数是成比例的，

① Salant S. W. Search Theory and Duration Data：a Theory of Sorts [J]. Quarterly Journal of Economics，1977，91：39 – 77.

② Lancaster T. Econometrie Methods For the Duration of Unemployment [J]. Econometrica，1979，47：939 – 956.

③ Nickell S. Estimating the Probability of Leaving Unemployment [J]. Econometrica，1979，47：1249 – 1266.

④ Beaumont，P. B. The duration of registered vacancies：An exploratory exercise [J]. Scottish Journal of Political Economy，1978，25：75 – 87.

⑤ Roper，S. Recruitment methods and vacancy duration [J]. Scottish Journal of Political Economy，1988，5：51 – 64.

Cox 模型即比例危险模型（Proportional Hazard Model）①。由于该模型含有协变量效应，因而有参数形式，而基本危险率被当成非参的，因此该模型又称之为半参数模型。

2. 参数模型

在上文的非参数检验和半参数 Cox 模型的应用中，都不要求有关生存函数在分布形式上有任何特定的假定。而参数模型通过假定生存时间服从特定的参数分布，并拟合出相应的参数模型，从而可以更准确地揭示出变量之间的变化规律。其中，生存分析常用的参数分布②包括：Weibull（威布尔）分

---

① Cox 模型常被称为比例危险模型，因为假如有两个个体，其协变量的值分别为 Z 和

Z＊，其危险率之比为：$\dfrac{h(t\mid Z)}{h(t\mid Z^*)} = \dfrac{h_0(t)\exp[\sum\limits_{k=1}^{p}\beta_k Z_k]}{h_0(t)\exp[\sum\limits_{k=1}^{p}\beta_k Z_k^*]} = \exp[\sum\limits_{k=1}^{p}\beta_k(Z_k - Z_k^*)]$，

该比值是一个常数，即危险率是成比例的。该比值被称为具有风险 Z 的个体对风险因素为 Z＊的个体的相对风险（或危险率）（彭非，王伟. 生存分析［M］北京：中国人民大学出版社，2004.）。

② 参数分布的具体内容：（1）当 x 服从指数分布时，危险率 $h(x) = \lambda$ 为常数；（2）当 x 服从威布尔分布时，危险函数 $U_t = \dfrac{b-a}{1+r} + \dfrac{1}{1+r}\int\max\{W, U_{t+1}\}dF(W)$，$t = 1$，2…，其中，当 $\alpha > 1$ 时危险率递增，当 $\alpha < 1$ 时危险率递减，当 $\alpha = 1$ 时危险率为常数即等价于指数分布；（3）如果随机变量的对数 $Y = \ln X$ 服从正态分布，那么 X 服从对数正态分布，对数正态分布的生存函数为 $U = \dfrac{b-a}{1+r} + \dfrac{1}{1+r}\int\max\{W,$ $U\}dF(W)$，其中 $\exp\{-\int_0^T\lambda(t)dt\}$ 是标准正态分布的分布函数，μ 和 σ 分别为 Y 的均值和方差；（4）如果随机变量的对数 $Y = \ln X$ 服从 logistic 分布，那么 X 服从对数逻吉斯帝分布，对数逻吉斯帝分布的危险率

$U_t = E_T\{(b-a)\int_t^T e^{-r(s-t)}ds + e^{-r(T-t)}\int\max\{W, U(T)\}dF(W)\}$

$= \int_t^\infty \left((b-a)\int_t^T e^{-r(s-t)}ds + e^{-r(T-t)}\int\max\{W, U(T)\}dF(W)\right) \times \lambda(T)e^{-\int_0^T\lambda(t)dt}dT$，

其中 $U = \int_0^\infty\left[\dfrac{b-a}{r}(1 - e^{-rT}) + e^{-rT}\int\max\{W, U\}dF(W)\right]\lambda e^{-\lambda T}dT$ $= \dfrac{b-a}{r+\lambda} + \dfrac{\lambda}{r+\lambda}\int\max\{W, U\}dF(W)$，$k = \int_\eta^\infty(m -$

$\eta)d\varphi(m) \equiv G(\eta)$；（5）伽玛分布生存函数的表达式为：$\max EV_t = P_t E(V\mid \eta)) + (1 - P_t)EV_{t+1} - C_t$，其中 I 为不完全伽马函数（彭非，王伟. 生存分析［M］北京：中国人民大学出版社，2004.）。

布、Expotential（指数）分布、Log – normal（对数正态）分布、Log – logistic（对数逻吉斯帝）分布、Gamma（伽马）分布等。

由于研究目的不同，不同研究者会根据需要采用不同的危险率计量模型。比如 Salant[1]（1977）使用了 Gamma（伽马）分布的参数模型来分析失业持续时间。Van Ours[2][3][4]（1988，1989）使用了 Cox 比例危险模型来分析职位空缺持续时间，研究表明危险模型可应用于职位空缺持续时间分析，且研究发现两者存在正向的时间相依性，即随着职位空缺持续时间的增长雇主们会降低他们的雇用标准。Van Ours 和 Ridder[5]（1992）采用了 Cox 比例危险模型，但是为分析雇主所采取的是否为非序贯搜寻策略，他们通过引入时期哑元而采取了灵活的分段不变函数的基本危险率形式。Barron、Berger 和 Black[6]（1997）使用离散危险模型对职位空缺持续时间进行分析。Burdett 和 Cunningham[7]（1998）从其所采用的 1982 年美国 Employment Opportunities Pilot Projects（EOPP）调查数据的情况出发决定采用 Cox 比例危险模型，并通过指定四个组别的持续时间区间而使用四种不同的离散危险模型，另外还建立了满足威尔布分布和对数 Logistic 分布的两个连续的参数危险模型用于交叉比较。

虽然在实证研究的具体表现形式上存在着差异，但是上述这些研究均是

---

[1] Salant S. W. Search Theory and Duration Data：a Theory of Sorts ［J］. Quarterly Journal of Economics，1977，91：39 – 77.

[2] Van Ours. Durations of Dutch Job Vacancies ［R］. Amsterdam：Free University Research Memorandum，1988.

[3] Van Ours J. Durations of Dutch Job Vacancies ［J］. DeEconomist，1989，137：309 – 327.

[4] Van Ours J. An Empirical Analysis of Employers' Search ［R］. Amsterdam：Free University Research Memorandum，1989.

[5] Van Ours J. ，Ridder，G. Vacancies and the Recruitment of New Employees ［J］. Journal of Labor Economics，1992，10：138 – 155.

[6] Barron，J M，Berger，M C，Black，D A. Employer Search，Training，and Vacancy Duration ［J］. Economic Inquiry，1997，35：167 – 192.

[7] Burdett，K. ，Cunningham，E J. Toward a Theory of Vacancies ［J］. Journal of Labor Economics，1998，16：445 – 478.

在理论分析工作发现概率和职位空缺填补概率的基础上，通过建立危险模型对失业持续时间和职位空缺持续时间进行实证分析，其基本思路与 Cox（1972）对危险函数的理论解释是一脉相承的。Cox 模型的建模思路是：假定每一个个体可以获得一个或多个的测量，记为变量 Z_1，$\cdots$，Z_p。在失效时间为连续分布并忽略失效时间打结（ties）① 问题的简化情况下，对于第 j 个个体而言取 Z 的值为 $Z_j = (Z_{1j}, \cdots, Z_{pj})$。这一系列的 Z 都可能是时间的函数。要考虑的主要问题是估计失效时间分布与 Z 之间的关系，该关系可以用一个模型即 Cox 模型的形式表现且其中危险率为：

$$\lambda(t;z) = \exp(z\varpi)\lambda_0(t) \tag{3.6}$$

其中 ϖ 为未知参数的一个 $p \times 1$ 阶向量，$\lambda_0(t)$ 为给定标准条件 Z = 0 时的基本危险率。

3.2.2 企业（雇主）搜寻和大学生工作搜寻的生存分析计量模型

为更有效利用调查数据所提供的相关信息，并有效揭示企业（雇主）搜寻和大学生工作搜寻的影响因素，本书采用生存分析方法建立起企业（雇主）搜寻和大学生工作搜寻的生存分析计量模型。

1. 职位空缺和大学生工作搜寻的生存函数和危险率函数

由于企业（雇主）搜寻和大学生工作搜寻的生存分析计量模型在形式上没有差别，都是通过分别研究职位空缺持续时间和大学生工作搜寻持续时间来加以构建，为此，本书统一加以分析。

假设职位空缺持续时间 E 和大学生工作搜寻持续时间 D 的概率分布函数分别为 F（t）=p（E≤t）和 G（t）=p（D≤t），它分别代表职位空缺持续时间 E 小于等于 t 和大学生工作搜寻持续时间 D 小于等于 t 的概率，则 E 和 D 的概率密度函数分别为 f（t）=dF/dt 和 g（t）=dG/dt。

依据时间数据的不同类型，职位空缺持续时间变量 E 和大学生工作搜寻

---

① 当两个或更多的观察对象有相同持续时间的时候会产生打结（ties）现象。

持续时间 D 的分布特征一般用职位空缺和大学生工作搜寻的生存函数（survivor function）以及危险率函数（hazard function）来加以描述。

（1）生存函数

①职位空缺生存函数

职位空缺生存函数分别反映的是一个职位空缺在超过时间 t 之后依然没有填补的概率。超过时间 t 没有填补情况下的职位空缺持续时间为删失（cencoring）的数据。

职位空缺生存函数定义为：

$$S(t) = P(E > t) \tag{3.7}$$

其中 P（E>t）表示职位空缺持续时间 E 大于时间 t 的概率。当 E 为连续随机变量时，生存函数与概率分布函数互补，即 S（t）= 1 - F（t）。同时生存函数也是概率密度函数为 f（t）的积分，即：

$$S(t) = P(E > t) = \int_t^\infty f(t) dt \tag{3.8}$$

因此，

$$f(t) = -\frac{dS(t)}{dt} \tag{3.9}$$

②大学生工作搜寻生存函数

大学生工作搜寻生存函数反映的是一个大学生在超过时间 t 之后依然没有实现就业的概率。超过时间 t 没有实现就业情况下的大学生工作搜寻持续时间数据为删失（cencoring）的数据。

大学生工作搜寻生存函数定义为：

$$R(t) = P(D > t) \tag{3.10}$$

其中 P（D>t）表示大学生工作搜寻持续时间 D 大于时间 t 的概率。当 D 为连续随机变量时，生存函数与概率分布函数互补，即 R（t）= 1 - G（t）。同时生存函数也是概率密度函数为 g（t）的积分，即：

$$R(t) = P(D > t) = \int_t^\infty g(t) dt \tag{3.11}$$

因此，

$$g(t) = -\frac{dR(t)}{dt} \tag{3.12}$$

（2）危险率函数

①职位空缺危险率函数

职位空缺危险率函数反映的是一个职位空缺已经持续到 t 的条件下，该职位空缺在以后的短期 dt 内填补的条件概率。危险率函数定义为：

$$h(t) = \lim_{dt \to 0} \frac{P(t \le E < t + dt \mid E \ge t)}{dt} \tag{3.13}$$

当 E 为连续随机变量时，职位空缺危险率函数可以用概率密度函数 f（t）和职位空缺生存函数 S（t）来表示：

$$h(t) = \frac{f(t)}{S(t)} = -\frac{d\ln[S(t)]}{dt} \tag{3.14}$$

职位空缺危险率函数 h（t）是非负的，即 h（t）≥ 0。

②大学生工作搜寻危险率函数

大学生工作搜寻危险率函数反映的是一个大学生工作搜寻已经持续到 t 的条件下，该大学生在以后的短期 dt 内实现就业的条件概率。危险率函数定义为：

$$z(t) = \lim_{dt \to 0} \frac{P(t \le D < t + dt \mid D \ge t)}{dt} \tag{3.15}$$

当 D 为连续随机变量时，大学生工作搜寻危险率函数可以用概率密度函数 g（t）和大学生工作搜寻生存函数 R（t）来表示：

$$z(t) = \frac{g(t)}{R(t)} = -\frac{d\ln[R(t)]}{dt} \tag{3.16}$$

大学生工作搜寻危险率函数 z（t）是非负的，即 z（t）≥ 0。

2. 职位空缺和大学生工作搜寻的危险率模型

在生存分析中，一般是围绕危险率来建立生存数据的回归模型，从而研究失效时间与一个或多个解释性变量之间的关系。为此，本书通过建立职位空缺和大学生工作搜寻的危险率模型对企业（雇主）搜寻和大学生工作搜寻进行实证分析。

（1）职位空缺危险率模型

由企业（雇主）搜寻决策方程可知，一个职位空缺的填补概率 $\theta = \alpha\,[1 - \lambda\,(p^r)]$，其中，$\alpha$ 为一名求职大学生抵达企业（雇主）的概率，$[1 - \lambda(p^r)]$ 为一名求职大学生被企业（雇主）接受的概率。职位空缺的填补概率 θ 即等价于上文的危险率 $h\,(t)$，即 $\theta = \theta\,(t) = h\,(t)$，因此，本书将建立起职位空缺填补的危险率模型①，把企业（雇主）搜寻的影响因素纳入其中加以考察。本书采用乘法危险率模型，有职位空缺危险率模型为：

$$\theta(t\,|\,X) = \theta_0(t)c(\varpi\,'X) \tag{3.17}$$

其中，$\theta(t\,|\,X)$ 是企业（雇主）搜寻影响因素变量所构成的向量 X 的条件危险率。$\theta_0(t)$ 是基本危险率，基本危险率可以有特定的参数形式，也可以是任意的非负函数形式。$c(\varpi\,'X)$ 为非负连接函数，$\varpi\,'$ 为参数向量，在多数应用中都采用了 Cox（1972）的处理方法，即 $c(\varpi\,'X) = \exp(\varpi\,'X)$。则职位空缺危险率模型为：

$$\theta(t\,|\,X) = \theta_0(t)\exp(\varpi\,'X) \tag{3.18}$$

由公式（3.17）和（3.18），可相应推导出企业（雇主）搜寻影响因素向量 X 的条件生存函数为：

$$S(t\,|\,X) = S_0\,(t)^{c(\varpi\,'X)} = S_0\,(t)^{\exp(\varpi\,'X)} \tag{3.19}$$

其中 $S_0(t)$ 为基本生存函数。

---

① 　危险率模型有乘法危险率模型和加法危险率模型两类。在乘法危险率模型中，协方差向量 Z 的条件危险率就等于基本危险率 $h_0\,(x)$ 与非负协方差函数 $c\,(\beta'Z)$ 的乘积，即 $h\,(x\,|\,Z) = h_0\,(x)\,c\,(\beta'Z)$，其中 Z 为解释变量构成的向量，$\beta'$ 为参数向量。在加法危险率模型中，协方差向量 Z 的条件危险率为 $V = \dfrac{-c}{r+\eta} + \dfrac{\eta}{r+\eta}\displaystyle\int \max\{V, J\}dG(J)$。在生存分析中一般采用的是乘法危险率模型。

（2）大学生工作搜寻危险率模型

由大学生工作搜寻决策方程可知，一个求职大学生工作搜寻成功概率 $X = \rho [1-\varphi (R)] \omega = \rho [1-\delta (R)]$，其中，$\rho$ 为一个工作机会抵达求职大学生的概率，$[1-\varphi (R)]$ 为一个工作机会被求职大学生接受的概率。求职大学生工作搜寻成功概率 X 即等价于上文的危险率 $z (t)$，即求职大学生工作搜寻成功概率 $X = X (t) = z (t)$，因此，本书将建立起大学生工作搜寻的危险率模型，把大学生工作搜寻的影响因素纳入其中加以考察。本书采用乘法危险率模型，有大学生工作搜寻危险率模型为：

$$X(t \mid Y) = X_0(t)c(\varpi 'Y) \tag{3.20}$$

其中，$X(t \mid Y)$ 是大学生工作搜寻影响因素变量所构成的向量 Y 的条件危险率。$X_0(t)$ 是基本危险率，基本危险率可以有特定的参数形式，也可以是任意的非负函数形式。$c(\varpi 'Y)$ 为非负连接函数，$\varpi '$ 为参数向量，采用 Cox（1972）的处理方法，即 $c(\varpi 'Y) = \exp(\varpi 'Y)$。则大学生工作搜寻危险率模型为：

$$X(t \mid Y) = X_0(t)\exp(\varpi 'Y) \tag{3.21}$$

由公式（3.20）和（3.21），可相应推导出大学生搜寻影响因素向量 Y 的条件生存函数为：

$$S(tY) = S_0 (t)^{c(\varpi 'Y)} = S_0 (t)^{\exp(\varpi 'Y)} \tag{3.22}$$

其中 $S_0(t)$ 为基本生存函数。

3.2.3 企业（雇主）搜寻生存分析的实证结果和讨论

1. 企业（雇主）搜寻的数据来源

（1）数据调查的情况

为了解企业（雇主）中以大学毕业生为主要搜寻对象的职位空缺填补情况，课题组于 2016 年 1 月份开始分别在北京，广西南宁、柳州、崇左、百色等地开展企业（雇主）搜寻的问卷调查工作，以企业人力资源管理人员为调查对象，侧重调查了截至调查时点的企业（雇主）搜寻大学毕业生以填补若干个不同职位空缺的具体情况，具体包括企业（雇主）的基本情况、以大学毕业生为主要搜寻对象的职位空缺基本情况，企业（雇主）搜寻前、中和后三个过程等相关信息。企业调查问卷①具体参见附录1。

调查问卷的发放和回收情况如表3.13所示。该项调查一共得到了208家企业的配合并最终回收了371份调查问卷，有效调查问卷来自140家企业，共180份。在有效调查问卷中，一共有19家企业反馈了一份以上的调查问卷。

表3.13　企业（雇主）搜寻调查情况汇总

调查地点	北京	广西南宁	广西柳州	广西崇左	广西百色	总计
调查问卷发放数	50	400	50	50	50	600
调查问卷回收数	16	297	18	20	20	371
调查问卷回收率	32.00%	74.25%	36.00%	40.00%	40.00%	61.83%
各地回收问卷所占比重	4.31%	80.04%	4.85%	5.40%	5.40%	100.00%
有效调查问卷数	10	141	9	10	10	180
调查问卷有效率	62.50%	47.47%	50.00%	50.00%	50.00%	48.51%
各地有效问卷所占比重	5.55%	78.35%	5.00%	5.55%	5.55%	100.00%
调查企业数	15	160	12	11	10	208
各地调查企业所占比重	7.20%	76.95%	5.77%	5.28%	4.80%	100.00%

① 课题中的企业（雇主）搜寻调查问卷，主要是依托上文所提炼出来的理论分析框架——企业（雇主）搜寻前、中和后三个阶段，并结合由文献综述中初步提炼出的职位空缺持续时间决定因素来加以设计。与此同时，还参考了国外文献（Barron、Bishop 和 Dunkelberg，1985；Barron、Berger 和 Black，1997；Burdett 和 Cunningham，1998）中所透露出的诸如 1980 年和 1982 年 EOPP（Employment Opportunities Pilot Projects，美国工作机会试点计划），1992 年 SBA（Small Business Administration，美国小企业管理局）和 1993 年 W. E. Upjohn Institute for Employment Research 等的雇主调查问卷的相关信息。

调查地点	北京	广西南宁	广西柳州	广西崇左	广西百色	总计
有效调查企业数 各地有效调查企业所占比重	7 5.00%	113 80.72%	7 5.00%	7 5.00%	6 4.28%	140 100.00%
有效问卷一份以上的企业数	1	14	1	2	1	19

（2）职位空缺持续时间调查数据的处理

本书把职位空缺持续时间界定为企业（雇主）搜寻开始时间点到企业（雇主）搜寻停止时间点之间的持续时间。其中：在调查问卷中，企业（雇主）搜寻开始时点所对应的问题 B8 是："该岗位的招聘开始时间为：＿ 年＿ 月"，企业（雇主）搜寻停止时点所对应的问题 B9 是："该岗位是什么时间招到员工的：＿ 年＿ 月"。

由于调查数据提供的是月份信息，而不是企业（雇主）搜寻开始时点和企业（雇主）搜寻停止时点之间的精确天数信息，但是，研究文献显示实证研究中通常使用的是职位空缺持续时间的精确天数数据，因此，为便利本文对职位空缺持续时间的研究，参照 Van Ours（1988）的月度职位空缺持续时间数据的处理方法①，本书把企业（雇主）搜寻开始和停止时点均在同一个月份时的数据处理为 15 天，而企业（雇主）搜寻开始和停止时点不在同一月份时，则计算出具体的月份数且每 1 个月处理为 30 天。

另外，通过观察所获取的调查数据，不难发现样本企业（雇主）通常会在同一个职位名称下有一个或多个空缺，即企业（雇主）会在一次搜寻劳动力活动中寻求同时填补这些空缺。若企业（雇主）需要填补的是同一职位名称下的多个空缺，那么有两种情况会发生。

首先，若在调查结束时职位空缺已经填补的情况下，要获取一个职位空缺

---

① Van Ours. Durations of Dutch Job Vacancies［R］. Amsterdam：Free University Research Memorandum，1988.

的持续时间数据，需要采取以下处理步骤：第一，由问题 B8 和 B9 的调查数据来确定填补同一职位名称下多个空缺的持续时间数据；第二，获取在该段时间内企业（雇主）共接受了几名求职大学生的信息。该信息由问题 B20 的调查数据给出，即"该岗位共向多少位求职者提供了工作录用机会"；第三，根据企业（雇主）搜寻为序贯搜寻的假定，在同一职位名称下有多个空缺需要填补的情况下，本书用由问题 B8 和 B9 所获取的持续时间数据除以问题 B20 所提供的工作录用机会数据，最终求得一个已填补职位空缺的平均持续时间。

其次，若在调查结束时职位空缺还没有填补的情况下，则所获取的职位空缺持续时间调查数据就产生了删失（cencoring）①，用删失（cencoring）职位空缺持续时间来表示一个未填补职位空缺的持续时间。

2. 企业（雇主）搜寻及其影响因素数据的描述性统计分析

（1）职位空缺持续时间数据的描述性统计分析

表 3.14 职位空缺持续时间数据的描述性统计分析结果

职位空缺持续时间（天）	样本数	职位空缺持续时间	样本数	所占比重
1.0	8			
1.5	3			
1.6	2			
2.0	7			
3.0	10	一周（7 天）及以内	63	35.0%
4.0	5			
5.0	11			
6.0	15			
7.0	2			

---

① 生存分析经常会遇到删失（cencoring）类型的数据，当只有部分职位空缺持续时间能被我们准确地知道，而其余的职位空缺持续时间只知道其发生在调查结束的时间之后就产生了删失。

续表

职位空缺持续时间（天）	样本数	职位空缺持续时间	样本数	所占比重
7.5	16	一周（7天）以上到半个月（15天）	55	30.6%
8.0	1			
9.0	2			
10.0	8			
11.0	2			
12.0	5			
15.0	21			
18.0	2	半个月（15天）以上到一个月（30天）	33	18.3%
20.0	2			
22.0	2			
24.0	1			
30.0	26			
45.0	2	一个月（30天）以上到三个月（90天）	20	11.1%
48.0	1			
50.0	1			
60.0	7			
90.0	9			
100.0	1	三个月（90天）以上	9	5.0%
102.0	1			
120.0	3			
180.0	2			
210.0	1			
240.0	1			

职位空缺持续时间数据的描述性统计分析结果如表 3.14 所示。由表 3.14 可知，职位空缺持续时间调查数据呈现出下述特点。

第一，大部分样本企业的职位空缺持续时间调查数据普遍都不长。按照持续时间的区段来看，有 63 组占 35% 的持续时间数据在一周（7 天）及以内，有 118 组占 65.6% 的持续时间数据在半个月（15 天）及以内。若进一步延长到一个月（30 天）及以内时，则有 151 组数据占 83.9%。因此可见，很大部分的职位空缺都在一个月（30 天）及以内获得了填补。只有 16% 左右的职位空缺持续时间在一个月（30 天）及以上。

第二，调查样本企业的职位空缺持续时间数据的均值为 25.42 天，标准差为 37.80847 天，中位数为 10.5 天。与表 3.14 的分析结果一致，均值和中位数都显示样本企业的职位空缺持续时间普遍不长。

（2）企业（雇主）搜寻的影响因素数据的描述性统计分析

企业（雇主）搜寻的影响因素，具体包括：新职位或旧职位；旧职位有离职提前通知或无离职提前通知；正式或非正式搜寻渠道；职位的学校和专业要求；职位的全职或临时工作性质；职位工作条件；企业（雇主）提供的职位工资；职位的工作经验要求；职位的本地户籍要求；职位的性别要求；企业（雇主）规模；企业（雇主）的行业特征；企业（雇主）的所有制性质；大学生就业市场的供求形势；培训成本；解雇成本等。其中，由于数据获取的原因，笔者暂时先不研究职位的学校和专业要求这一影响因素。

①企业（雇主）的行业特征的数据描述

由上文分析可知我们主要考察的是企业（雇主）所在行业的职工平均工资特征对职位空缺持续时间的影响，因此，本书依据《2016 年中国统计年鉴》的相关统计数据，按照行业平均工资水平的高低，把调查数据中企业（雇主）所在的不同行业划分为高、中、低三类，如表 3.15 所示。

②企业（雇主）的所有制性质的数据描述

依据中国的实际情况，本书把调查数据中的企业（雇主）的所有制性质划分为国有和集体企业、外资和港澳台企业、民营企业三种类型。

表3.15　按行业分城镇单位就业人员平均工资分类

城镇单位就业人员平均工资	行业	2015年城镇单位就业人员平均工资（元）
高	金融业	114777
	信息传输、计算机服务和软件业	112042
中	科学研究、技术服务和地质勘查业	89410
	电力、热力、燃气及水生产和供应业	78886
	文化、体育和娱乐业	72764
	租赁和商务服务业	72489
	卫生和社会工作	71624
	交通运输、仓储和邮政业	68822
	教育	66592
	公共管理、社会保障和社会组织	62323
	批发和零售业	60328
	房地产业	60244
低	采矿业	59404
	制造业	55324
	建筑业	48886
	居民服务和其他服务业	44802
	水利、环境和公共设施管理业	43528
	住宿和餐饮业	40806

资料来源：《2016年中国统计年鉴》。

③企业（雇主）规模的数据描述

在调查中获得的是调查时点企业（雇主）的全职和兼职员工的总职工人数数据，与上文大量研究文献的处理方法一致，本书也采用企业（雇主）的总职工人数数据来表示企业（雇主）的规模。

④职位空缺调查数据描述

本书把职位空缺调查数据区分为新增职位和往年已有的职位两类。另外，若为往年已有的职位时，则进一步按天数计算离职提前通知期的长短。

⑤正式或非正式搜寻渠道的数据描述

本书延续理论分析中对正式及非正式搜寻渠道的划分方法，其中，正式搜寻渠道除了上文所提及的内容外，还包括了网站和猎头公司及劳务派遣公司等新兴渠道，而非正式搜寻渠道主要包括员工推荐、其他企业（雇主）的推荐和其他各种不同来源的推荐等。另外，问题 B16 "该岗位使用的招聘渠道" 的调查数据显示，绝大多数的企业（雇主）都在搜寻劳动力时利用一种及以上的搜寻渠道。本书主要通过问题 B16.1 "该岗位使用的招聘渠道中帮助最大的招聘渠道是什么" 所获取的调查数据，最终确定企业（雇主）侧重使用的是正式还是非正式搜寻渠道。

⑥职位的工作经验要求的数据描述

企业（雇主）的职位最低工作经验要求按照调查数据的实际年数要求来表示。

⑦职位的年龄和性别要求的数据描述

本书把调查数据划分为没有年龄要求和有年龄要求两类。另外，本书把调查数据划分为有性别要求和没有性别要求两类。

⑧职位的全职或临时工作性质的数据描述

由于获取的是企业的一个全职岗位录用情况的调查数据，因此，本书暂时不考察职位的全职或临时工作性质对职位空缺持续时间的影响。

表 3.16　企业（雇主）搜寻数据的描述性统计分析结果

变量		样本量	集中趋势①	离散程度②	中位数③
职位空缺持续时间（天）			25.420	37.80847	10.5
企业（雇主）行业特征	①高平均工资行业	21	2	42.2%	
	②中等平均工资行业	104			
	③低平均工资行业	55			

---

① 分类数据的集中趋势用众数（mode）来描述。连续数据的集中趋势用均值（mean）来描述。

② 分类数据的离散程度用异众比率（variation ratio）来描述。异众比率（variation ratio）是指非众数组的频数占总频数的比例。异众比率主要用于衡量众数对一组数据的代表程度。异众比率越大，众数的代表性就越差；异众比率越小，众数的代表性越好。连续数据的离散程度用标准差（standard deviation）来描述。

③ 为避免极端值的影响，本文还用中位数（median）来进一步描述连续数据的集中趋势。

续表

变量		样本量	集中趋势	离散程度	中位数
企业（雇主）所有制性质	①国有和集体企业	92	1	48.8%	
	②外资和港澳台企业	12			
	③民营企业	76			
企业（雇主）的人数规模			1704.910	8444.212	127.5
新职位或旧职位	①新职位	41	2	22.70%	
	②旧职位	139			
旧职位的离职提前通知天数			23.014	13.288	30
正式或非正式搜寻渠道	①正式搜寻渠道	154	1	14.4%	
	②非正式搜寻渠道	26			
职位的年龄要求	①没有年龄要求	55	2	30.5%	
	②有年龄要求	125			
职位的性别要求	①有性别要求	48	2	26.6%	
	②没有性别要求	132			
工资（元/月）			2196.83	987.298	2000
职位的工作条件	①好	129	1	28.3%	
	②一般	45			
	③差	6			
职位的户籍要求	①有本地户籍要求	6	2	3.3%	
	②无要求	174			
职位的工作经验要求（年）			0.816	1.145	0
登记失业率	北京	12	0.014		
	广西南宁	139	0.0405		
	广西柳州	9	0.0395		
	广西崇左	10	0.0263		
	广西百色	10	0.029		

续表

变量		样本量	集中趋势	离散程度	中位数
求职大学生到达人数			40.63	94.89	12
培训时间（小时）			29.76	45.9	15
解雇难度	①高	58	2	40.5%	
	②一般	107			
	③低	15			

⑨职位的工作条件的数据描述

职位工作条件的调查数据是基于样本企业自我评价的结果。本书把职位工作条件数据划分为好、一般和差三个层次。

⑩职位的户籍要求的数据描述

在中国劳动力市场实践中，企业（雇主）会在某些工作岗位中设置本地户籍要求的限制，因此，本书把职位的户籍要求划分为有本地户籍要求和没有户籍要求两类。

⑪大学生就业市场的供求形势的数据描述

从上文分析可知，我们可以从宏观和微观两个层面来把握不同企业（雇主）面临的劳动力市场供求形势。其中，由于中国只公布城镇登记失业率而没有调查失业率，而理论界关于登记失业率指标是否能够有效反映当地的失业状况一直存在着异议，为更有效反映企业（雇主）面临的劳动力市场供求形势，本书还辅助使用了问题 B17 所提供的求职大学生总数调查数据。因此，本书同时采用调查地的登记失业率和求职大学生到达量这两个指标来反映企业面临的大学生就业市场供求形势。

⑫工资的数据描述

本书利用问题 B22 中调查企业所提供的起点（试用期）工资数据来表示职位工资，该调查数据为按月计算的工资。

⑬培训成本的数据描述

问题 B23 "在入职第一个月中贵单位人力资源部门和管理人员引导和培训一名该岗位新录用员工的小时数"的调查数据，提供了一种对培训成本的测量指标，且与大多数研究文献的处理方法相一致。

⑭解雇成本

解雇成本的调查数据来自样本企业对问题 B27 "《劳动合同法》实施后该岗位的解雇困难程度"的自我评价结果。由于调查数据没有提供解雇该岗位所需要付出的成本数据，因此，本书用解雇难度的高低来表示解雇成本的高低，分为高、一般和低三种类型。

企业（雇主）搜寻数据的描述性统计分析结果汇总为表 3.16。

3. 企业（雇主）搜寻生存分析的实证结果和讨论

本书利用统计分析软件 SAS① 来完成企业（雇主）搜寻的生存分析计量工作，具体分析工作包括：在对职位空缺持续时间与企业（雇主）搜寻影响因素的相互关系进行初步的描述性生存分析和非参数检验的基础上，对职位空缺危险率模型进行回归分析，试图揭示出调查数据所隐含的企业（雇主）搜寻影响因素的相关信息，并对理论推导出的企业（雇主）搜寻影响因素及其影响方向进行相关验证和讨论。

（1）职位空缺持续时间与企业（雇主）搜寻影响因素相互关系的描述性生存分析和非参数检验

由于企业（雇主）搜寻影响因素有分类和连续变量两种类型，因此，本书首先针对不同的变量类型分别进行描述性生存分析和非参数检验，以初步把握职位空缺持续时间与企业（雇主）搜寻影响因素之间的关系。

①分类变量的描述性生存分析和非参数检验

首先，分类变量的描述性生存分析，主要是求出分类变量各水平所对应的职位空缺持续时间中位数和平均数，以进行初步比较。

分类变量的描述性生存分析参见表 3.17。

---

① 应用 SAS 统计分析软件的原因在于该软件能够提供更为全面的生存数据分析工具的支持。

表 3.17 分类变量不同组别的职位空缺持续时间描述结果

分类变量		职位空缺持续时间	
		均值	中位数
企业（雇主）行业特征	高平均工资行业	28.428	15
	中等平均工资行业	29.828	12
	低平均工资行业	15.134	7.5
企业（雇主）所有制性质	国有和集体企业	32.27	15
	外资和港澳台企业	721.625	15
	民营企业	17.719	7.5
新职位或旧职位	新职位	37.529	10
	旧职位	21.848	7
正式或非正式搜寻渠道	正式搜寻渠道	25.069	12
	非正式搜寻渠道	27.600	9
职位的年龄要求	没有年龄要求	31.527	12
	有年龄要求	22.733	10
职位的性别要求	有性别要求	22.627	11
	没有性别要求	26.436	10.5
职位的工作条件	好	25.265	12
	一般	25.7	7.5
	差	26.666	12.5
解雇难度	高	21.068	15
	一般	29.291	11
	低	14.633	7.5
职位的户籍要求	有本地户籍要求	7	3
	无要求	26.055	11

A. 企业（雇主）所在行业的平均工资水平越高，其对应的持续时间均值和中位数也越大。

B. 国有和集体企业的持续时间均值和中位数都要大些，外资和港澳台企业的持续时间均值要小些，而民营企业的持续时间均值和中位数最小。

C. 新职位的持续时间均值和中位数都要大于旧职位，初步符合理论的推断。

D. 正式或非正式搜寻渠道的持续时间均值和中位数没有明显的差异，并不符合于理论的推断。

E. 职位有无年龄要求的持续时间均值和中位数没有明显的差异，并不符合于理论的推断。

F. 职位有性别要求时的持续时间均值和中位数没有明显差别，并不符合于理论的推断。

G. 职位的工作条件持续时间均值和中位数没有明显的差异。

H. 职位的解雇难度越高，其对应的持续时间均值和中位数也越长，初步符合理论的推断。

I. 由于受到样本数量的影响，职位的有本地户籍要求的持续时间均值和中位数要更短些。因此还不能支持理论的推断。

其次，为进一步确认分类变量各水平的职位空缺持续时间是否存在差异性，本书进一步对分类变量各水平的生存函数一致性进行非参数检验。

分类变量的非参数检验，主要是检验分组变量各水平所对应的生存函数是否一致，包括对数秩检验（Log – rank Test）、威尔科克森检验（Wilcoxon Test）和似然比检验（Likelihoodratio Test）① 等方法。分类变量的非参数检验结果参见表 3.18。根据检验值，有：

---

① 当生存时间为指数、威布尔分布或属于比例危险模型时，Log – rank 检验效率较高；当生存时间为对数正态分布时，Wilcoxon 检验效率较高；似然比检验建立于指数模型的基础之上，当资料偏离此模型时，其结果不如前两种检验方法稳健。

表3.18 分类变量各水平的生存函数一致性检验结果

分类变量	Log Rank 检验		Wilcoxon 检验		-2Log（LR）检验	
	Chi-Square	Sig.	Chi-Square	Sig.	Chi-Square	Sig.
企业（雇主）行业特征	7.5133	0.0234	5.6302	0.0599	18.3103	0.0001
企业（雇主）所有制性质	9.9923	0.0068	8.6529	0.0132	16.8368	0.0002
新职位或旧职位	5.1909	0.0227	3.5599	0.0592	10.6975	0.0011
正式或非正式搜寻渠道	0.0607	0.8053	0.5565	0.4557	0.1486	0.6999
职位的年龄要求	0.9424	0.3317	1.0205	0.3124	4.1990	0.0404
职位的性别要求	0.1893	0.6635	0.1874	0.6651	0.61398	0.6138
职位的工作条件	0.3042	0.8589	0.6606	0.7187	0.3693	0.8314
解雇难度	1.7232	0.4225	1.5297	0.4654	6.5864	0.0371
职位的户籍要求	4.5490	0.0329	4.4517	0.0349	7.3474	0.0067

A. 企业（雇主）所在行业平均工资各水平的生存函数存在显著差异；B. 企业（雇主）所有制性质各水平的生存函数存在显著差异；C. 新职位或旧职位的生存函数存在显著差异；D. 正式或非正式搜寻渠道的生存函数不存在显著差异；E. 职位有无年龄要求的生存函数不存在显著差异；F. 职位有无性别要求的生存函数不存在显著差异；G. 职位工作条件各水平的生存函数不存在显著差异；H. 解雇难度各水平的生存函数不存在显著差异；I. 职位有无户籍要求的生存函数存在显著差异。

②连续变量的非参数检验

为检验企业（雇主）搜寻影响因素中的连续变量与职位空缺持续时间的联系密切程度，对连续变量进行非参数检验，检验结果参见表3.19。根据

Log Rank 和 Wilcoxon 检验值，有：

A. 企业（雇主）的人数规模与职位空缺持续时间没有显著联系；B. 工资与职位空缺持续时间没有显著联系；C. 职位的工作经验要求与职位空缺持续时间没有显著联系；D. 求职大学生到达人数与职位空缺持续时间有显著联系；E. 登记失业率与职位空缺持续时间有显著联系；F. 培训时间与职位空缺持续时间没有显著联系。

表 3.19　连续变量与职位空缺持续时间关系的检验结果

连续变量	Log Rank 检验		Wilcoxon 检验	
	Chi - Square	Sig.	Chi - Square	Sig.
企业（雇主）的人数规模	1.7564	0.1851	5.1299	0.0235
工资（元/月）	0.3151	0.5746	1.2270	0.2680
职位的工作经验要求（年）	0.3190	0.5722	2.3448	0.1257
求职大学生到达人数	6.4030	0.0114	12.9851	0.0003
登记失业率	6.8120	0.0091	12.3524	0.0004
培训时间	0.0501	0.8228	0.00729	0.9320

上文根据描述性生存分析和非参数检验的结果，初步描述了职位空缺持续时间与企业（雇主）搜寻影响因素的相互关系，并为我们提供了影响因素是否会影响到企业（雇主）搜寻的初步信息。但是，为详细把握企业（雇主）搜寻影响因素的影响程度和影响方向，本书将进一步对职位空缺填补危险率模型进行回归分析。

（2）职位空缺填补危险率模型的回归分析

为简化分析，对职位空缺填补危险率模型进行 Cox 模型（半参数模型）的回归分析。职位空缺危险率 Cox 模型的回归分析结果参见表 3.20。

表 3.20 职位空缺危险率 Cox 模型回归分析结果

企业（雇主）搜寻影响因素		Cox 模型				
		Parameter Estimate	Standard Error	Chi-Square	Pr > Chi－Sq	Hazard Ratio
企业（雇主）行业特征（基准变量为低平均工资行业）	高平均工资行业	－0.47612	0.31189	2.3304	0.1269	0.621
	中等平均工资行业	－0.35271	0.20857	2.8597	0.0908	0.703
企业（雇主）所有制性质（基准变量为外资和港澳台企业）	国有和集体企业	－0.25883	0.33479	0.5977	0.4395	0.772
	民营企业	0.22235	0.33823	0.4322	0.5109	1.249
企业（雇主）人数规模自然对数		0.02340	0.05262	0.1977	0.6566	1.024
职位（基准变量为新职位）	旧职位	0.30468	0.22048	1.9096	0.1670	1.356
搜寻渠道（基准变量为非正式搜寻渠道）	正式搜寻渠道	－0.21553	0.24289	0.7874	0.3749	0.806
职位的年龄要求（基准变量为没有年龄要求）	有年龄要求	0.05338	0.19718	0.0733	0.7866	1.055

企业（雇主）搜寻影响因素		Cox 模型				
		Parameter Estimate	Standard Error	Chi-Square	Pr > Chi－Sq	Hazard Ratio
职位的性别要求（基准变量为有性别要求）	没有性别要求	－ 0.10495	0.20305	0.2672	0.6052	0.900
工资（元/月）的自然对数		0.46364	0.28848	2.5830	0.1080	1.590
职位的工作经验要求（年）		－ 0.13978	0.09070	2.3751	0.1233	0.870
培训时间		0.0002061	0.00216	0.0091	0.9241	1.000
职位的工作条件（基准变量为差工作条件）	好	0.89050	0.51484	2.9917	0.0837	2.436
	一般	0.79881	0.53761	2.2078	0.1373	2.223
职位的户籍要求（基准变量为有本地户籍要求）	无要求	－ 0.73900	0.46407	2.5358	0.1113	0.478
登记失业率		0.34852	0.15350	5.1553	0.0232	1.417
求职大学生到达人数自然对数		0.16843	0.06159	7.4773	0.0062	1.183
解雇难度（基准变量为低解雇难度）	高	－ 0.27727	0.32815	0.7139	0.3981	0.758
	一般	－ 0.21703	0.30439	0.5084	0.4758	0.805

A. 以低平均工资行业为基准，企业（雇主）所在行业的平均工资具有高和中等特征时的相对危险率分别为低平均工资行业的 0.621 倍和 0.703 倍，

即随着企业（雇主）所在行业平均工资的提高，职位空缺被填补的相对危险率会下降，相应地，企业（雇主）的职位空缺持续时间会延长。由此可见，高工资带来的求职大学生被拒绝的概率要大于高工资所带来的高求职者抵达概率。

B. 以外资和港澳台企业为基准，国有和集体企业的相对危险率为 0.772 倍，民营企业的相对危险率为 1.249 倍，表明在调查样本企业中，国有和集体企业的职位空缺持续时间最长，外资和港澳台企业次之，民营企业最短。由此可见，国有和集体企业的求职大学生被拒绝的概率要大于国有和集体所有制所带来的高求职者抵达概率。

C. 企业（雇主）人数规模的参数检验相当不显著，且相对危险率为 1.024，即企业（雇主）的职位空缺持续时间也只是略微缩短且不显著。由此可见，企业更大规模所带来的高求职大学生抵达概率要大于相应提高的求职大学生被拒绝概率。

D. 以新职位为基准，当职位空缺为旧职位时，其相对危险率为 1.356 倍，表明职位空缺为旧职位时的持续时间要更短些。虽然参数检验不显著，该回归分析结果与理论推断一致。

E. 以非正式搜寻渠道为基准，正式搜寻渠道的相对危险率为 0.806 倍，表明企业（雇主）使用正式搜寻渠道时的职位空缺持续时间要更长些。虽然参数检验不显著，该回归分析结果与理论推断一致。

F. 以职位没有年龄要求为基准，有年龄要求的职位空缺的相对危险率为 1.055 倍，虽然该回归分析结果与理论推断不一致，但是企业（雇主）的职位空缺持续时间只是略微缩短且不显著。

G. 以职位有性别要求为基准，没有性别要求职位空缺的相对危险率为 0.900 倍，该回归分析结果与理论推断不一致，没有性别要求职位空缺的持续时间反而要更长些。

H. 工资的相对危险率为 1.590，即表明工资的自然对数取得 1 个正的增量时，相对危险率会上升，职位空缺持续时间会相应缩短。该回归结果说明高工资所带来的求职大学生抵达概率要大于高工资所带来的高求职大学生被拒绝概率。

I. 以差工作条件的职位为基准，好的工作条件下的相对危险率为 2.436 倍且参数检验显著，一般工作条件下的相对危险率为 2.223 倍，但参数检验不显著，表明好和一般工作条件的职位空缺持续时间会更短，该回归分析结果与理论推断一致。

J. 职位工作经验要求的相对危险率为 0.870，即表明职位工作经验年数要求的自然对数取得 1 个正的增量时，相对危险率会下降，职位空缺持续时间会相应延长，该回归分析结果与理论推断一致。

K. 以职位有本地户籍要求为基准，职位没有户籍要求时的相对危险率为 0.478 倍，企业（雇主）的职位空缺持续时间会更长，该回归分析结果与理论推断不一致。可能原因在于调查企业中有户籍要求的样本数不足。

L. 登记失业率的相对危险率为 1.417，且参数检验显著，即登记失业率取得 1 个正的增量时，相对危险率会上升，企业（雇主）的职位空缺持续时间会相应缩短。该回归分析结果表明就业市场的高压力所带来的求职大学生抵达概率要大于其所带来的高求职大学生被拒绝概率。

M. 求职大学生到达人数的相对危险率为 1.183，且参数检验显著，即求职大学生到达人数自然对数取得 1 个正的增量时，相对危险率会上升，企业（雇主）的职位空缺持续时间会相应缩短，该回归分析结果与理论推断一致。

N. 培训时间的相对危险率为 1，但参数检验极不显著，即职位的培训时间取得 1 个正的增量时，相对危险率和企业（雇主）的职位空缺持续时间不会出现相应变化。该回归分析结果与理论推断不一致。

O. 以低解雇难度为基准，高和一般解雇难度职位的相对危险率分别为 0.758 倍和 0.805 倍，表明随着解雇难度的提高，企业（雇主）的职位空缺持续时间会相应延长，该回归分析结果与理论推断一致。

本书还对职位空缺危险率 Cox 模型的拟合结果进行了检验，具体模型拟合检验结果参见表 3.21，由结果可知职位空缺危险率 Cox 模型相当显著，即表明 Cox 模型较好地拟合了本书所利用的调查数据。

表 3.21　职位空缺危险率 Cox 模型拟合结果

	Chi – Square	Pr > Chi – Square
Likelihood Ratio	40.2344	0.0030
Score	40.1309	0.0031
Wald	38.8721	0.0046

（3）离职提前通知期因素对职位空缺持续时间的影响分析

在 180 份有效数据样本中，属于旧职位的样本有 139 份，为验证离职提前通知期因素对职位空缺持续时间的影响，本书将基于上述 139 份数据进行相应的分析。

首先，由表 3.16 可知，调查样本数据中旧职位的离职提前通知天数的均值为 23.014 天，标准差为 13.288 天，中位数为 30 天。即离职提前通知天数基本上在一个月左右。

其次，离职提前通知天数的非参数检验。

离职提前通知天数的非参数检验结果参见表 3.22。

表 3.22　离职提前通知天数与职位空缺持续时间关系的检验结果

连续变量	Log Rank 检验		Wilcoxon 检验	
	Chi – Square	Sig.	Chi – Square	Sig.
离职提前通知天数	1.0764	0.2995	0.7647	0.3819

根据 Log Rank 和 Wilcoxon 检验值，离职提前通知天数与职位空缺持续时间的联系并不显著。与上文的分析思路一致，为进一步把握离职提前通知天数与职位空缺持续时间之间的关系，本书将进一步对考虑离职提前通知天数的职位空缺填补危险率模型进行回归分析。

最后，考虑离职提前通知天数的职位空缺危险率 Cox 模型回归分析。

本书对考虑离职提前通知天数的职位空缺危险率 Cox 模型的拟合结果进行了检验，检验结果参见表 3.23，由结果可知考虑离职提前通知天数的职位空缺危险率 Cox 模型相当显著，即表明 Cox 模型较好地拟合了 139 组离职提前通知天数的数据。

表 3. 23 考虑离职提前通知天数的职位空缺 Cox 危险率模型拟合结果

	Chi – Square	Pr > Chi – Square
Likelihood Ratio	46. 4553	0. 0004
Score	43. 8240	0. 0010
Wald	42. 7769	0. 0014

考虑离职提前通知天数的职位空缺危险率 Cox 模型的回归分析结果参见表 3.24。其中：

A. 离职提前通知天数的相对危险率为 0.982，且参数检验显著，即离职提前通知天数取得 1 个正的增量时，相对危险率会下降，职位空缺持续时间会相应增长，该回归分析结果与理论推断一致。

B. 除了职位性别要求和解雇难度的回归分析结果出现差异之外，其他决定因素的分析结果与表 3.20 所给出的职位空缺危险率 Cox 模型回归分析结果是一致的。

在新旧职位的填补情况都考虑的情况下，以职位没有年龄要求为基准，没有性别要求的职位空缺的相对危险率为 0.900，与理论推断不一致。而在只考虑旧职位填补的情况下，没有性别要求的职位空缺的相对危险率为 1.019，与"没有年龄要求的企业（雇主）的职位空缺持续时间会更短些"的理论推断相一致。

在新旧职位的填补情况都考虑的情况下，以低解雇难度为基准，高和一般解雇难度职位的相对危险率分别为 0.758 倍和 0.805 倍，与理论推断一致。而在只考虑旧职位填补的情况下，以低解雇难度为基准，高和一般解雇难度职位的相对危险率分别为 1.456 倍和 1.651 倍，与"解雇难度越高则企业（雇主）的职位空缺持续时间会更长些的理论"推断并不一致。

表 3.24 考虑离职提前通知天数的职位空缺 Cox 危险率模型回归分析结果

职位空缺持续时间决定因素		Cox 模型				
		Parameter Estimate	Standard Error	Chi-Square	Pr > Chi − Sq	Hazard Ratio
企业（雇主）行业特征（基准变量为低平均工资行业）	高平均工资行业	− 0.22692	0.35770	0.4025	0.5258	0.797
	中等平均工资行业	− 0.05402	0.23431	0.0532	0.8176	0.947
企业（雇主）所有制性质（基准变量为外资和港澳台企业）	国有和集体企业	− 0.09573	0.36907	0.0673	0.7953	0.909
	民营企业	0.55899	0.38677	2.0889	0.1484	1.749
企业（雇主）人数规模自然对数		0.07401	0.06371	1.3495	0.2454	1.077
离职提前通知天数		− 0.01826	0.00827	4.8736	0.0273	0.982
搜寻渠道（基准变量为非正式搜寻渠道）	正式搜寻渠道	− 0.22295	0.31411	0.5038	0.4778	0.800
职位的年龄要求（基准变量为没有年龄要求）	有年龄要求	0.45537	0.24636	3.4165	0.0645	1.577
职位的性别要求（基准变量为有性别要求）	没有性别要求	0.01839	0.22835	0.0065	0.9358	1.019
工资（元/月）的自然对数		0.94379	0.38301	6.0719	0.0137	2.570
职位的工作条件（基准变量为差工作条件）	好	0.18322	0.58842	0.0970	0.7555	1.201
	一般	0.14211	0.59888	0.0563	0.8124	1.153
职位的工作经验要求（年）		− 0.31348	0.11238	7.7814	0.0053	0.731
职位的户籍要求（基准变量为有本地户籍要求）	无要求	− 0.05139	0.49555	0.0108	0.9174	0.950

续表

职位空缺持续时间决定因素		Cox 模型				
		Parameter Estimate	Standard Error	Chi – Square	Pr > Chi – Sq	Hazard Ratio
登记失业率		0. 45391	0. 20434	4. 9342	0. 0263	1. 574
求职大学生到达人数自然对数		0. 24435	0. 08068	9. 1735	0. 0025	1. 277
培训时间		– 0. 00277	0. 00247	1. 2546	0. 2627	0. 997
解雇难度（基准变量为低解雇难度）	高	0. 37572	0. 50830	0. 5463	0. 4598	1. 456
	一般	0. 50160	0. 48778	1. 0575	0. 3038	1. 651

（4）企业（雇主）搜寻生存分析实证结果的相关讨论

①实证结果为企业（雇主）搜寻影响因素的理论推断提供了支持

A. 实证结果支持了企业（雇主）搜寻影响因素的大部分理论推断，并相应为所构建的企业（雇主）搜寻决策方程提供了支持。

B. 实证结果支持了企业（雇主）搜寻实现的理论研究脉络是基于职位空缺填补过程的推断，而且支持了企业（雇主）的职位空缺填补过程是以企业（雇主）搜寻过程为核心，向前和向后分别包括企业（雇主）搜寻前的准备过程和企业（雇主）搜寻后的匹配过程的推断。

C. 实证结果支持了企业（雇主）搜寻影响因素可能来源于企业（雇主）搜寻主体、搜寻过程和搜寻环境等三个方面的理论推断。

②实证结果为我们从需求侧理解中国大学生就业市场实践提供了一定程度的支持

A. 企业所有制性质的实证结果显示，国有和集体企业的职位空缺持续时间最长，外资和港澳台企业次之，民营企业最短。在中国大学生就业市场实践中，国有和集体企业、外资和港澳台企业一直以来都是求职大学生比较倾向的就业单位，因此，在职位空缺其他情况类似的情况下，民营企业获得符合其保留生产率要求的合格求职者的概率可能就会更低，从而可能会相应降低其保留生产率水平，并体现为民营企业的职位空缺持续时间会更短。

B. 实证结果显示，企业（雇主）在搜寻中通常会利用职位的工作经验要求、年龄要求等可观察的指标来作为甄别求职者生产率的工具，从而为企业（雇主）的相关人力资源管理实践活动提供了经济学意义的支持和解释，即职位的大学教育程度要求、工作经验要求、年龄要求等可观察的指标很大程度上是企业（雇主）搜寻时所设定的保留生产率水平的测量和指示指标，在企业（雇主）的搜寻决策中具有决定性的意义。

C. 职位工作经验要求的实证结果显示，职位工作经验的年数要求越高，职位空缺持续时间会越长且参数检验相当显著。虽然样本数据中企业（雇主）对职位的工作经验要求的均值为 0.816 年，中位数为 0，虽然基本上符合所招募对象是求职大学生普遍缺乏工作经验的实际，但是工作经验大于 0 的现实也反映了企业（雇主）更多希望所雇用的大学生在工作上能够尽快上手的意愿。另外，如果按每天 5 小时培训时间计算，样本企业所投入的培训时间均值 29.76 小时大约为 6 天，而中位数 15 小时为 3 天。企业不大愿意投入更多资源用于员工培训的现实，也倒逼求职大学生必须累积起一定的工作经验，才能更好实现就业。

D. 登记失业率的实证结果显示，登记失业率上升时，企业（雇主）的职位空缺持续时间会缩短，而且，当企业（雇主）的求职大学生到达人数更多时，其职位空缺持续时间会缩短。虽然登记失业率仅仅反映的是当地城镇登记失业人员的失业问题，但是从劳动要素的投入结构来说，城镇劳动力的就业状况不佳，自然会影响到大学生的就业形势，为此，登记失业率也能一定程度反映大学生就业市场的供求环境，即登记失业率越高，求职大学生会面临越大的求职压力。

E. 解雇难度的实证结果显示，以低解雇难度为基准，职位的解雇难度越大则职位空缺持续时间会越长。本书中解雇难度的高低程度来自样本企业对调查问题"《劳动合同法》实施后该岗位的解雇困难程度"的自我评价结果，其中认为解雇难度提高的有 58 家企业占 32.2%，认为解雇难度没有变化的有107家企业占59.4%，还有认为解雇难度降低的有15家企业占8.4%，一定程度说明了劳动合同法的实施会影响到部分企业（雇主）搜寻求职大学生的行为，具体表现为这些企业（雇主）在挑选求职大学生时会比以往更加谨慎，从而表现为更长的职位空缺持续时间。

3.2.4　大学生工作搜寻生存分析的实证结果和讨论

1. 大学生工作搜寻的数据来源

（1）数据调查的情况

为了解大学毕业生的工作搜寻情况，课题组以应届大学毕业生为调查对象，于2016年3月份开始分别在广东广州市的1所高校、广西南宁市的8所高校和广西柳州市的3所高校开展大学生工作搜寻的问卷调查工作，侧重调查了截至调查时点的大学毕业生工作搜寻的具体情况。大学生调查问卷具体参见附录2。

表3.25　应届大学毕业生工作搜寻调查情况汇总

调查地点	广州	广西南宁	广西柳州	总计
调查问卷发放数	300	600	700	1600
调查问卷回收数	180	520	610	1310
调查问卷回收率	60%	86.66%	87.14%	81.87%
各地回收问卷所占比重	13.75%	39.69%	46.56%	100%
有效调查问卷数	130	388	492	1010
调查问卷有效率	72.77%	74.61%	80.85%	77.09%
各地有效问卷所占比重	12.87%	38.42%	48.71%	100%

调查问卷的发放和回收情况如表3.25所示。该项调查一共发放1600份问卷，最终回收了1310份调查问卷，有效调查问卷共1010份。

（2）大学生工作搜寻持续时间调查数据的处理

本书把大学生工作搜寻持续时间界定为求职大学生工作搜寻开始时点到停止时点之间的持续时间。利用调查问卷中的问题A11"您寻找（找到）第一份工作花费了多少时间？A. 一个月内；B. 一到三个月；C. 三到六个月；

D. 半年到一年；E. 一年以上"来加以反映。其中，选项"一个月内""一到三个月""三到六个月"和"半年到一年"的数据分别处理为均值15天、60天、135天和270天，选项"一年以上"的数据处理为365天。类似地，若在调查结束时求职大学生没有找到工作的情况下，则所获取的大学生工作搜寻持续调查数据就产生了删失（cencoring），用删失（cencoring）大学生工作搜寻持续时间来表示一个未找到工作的大学生工作搜寻的持续时间。

2. 大学生工作搜寻及其影响因素数据的描述性统计分析

（1）大学生工作搜寻持续时间数据的描述性统计分析

大学生工作搜寻持续时间数据的描述性统计分析结果如表3.26所示。由表3.26可知，大学生工作搜寻持续时间调查数据呈现出下述特点。

第一，大部分大学生的工作搜寻持续时间调查数据普遍都不长。按照持续时间的区段来看，有529组占52.37%的持续时间数据在一个月内，三个月及以内的持续时间有854组数据占84.54%。因此可见，很大部分大学生的工作搜寻持续时间都在三个月及以内，只有15%左右大学生的工作搜寻持续时间在三个月以上。

表3.26　大学生工作搜寻持续时间数据的描述性统计分析结果

大学生工作搜寻持续时间（天）	大学生工作搜寻持续时间	样本数	所占比重
15	一个月内	529	52.37%
60	一到三个月	325	32.17%
135	三到六个月	77	7.62%
270	半年到一年	50	4.95%
365	一年以上	29	2.89%

第二，大学生的工作搜寻持续时间的均值为61.302天，标准差为79.676天，中位数为15天。与表3.26的分析结果一致，均值和中位数都显示调查大学生的工作搜寻持续时间普遍不长。

（2）大学生工作搜寻的影响因素数据的描述性统计分析

大学生工作搜寻的影响因素，具体包括：正式或非正式搜寻渠道；求职大学生学校背景、专业背景和学习成绩；求职大学生工作实习经验；求职大学生性别和户籍；求职大学生的家庭背景和社会资源；大学生就业市场环境；求职大学生保留工资；求职大学生的非市场收入；求职大学生的在职搜寻倾向等。下面结合调查数据对上述影响因素进一步进行说明。

①正式或非正式搜寻渠道的数据描述

本书主要通过调查问卷的问题 A13 "您的第一份工作是如何寻找（找到）的？A. 学校推介；B. 培训机构推介；C. 人力资源市场；D. 媒体招聘信息；E. 关系介绍；F. 自己创业"所获取的调查数据，最终确定求职大学生侧重使用的是正式还是非正式搜寻渠道。其中，正式渠道包括："人力资源市场"和"媒体招聘信息"等选项，非正式渠道包括"学校推介""培训机构推介"和"关系介绍"等选项。

②求职大学生学习成绩的数据描述

本书主要通过调查问卷的问题 A32 "您对目前自己的学业满意程度如何？A. 非常满意；B. 满意；C. 一般；D. 不满意；E. 非常不满意"所获取的大学生自我评价的调查数据，并进一步归类为"满意""一般"和"不满意"三个层次来反映求职大学生的学习成绩。

③求职大学生工作实习经验的数据描述

本书主要通过调查问卷的问题 A10 "您是否有工作实习经验？A. 是；B. 否"所获取的调查数据来加以反映。

④求职大学生性别的数据描述

求职大学生性别的数据，主要通过调查问卷的问题 A1 "性别？A. 男；B. 女"来获取。

⑤求职大学生的家庭背景和社会资源的数据描述

本书主要通过调查问卷的问题 A6 "您来自：A. 农村；B. 中小城市；C. 大城市"和问题 A4 "您家庭的经济状况：A. 宽裕；B. 比较宽裕；C. 一般；D. 比较紧张；E. 非常紧张"来综合反映求职大学生的家庭背景，并进一步归纳为"城市""农村"两个层次以及"好""一般"和"差"三个层次。另外，利用问题 A15"您是否接受过就业指导或就业培训？A. 是；B. 否"来反映求职大学生所获得的来自社会的就业支持。

⑥大学生就业市场环境的数据描述

本书主要通过调查问卷的问题 A22"您期望的就业单位所在地区：A. 京津沪等大城市；B. 中小城市；C. 沿海开放城市；D. 城镇或乡村；E. 边远地区"和问题 A21"您估计目前能够得到的工作单位性质是：A. 国有企业；B. 事业单位；C. 国家机关；D. 外资企业；E. 私营民营企业；F. 自己创办的企业；G. 其他"来综合反映求职大学生所面临的区域和企业的结构性就业压力，并进一步归纳为京津沪等"大城市和沿海开放城市""中小城市、城镇或乡村和边远地区"两个层次以及"国有企业""外资企业"和"民营企业"三个层次。另外，用问题 A35"您对自己就业前景的看法是：A. 乐观；B. 比较乐观；C. 一般；D. 比较悲观；E. 非常悲观"来反映求职大学生所面临的差异化就业市场环境，并进一步归纳为"好""一般"和"差"三个层次。

⑦求职大学生保留工资的数据描述

本书主要通过调查问卷的问题 A31"如果您马上就业，您估计目前能够得到的月收入水平在：A. 1000 以内；B. 1001—2000；C. 2001—3000；D. 3001—5000；E. 5000 以上"的大学生自我报告的预期工资水平来加以反映，选项"1000 以内""1001—2000""2001—3000""3001—5000"和"5000 以上"的数据分别处理为 1000、1500、2500、4000 和 5000 元。

⑧求职大学生的非市场收入的数据描述

本书主要通过调查问卷的问题 A3"目前的月消费水平：A. 300 元及以下；B. 301—500 元；C. 501—1000 元；D. 1000 元以上"来一定程度加以反映，选项"300 元及以下""301—500 元""501—1000 元"和"1000 元以上"的数据分别处理为 300、400、750 和 1000 元。

表 3.27 大学生工作搜寻数据的描述性统计分析结果

变量		样本量	集中趋势	离散程度	中位数
大学生工作搜寻持续时间（天）			61.302	79.676	15
正式或非正式搜寻渠道	正式搜寻渠道	407	2	40.3%	
	非正式搜寻渠道	603			
求职大学生学习成绩自我评价	满意	330	2	47.2%	
	一般	533			
	不满意	147			
求职大学生工作实习经验	有	550	1	45.5%	
	没有	460			
求职大学生性别	男	656	1	35.0%	
	女	354			
求职大学生的家庭所在地	城市	328	2	32.5%	
	农村	682			
求职大学生的家庭经济状况	好	134	2	50.4%	
	一般	501			
	差	375			
就业指导或就业培训	有	673	1	33.4%	
	没有	337			
求职大学生期望就业地区	大城市和沿海城市	561	1	44.5%	
	中小城市及其他	449			
求职大学生期望就业单位	国有机关和企事业单位	634	1	37.2%	
	外资企业	154			
	民营企业	222			
求职大学生就业前景自我评价	好	505	1	50.0%	
	一般	389			
	差	116			

变量		样本量	集中趋势	离散程度	中位数
求职大学生保留工资（元）			2301.485	969.785	2500
求职大学生的月消费水平（元）			666.485	245.238	750
求职大学生期望工作年限	一年及以上	719	1	28.8%	
	半年到1年	207			
	半年以内	84			

9）求职大学生的在职搜寻倾向的数据描述。本书主要通过调查问卷的问题 A28 "您期望在第一个工作单位的工作年限是：A. 2 年或 2 年以上；B. 1—2 年；C. 半年—1 年；D. 3 个月—半年；E. 1 个月—3 个月"来加以反映，并区分为三个期望工作年限区段：一年及以上，半年到 1 年，半年以内。其中，期望工作年限越长即意味着求职大学生的在职搜寻倾向越小。

大学生工作搜寻数据的描述性统计分析结果汇总为表 3.27。

3. 大学生工作搜寻生存分析的实证结果和讨论

本书利用统计分析软件 SAS 来完成大学生工作搜寻的生存分析计量工作。在对大学生工作搜寻持续时间与大学生工作搜寻影响因素的相互关系进行初步的描述性生存分析和非参数检验的基础上，对大学生工作搜寻危险率模型进行回归分析，对大学生工作搜寻影响因素及其影响方向的理论推导进行相关验证和讨论。

（1）大学生工作搜寻持续时间与大学生工作搜寻影响因素相互关系的描述性生存分析和非参数检验

①分类变量的描述性生存分析和非参数检验

首先，分类变量的描述性生存分析，主要是求出分类变量各水平所对应的大学生工作搜寻持续时间中位数和平均数，以进行初步比较。分类变量的描述性生存分析参见表 3.28。

A. 正式或非正式搜寻渠道的工作搜寻持续时间均值没有明显差异，大学生使用非正式搜寻渠道时的工作搜寻持续时间中位数要低于正式搜寻渠道，不完全符合理论推断。

B. 求职大学生学习成绩自我评价的满意程度越高，其工作搜寻持续时间均值越小，初步符合理论的推断。

C. 求职大学生有工作实习经验时，其工作搜寻持续时间的均值和中位数都要低于没有工作实习经验时，初步符合理论的推断。

表3.28　分类变量不同组别的大学生工作搜寻持续时间描述结果

分类变量		工作搜寻持续时间	
		均值	中位数
正式或非正式搜寻渠道	正式搜寻渠道	61.376	60
	非正式搜寻渠道	61.252	15
求职大学生学习成绩自我评价	满意	54.212	15
	一般	63.358	15
	不满意	70.206	15
求职大学生工作实习经验	有	55.781	15
	没有	67.902	60
求职大学生性别	男	58.734	15
	女	66.059	60
求职大学生的家庭所在地	城市	75.625	60
	农村	54.413	15
求职大学生的家庭经济状况	好	78.014	60
	一般	64.271	15
	差	51.346	15
就业指导或就业培训	有	58.491	15
	没有	66.913	15

分类变量		工作搜寻持续时间	
		均值	中位数
求职大学生期望就业地区	大城市和沿海城市	61.907	15
	中小城市及其他	60.545	15
求职大学生期望就业单位	国有机关和企事业单位	64.826	60
	外资企业	61.168	15
	民营企业	51.751	15
求职大学生就业前景自我评价	好	51.96	15
	一般	64.37	15
	差	91.956	60
求职大学生期望工作年限	一年及以上	59.763	15
	半年到1年	64.275	15
	半年以内	67.142	15

D. 求职大学生为男性时，其工作搜寻持续时间的均值和中位数都要低于女性，初步符合理论的推断。

E. 求职大学生的家庭位于城市时，其工作搜寻持续时间的均值和中位数都要高于家庭位于农村的大学生，不符合理论的推断。

F. 求职大学生的家庭经济状况越好，其工作搜寻持续时间的均值和中位数都要越长，不符合理论的推断。

G. 求职大学生接受就业指导或就业培训的时候，其工作搜寻持续时间的均值都要越短，初步符合理论的推断。

H. 求职大学生期望就业地区不论是大城市和沿海城市或者是中小城市及其他，其工作搜寻持续时间的均值和中位数没有太大差别，不符合理论的推断。

I. 求职大学生期望就业单位为国有机关和企事业单位的时候，其工作搜寻持续时间的均值和中位数最长，其次为外资企业，最短的是民营企业，初步符合理论的推断。

J. 求职大学生就业前景自我评价好，其工作搜寻持续时间的均值和中位数最短，初步符合理论的推断。

K. 求职大学生期望工作年限越长，其工作搜寻持续时间的均值最短，不符合理论的推断。

其次，为进一步确认分类变量各水平的大学生工作搜寻持续时间是否存在差异性，本书进一步对分类变量各水平的生存函数一致性进行非参数检验，检验分组变量各水平所对应的生存函数是否一致，包括对数秩检验（Log - rank Test）、威尔科克森检验（Wilcoxon Test）和似然比检验（Likelihoodratio Test）。分类变量的非参数检验结果参见表3.29。根据检验值，有：

表3. 29　分类变量各水平的生存函数一致性检验结果

分类变量	Log Rank 检验		Wilcoxon 检验		−2Log（LR）检验	
	Chi-Square	Sig.	Chi-Square	Sig.	Chi-Square	Sig.
正式或非正式搜寻渠道	10. 0034	0. 0016	9. 6760	0. 0019	6. 3571	0. 0117
求职大学生学习成绩自我评价	11. 9094	0. 0026	4. 9210	0. 0854	15. 4787	0. 0004
求职大学生工作实习经验	30. 7069	<. 0001	24. 8021	<. 0001	32. 9944	<. 0001
求职大学生性别	0. 0833	0. 7729	1. 7010	0. 1922	0. 5526	0. 4573
求职大学生的家庭所在地	0. 2613	0. 6092	1. 9787	0. 1595	0. 9300	0. 3349
求职大学生的家庭经济状况	11. 8385	0. 0080	8. 5961	0. 0352	8. 5961	0. 0352
就业指导或就业培训	3. 9711	0. 0463	3. 0993	0. 0783	6. 2192	0. 0126
求职大学生期望就业地区	1. 5263	0. 2167	2. 1105	0. 1463	1. 2264	0. 2681

分类变量	Log Rank 检验		Wilcoxon 检验		−2Log（LR）检验	
	Chi-Square	Sig.	Chi-Square	Sig.	Chi-Square	Sig.
求职大学生期望就业单位	2.7500	0.4318	2.3198	0.5087	2.3198	0.5087
求职大学生就业前景自我评价	36.2251	<.0001	29.3749	<.0001	49.7339	<.0001
求职大学生期望工作年限	21.9041	<.0001	19.0551	<.0001	13.4385	0.0012

A. 正式或非正式搜寻渠道的生存函数存在显著差异；B. 求职大学生学习成绩自我评价各水平的生存函数存在显著差异；C. 求职大学生是否有工作实习经验的生存函数存在显著差异；D. 求职大学生性别的生存函数不存在显著差异；E. 求职大学生的家庭所在地的生存函数不存在显著差异；F. 求职大学生的家庭经济状况各水平的生存函数存在显著差异；G. 求职大学生是否接受就业指导或就业培训的生存函数不存在显著差异；H. 求职大学生期望就业地区的生存函数不存在显著差异；I. 求职大学生期望就业单位的生存函数不存在显著差异；J. 求职大学生就业前景自我评价各水平的生存函数存在显著差异；K. 求职大学生期望工作年限各水平的生存函数存在显著差异。

②连续变量的非参数检验

为检验大学生工作搜寻影响因素中的连续变量与职位空缺持续时间的联系密切程度，对连续变量进行非参数检验，检验结果参见表3.30。根据 Log Rank 和 Wilcoxon 检验值，可以发现，求职大学生保留工资和求职大学生月消费水平都与大学生工作搜寻持续时间有显著联系。

表 3.30　连续变量与大学生工作搜寻持续时间关系的检验结果

连续变量	Log Rank 检验		Wilcoxon 检验	
	Chi-Square	Sig.	Chi-Square	Sig.
求职大学生保留工资（元）	5.5491	0.0185	6.1511	0.0131
求职大学生月消费水平（元）	5.8893	0.0152	6.0854	0.0136

为更加详细把握大学生工作搜寻影响因素的影响程度和影响方向，本书将进一步对大学生工作搜寻危险率模型进行回归分析。

（2）大学生工作搜寻危险率模型的回归分析

为简化分析，对大学生工作搜寻危险率模型进行 Cox 模型（半参数模型）的回归分析。大学生工作搜寻危险率 Cox 模型的回归分析结果参见表 3.31。

A. 求职大学生使用正式搜寻渠道时，其相对危险率是使用非正式搜寻渠道的 0.791 倍，表明求职大学生使用正式搜寻渠道时的工作搜寻持续时间要更长些，且参数检验显著，该回归分析结果与理论推断一致。

表 3.31　大学生工作搜寻危险率 Cox 模型回归分析结果

大学生工作搜寻影响因素		Cox 模型				
		Parameter Estimate	Standard Error	Chi-Square	Pr > Chi - Sq	Hazard Ratio
搜寻渠道（基准变量为非正式搜寻渠道）	正式搜寻渠道	- 0.23394	0.10800	4.6920	0.0303	0.791
求职大学生学习成绩自我评价（基准变量为不满意）	满意	- 0.13166	0.16534	0.6341	0.4258	0.877
	一般	- 0.24368	0.15499	2.4721	0.1159	0.784
求职大学生工作实习经验（基准变量为没有）	有	0.43023	0.10760	15.9888	< .0001	1.538
求职大学生性别（基准变量为女性）	男	0.01663	0.10905	0.0233	0.8788	1.017

大学生工作搜寻影响因素		Cox 模型				
		Parameter Estimate	Standard Error	Chi-Square	Pr > Chi-Sq	Hazard Ratio
求职大学生的家庭所在地（基准变量为农村）	城市	-0.00800	0.11902	0.0045	0.9464	0.992
求职大学生的家庭经济状况（基准变量为好）	一般	-0.36443	0.15078	5.8420	0.0156	0.695
	差	-0.11566	0.16765	0.4760	0.4903	0.891
就业指导或就业培训（基准变量为没有）	有	0.09895	0.11107	0.7935	0.3730	1.104
求职大学生期望就业地区（基准变量为中小城市及其他）	大城市和沿海城市	-0.10259	0.10449	0.9640	0.3262	0.902
求职大学生期望就业单位（基准变量为民营企业）	国有机关和企事业单位	-0.07924	0.13244	0.3580	0.5496	0.924
	外资企业	-0.13057	0.17198	0.5764	0.4477	0.878
求职大学生就业前景自我评价（基准变量为差）	好	0.82793	0.19181	18.6313	<.0001	2.289
	一般	0.38599	0.19584	3.8845	0.0487	1.471
大学生保留工资自然对数		-0.35801	0.13055	7.5209	0.0061	0.699
大学生月消费水平自然对数		0.20482	0.14577	1.9742	0.1600	1.227
大学生期望工作年限（基准变量为半年以内）	一年及以上	0.07346	0.19289	0.1450	0.7033	1.076
	半年到1年	0.45571	0.20515	4.9343	0.0263	1.577

B. 求职大学生学习成绩自我评价为满意和一般时，其相对危险率分别是不满意的0.877倍和0.784倍，表明求职大学生学习成绩越好，其工作搜寻持续时间要更长些，但是参数检验不显著，该回归分析结果与理论推断并不一致。可能原因在于，学习成绩越好的求职大学生具有更多工作选择机会，并不着急实现就业，为此体现为更长的工作搜寻持续时间。

C. 求职大学生有工作实习经验时的相对危险率是没有的1.538倍，表明求职大学生有工作实习经验时的工作搜寻持续时间要更短些，且参数检验显著，该回归分析结果与理论推断一致。

D. 男求职大学生的相对危险率是女求职大学生的 1.017 倍，表明男求职大学生的工作搜寻持续时间要略微短些，该回归分析结果与理论推断一致。

E. 家庭位于城市的求职大学生的相对危险率是家庭位于农村的 0.992 倍，两类家庭背景的求职大学生的工作搜寻持续时间没有太大区别，该回归分析结果与理论推断并不一致。

F. 家庭经济状况一般和差的求职大学生，其相对危险率分别是家庭经济状况好的 0.695 倍和 0.891 倍，即工作搜寻持续时间要长些，该回归分析结果与理论推断一致。

G. 已经接受就业指导或就业培训的求职大学生的相对危险率是没有接受的 1.104 倍，即工作搜寻持续时间要短些，该回归分析结果与理论推断一致。

H. 期望就业地区为大城市和沿海城市的求职大学生的相对危险率是期望就业地区为中小城市及其他的 0.902 倍，即工作搜寻持续时间要略微长些，虽然参数检验不显著，但是该回归分析结果与理论推断一致。

I. 期望就业单位分别为国有机关和企事业单位以及外资企业的求职大学生，其相对危险率分别是期望就业单位为民营企业的 0.924 倍和 0.878 倍，即工作搜寻持续时间都要略微长些，虽然参数检验不显著，但是该回归分析结果与理论推断一致。

J. 求职大学生就业前景自我评价为好和一般时，其相对危险率分别是自我评价差的 2.289 倍和 1.471 倍，且参数检验显著，即工作搜寻持续时间都要更短些，该回归分析结果与理论推断一致。

K. 求职大学生保留工资的相对危险率是 0.699，且参数检验显著，即表明保留工资的自然对数取得 1 个正的增量时，相对危险率会下降，大学生工作搜寻持续时间会相应延长，该回归分析结果与理论推断一致。

L. 求职大学生月消费水平的相对危险率是 1.227，即表明月消费水平的自然对数取得 1 个正的增量时，相对危险率会上升，大学生工作搜寻持续时间会相应缩短，该回归分析结果与理论推断不一致。

M. 求职大学生的期望工作年限在一年及以上和半年到1年时，其相对危险率分别是期望工作年限在半年以内的1.076倍和1.577倍，即工作搜寻持续时间都要更短些，该回归分析结果与理论推断并不一致。更进一步分析可以发现，求职大学生的期望工作年限在一年及以上的数量有719人，其中就业前景自我评价为好和一般的求职大学生分别为359人和287人，共计646人占89.8%。由此可见，期望工作年限在一年及以上的求职大学生拥有比较强的工作搜寻能力，能够获得更多的工作机会，从而提高其接受工作机会的概率，最终体现为相对更短的工作搜寻持续时间。

表3.32　大学生工作搜寻危险率 Cox 模型拟合结果

	Chi – Square	Pr > Chi – Square
Likelihood Ratio	93.8783	<0.0001
Score	92.0636	<0.0001
Wald	89.7639	<0.0001

本书还对大学生工作搜寻危险率 Cox 模型的拟合结果进行了检验，具体模型拟合检验结果参见表3.32。由结果可知大学生工作搜寻危险率 Cox 模型相当显著，即表明 Cox 模型较好地拟合了本书所利用的调查数据。

（3）大学生工作搜寻生存分析实证结果的相关讨论

①实证结果为大学生工作搜寻影响因素的理论推断提供了支持

A. 实证结果支持了大学生工作搜寻影响因素的大部分理论推断，并相应为所构建的大学生工作搜寻决策方程提供了支持。

B. 实证结果支持了"大学生工作搜寻实现的理论研究脉络是基于大学生的工作接受过程"的推断，而且支持了"大学生工作搜寻过程是以大学生工作搜寻实现过程为核心，向后包括大学生工作搜寻后磨合过程"的推断。

C. 实证结果支持了"大学生工作搜寻影响因素可能来源于大学生搜寻主体、搜寻过程和搜寻环境三个方面"的理论推断。

②实证结果为我们从供给侧理解中国大学生就业市场实践提供了一定程度的支持。

A. 实证结果显示，期望就业地区为大城市和沿海城市，以及期望就业单位分别为国有机关和企事业单位以及外资企业的求职大学生工作搜寻持续时间都要略微长些，一方面反映大城市和沿海城市、国有机关和企事业单位以及外资企业对于求职大学生的吸引力，另一方面也提示，在中小城市及其他地区和民营企业中的就业潜力值得进一步去重视和挖掘，进行调整后可能成为求职大学生的重要就业实现区域和单位。

B. 实证结果显示，具有工作实习经验的求职大学生在工作搜寻上具有更多的优势，进一步印证了上文分析所指出的企业（雇主）在搜寻中通常会利用职位的工作经验要求等可观察的指标来作为甄别求职者生产率的工具的判断，从而要求在大学教育中，尤其是操作性比较强烈的专业教育中，继续强化和优化目前所实行的"让大学生多参加实践活动"的相关制度和安排，进一步提升求职大学生的工作搜寻能力，更好实现就业。

C. 实证结果显示，非正式渠道在大学生就业中的作用比较明显。其中，家庭经济状况一般和差的求职大学生的工作搜寻持续时间要比家庭经济状况好的要长些，一定程度反映了家庭经济状况好的求职大学生能够获得来自家庭的各种推介机会。另外，已经接受就业指导或就业培训的求职大学生的工作搜寻持续时间要短些。为此，对于不能从家庭获取更多求职支持的大学生，需要好好利用学校和社会所提供的就业指导或就业培训机会，从而拓展自己的求职渠道，提高就业实现效率。

D. 实证结果显示，求职大学生的保留工资越高，其工作搜寻持续时间相应会越长。保留工资依旧是大学生工作搜寻决策的关键依据。在调查问卷的 A17 问题"在求职过程中，您优先考虑的因素是（可选一项或两项）：A. 地域；B. 薪酬与福利；C. 单位性质；D. 单位声誉；E. 个人发展空间；F. 家庭期望；G. 其他"的回答中，选择"薪酬与福利"选项的有 386 名求职大学生，占 38.2%。由此可见，大学生工作搜寻的决策依据呈现多元化的态势，这为企业（雇主）吸引合适的求职大学生及其在企业人力资源管理方面采取更有针对性措施来降低员工流失等，都给出了很多启示。

3.3 大学生就业的匹配博弈行为分析

恰如上文分析所指出的，企业（雇主）和大学生的双向搜寻和匹配博弈过程是大学生就业研究的核心和基础。在企业（雇主）搜寻和大学生工作搜寻的生存分析中，本书通过假定大学生接受工作机会的概率为 1 来简化研究，暂时先不考虑企业（雇主）和大学生的匹配博弈问题，从而集中研究了企业（雇主）和大学生的双向搜寻行为。在本节中，将侧重揭示企业（雇主）和大学生的匹配博弈过程。

在上文所给出的大学生和企业（雇主）的匹配博弈均衡实现条件中，企业（雇主）和求职者能否在匹配收益分配上达成一致，即企业（雇主）和求职大学生的定价能力，是匹配博弈均衡得以实现的关键。基于以上的理论分析基础，为更加深入探究大学生和企业（雇主）匹配博弈中各自的决策行为，本书拟采用实验研究方法模拟大学生和企业（雇主）的匹配博弈过程。

3.3.1 匹配博弈实验设计

1. 实验设计的思路

为采用实验方法模拟大学生和企业（雇主）的匹配博弈过程，设计了以下实验场景。

（1）企业（雇主）和求职大学生的定价

企业（雇主）和求职大学生的定价能力，是匹配博弈均衡得以实现的关键。其中，对于求职大学生而言，所读学校、专业和学习成绩等都能够体现其人力资本高低的信号，高人力资本大学生的定价能力会越高。对于企业（雇主）而言，大学生就业市场环境越紧张，会赋予企业（雇主）在匹配博弈过程中更高的定价能力，反之亦然。

为此，在实验中按照人力资本信号的高低假定有高和低人力资本两种类型的求职大学生，由于能够发出更高人力资本信号的求职大学生的学习能力会相应更强，因此，假定高人力资本信号的求职大学生所付出的成本要更低些。另外，高人力资本信号的求职大学生如果被雇用以后，企业（雇主）会预期其能够带来更多的收益。

（2）搜寻持续时间延长

上文研究显示，随着搜寻持续时间的不断延长，求职大学生的保留工资和企业（雇主）的保留生产率会不断下调，即企业（雇主）和求职大学生都需要承担不小的时间机会成本，为此，在实验中利用随搜寻持续时间延长而不断递减的收益系数来加以表示。

（3）搜寻相关的补贴或成本

大学生就业市场环境变化明显，搜寻相关的补贴或成本会对企业（雇主）和求职大学生的匹配博弈行为产生影响。

（4）匹配均衡最大化

假定在生产过程中企业只使用劳动要素，且同时使用高和低人力资本两种类型的求职大学生，企业追求利润最大化，并假定求职大学生追求效用最大化，则有企业（雇主）的匹配均衡利润最大化方程和求职大学生的匹配均衡效用最大化方程分别为：

$$\prod = \sum_{i=1}^{2} (R_i - w_i)\sigma_t + b \tag{3.23}$$

$$U_i = w_i\sigma_t - c_i \tag{3.24}$$

s. t. （大学生就业市场环境约束条件）$\theta = v/u$

其中，$\prod$ 为企业（雇主）的匹配均衡支付（利润），R_i 为不同人力资本类型求职大学生所带来的预期收益，w_i 为企业（雇主）支付给不同人力资本类型大学生的工资，b 为企业（雇主）雇用求职大学生所获得的搜寻补贴或付出的搜寻成本，当为搜寻补贴时 b 为正值，当为搜寻成本时为负值。U_i 为求职大学生的匹配均衡支付（效用），c_i 为不同类型求职大学生所付出的人力资本投资成本，$i=1,2$（1 代表高人力资本信号的求职大学生，2 代表低人力资本信号的求职大学生）。σ_t 为阶段收益系数，t 为搜寻持续时间，该系数随搜寻持续时间阶段不断递减。$\theta = v/u$ 表示大学生就业市场环境这一约束条件，其中 v 为企业（雇主）的职位空缺数，u 为求职大学生人数，$\theta > 1$ 表示大学生就业市场环境比较宽松，$\theta < 1$ 表示大学生就业市场环境比较紧张。

（5）推论

A. 由于高人力资本信号的求职大学生预期能够为企业（雇主）带来更多的收益，因此，利润最大化企业（雇主）有激励为高人力资本信号的求职大学生提供更高的工资水平。相类似地，高人力资本信号的求职大学生所愿意接受的工资报价也要高些。

B. 当大学生就业市场环境更加紧张的时候，依据上文的推论，两种类型的求职大学生都会缩短搜寻持续时间，其中，高人力资本信号的求职大学生由于其保留工资水平更高些，在没有获得令其满意的工资报价的时候，其搜寻持续时间会更长些。

C. 当企业（雇主）雇用求职大学生能够获得更多搜寻补贴的时候，企业（雇主）会更加容易提出相对更高的工资报价来促成匹配。反之，企业（雇主）会在工资报价时更加趋于谨慎和节约成本，即会相对低些。

D. 随着搜寻持续时间的不断延长，企业（雇主）有可能会提高工资报价以促成匹配，从而避免更多的时间机会成本。而两种类型的求职大学生可能也会愿意接受之前拒绝的工资报价，进而规避更多的时间机会成本。

2. 实验设计的内容

本书共设计了 9 轮实验并有 10 组实验参与者来完成，在每一组实验参与者有三人，包括一个企业、一名高人力资本信号的求职大学生和一名低人力资本信号的求职大学生，并在实验中有如下设计安排。

（1）搜寻期限

企业和求职大学生的搜寻期限用每轮实验的实验阶段数来表示。其中，第一到第八轮都是20个实验阶段，第九轮是10个实验阶段，且不同实验阶段的系数随实验阶段的延长而不断递减，即时间机会成本不断提升。具体参见表3.33。

（2）就业市场环境

大学生就业市场环境用求职大学生抽中工作机会的概率来表示，（0，0，1，1）表示正常的大学生就业市场环境有50%的抽中概率，（0，0，0，1）表示比较紧张的市场环境只有25%的抽中概率。其中，第一到第七轮实验都是（0，0，1，1）的大学生就业市场环境，第八到第九轮实验是（0，0，0，1）的大学生就业市场环境。

表3.33 九轮实验每个阶段对应的系数

第一、二、三、四轮实验每个阶段对应的系数									
阶段	1	2	3	4	5	6	7	8	9	10
系数	20	19	18	17	16	15	14	13	12	11
阶段	11	12	13	14	15	16	17	18	19	20
系数	10	9	8	7	6	5	4	3	2	1

第五、六、七、八轮实验每个阶段对应的系数									
阶段	1	2	3	4	5	6	7	8	9	10
系数	30	28.5	27	25.5	24	22.5	21	19.5	18	16.5
阶段	11	12	13	14	15	16	17	18	19	20
系数	15	13.5	12	10.5	9	7.5	6	4.5	3	1.5

第九轮实验每个阶段对应的系数									
阶段	1	2	3	4	5	6	7	8	9	10
系数	15	13.5	12	10.5	9	7.5	6	4.5	3	1.5

资料来源：Cox James C., Oaxaca Ronald L. Laboratory Experiments with a Finite – Horizon Job – Search Model [J]. Journal of Risk and Uncertainty，1989，2：301 – 330.

（3）搜寻补贴和搜寻成本

在实验中模拟了企业（雇主）搜寻中获得了相应搜寻补贴和付出了相应搜寻成本这两种场景。其中，第一、二、三、五、六、八、九轮实验的搜寻补贴和成本都是零，第四轮实验有搜寻补贴 5 点实验货币，为正值，第七轮实验有搜寻成本 -10 点实验货币，为负值。

（4）不同类型大学生的人力资源投资成本和预期企业收益

在实验中，高和低人力资本信号的求职大学生的人力资本投资成本分别设定为 1.5 点和 7.5 点实验货币，高和低人力资本信号的求职大学生预期能够为企业（雇主）带来的收益分别设定为 8.5 点和 1.7 点实验货币。企业的工资报价区间为 [0, 10]。具体参见表 3.34。

表 3.34　不同类型大学生的人力资本投资成本和预期企业收益

人力资本信号类型	求职大学生的人力 资本投资成本	求职大学生创造的 预期企业收益
高	1.5	8.5
低	7.5	1.7

资料来源：Kübler Dorothea, Müller Wieland, Normann Hans - Theo. Job Market Signaling and Screening：An Experimental Comparison [R], IZA DP No. 1794, 2005.

在实验中，企业了解求职大学生的人力资本信号的高低类型，以及不同类型大学生的人力资本投资成本和预期创造的收益等信息，不同类型的求职大学生了解自己的人力资本投资成本和预期为企业创造的收益等信息，但是不了解其他类型求职大学生的相关信息。在该实验中，一旦实验参与者被随机分配了企业、高和低人力资本信号的求职大学生三种类型后，在整个实验中实验参与者就一直是该类型参与者，且每个阶段的配对保持不变。

三个实验参与者将参与九轮次的实验，每一轮实验有 20 个或 10 个实验阶段，参与者不一定要使用完所有的实验阶段，在计算自己的收益后，高人力资本大学生或低人力资本大学生可以在实验的任何一个阶段中接受企业的工资报价，从而停止该轮实验，如果选择继续实验，那么该轮实验不能超过规定的实验阶段数。其中：A. 第一、二、三轮实验，都是（0，0，1，1）所表示的大学生就业市场环境，最多 20 个实验阶段，且没有搜寻补贴或成本；B. 第四轮实验，是（0，0，1，1）所表示的大学生就业市场环境，最多 20 个实验阶段，有搜寻补贴；C. 第五、六轮实验，都是（0，0，1，1）所表示的大学生就业市场环境，最多 20 个实验阶段，且没有搜寻补贴或成本，实验阶段系数增加了第一到四轮的 1.5 倍。D. 第七轮实验，是（0，0，1，1）所表示的大学生就业市场环境，最多 20 个实验阶段，有搜寻成本，实验阶段系数增加了第一到四轮的 1.5 倍；E. 第八轮实验，是（0，0，0，1）所表示的比较紧张的大学生就业市场环境，最多 20 个实验阶段，且没有搜寻补贴或成本，实验阶段系数增加了第一到四轮的 1.5 倍；F. 第九轮实验，是（0，0，0，1）所表示的大学生就业市场环境，缩短为 10 个实验阶段，且没有搜寻补贴或成本，但是实验阶段系数有所变化。

实验的具体流程如下：A. 每一轮实验的每个阶段大学生从（0，0，1，1）或（0，0，0，1）四个签中进行抽取，只有抽中了"1"签即获得工作机会的大学生才能继续和企业进行工资报价匹配博弈，否则要重新抽取；B. 企业从［0，10］中选取一个数值为抽中了"1"签的不同类型大学生提供工资报价，可以是非整数，允许有小数点；C. 抽中了"1"签即获得工作机会的大学生决定是接受工资报价，还是继续实验以获得新的工资报价；D. 在大学生接受企业提供的工资报价后，该轮实验结束。在整个实验结束后，把每轮实验情况汇总后统一结算总企业纯利润和总大学生纯收入。

3.3.2　匹配博弈实验实施

实验于 2016 年 4 月 17 日实施，共征募了 30 名有工作经验背景的实际工作者作为实验参与者，年龄在 25—35 岁之间。实验开始前，30 名实验参与者被随机分为三种类型：企业、高和低人力资本信号的求职大学生。共计 10 组。在整个实验中实验参与者的类型和配对保持不变，实验最终获得了 10 组数据，每一组数据都包括 9 轮实验的相关数据。每一组数据包括有实验组别编号（team）、实验轮次编号（round）、实验阶段编号（step）、高人力资本信号大学生的工作机会（Aoffer）、高人力资本信号大学生的工资报价（Asalary）、低人力资本信号大学生的工作机会（Boffer）、低人力资本信号大学生的工资报价（Bsalary）、实验阶段系数（ratio）、搜寻补贴或成本（extra-benifit）等信息。匹配博弈指导书参见附录3。

3.3.3 匹配博弈实验数据分析和讨论

匹配博弈实验的结果汇总为表3.35。

1. 实验停止阶段即搜寻持续时间普遍都比较短

由实验数据可知，虽然第一到八轮实验提供了20次和第九轮提供了10次的匹配博弈的机会，但是，大部分模拟求职大学生的实验参与者在获得了企业（雇主）所给出的第一次工资报价后，基本会选择接受而停止，甚至在每一轮实验的第一阶段获得工资报价后就选择接受，从而导致每一轮的实验阶段都比较短。

上述实验结果一定程度与上文调查数据所揭示的企业（雇主）和求职大学生的搜寻持续时间普遍不长的统计特征相类似，也与Cox和Oaxaca[1] (1989) 研究所发现的实验参与者急于完成实验的行为倾向相一致。

表 3.35　匹配博弈实验结果汇总

	第一组			
实验轮次	高人力资本信号大学生的实验停止阶段	高人力资本信号大学生获得的工资	低人力资本信号大学生的实验停止阶段	低人力资本信号大学生获得的工资
一、二、三	2；1；8*	1；0.8；0.78	3；1；5	0.5；0.4；0.39
四	1	0.8	2	0.39
五、六	1；2	1；1	4；1	0.4；0.7
七	1	0.78	1	0.39
八	1	0.8	20****	0
九	6	1.3	5	0.85

---

[1] Cox James C., Oaxaca Ronald L. Laboratory Experiments with a Finite – Horizon Job – Search Model [J]. Journal of Risk and Uncertainty, 1989, 2: 301 – 330.

续表

实验轮次	高人力资本信号大学生的实验停止阶段	高人力资本信号大学生获得的工资	低人力资本信号大学生的实验停止阶段	低人力资本信号大学生获得的工资
第二组				
一、二、三	2*; 7**; 2*	8; 1; 4	1; 5; 5**	1; 0.5; 1
四	3	4	7****	1.5
五、六	2; 2	8; 8	2; 2	1.5; 1.5
七	4***	5	1	1.5
八	1	6	1	1.5
九	5	8	3**	1.5
第三组				
一、二、三	1; 4; 4*	6; 6; 6	6**; 3*; 2*	1.5; 1; 1.5
四	5**	7	10****	1.5
五、六	1; 2*	7; 6	1; 1	1; 1
七	2*	6	1	0.5
八	3	6.5	4	1.5
九	1	6.5	1	1.5
第四组				
一、二、三	1; 1; 10****	1; 1.5; 0	2*; 1; 1	1; 1; 1
四	2	3.5	3*	2
五、六	2; 6*	3.5; 3.5	1; 1	1; 1
七	1	3.5	1	1
八	1	3.5	1	1
九	1	3.5	1	1
第五组				
一、二、三	4*; 1; 1	1; 2; 1	2; 1; 1	1; 1; 1
四	1	1	2*	3
五、六	1; 1	1; 1	2*; 2*	2; 3
七	1	2	2*	3
八	1	2	1	2
九	1	2	1	2

注："*"表示拒绝了一次的企业工资报价；"**"表示拒绝了两次的企业工资报价。依此类推。

续表

| 第六组 | | | | |
实验轮次	高人力资本信号大学生的实验停止阶段	高人力资本信号大学生获得的工资	低人力资本信号大学生的实验停止阶段	低人力资本信号大学生获得的工资
一、二、三	4**；3；4	6.5；6.5；6	5**；2；3**	1.5；1；1.5
四	1	6.5	8**	0
五、六	6；3	7；6.5	2；1	1.5；1.5
七	2	7	2	1
八	2	7	2	1
九	3	7	1	1
第七组				
一、二、三	3*；2；1	6；6.5；7.5	4**；2；1	5.5；5；5.5
四	2	7.5	2*	6
五、六	1；1	8；7.5	3**；1	6；5.5
七	1	7.5	1	5.5
八	8	8	3	6
九	4	7	7	5.5
第八组				
一、二、三	9***；3；1	5.5；5.5；5	6**；3：4*	1.5；1；1
四	1	3.5	5	0.7
五、六	1；4*	3.5；5.5	4；2	0.7；0.7
七	3	3.5	1	0.7
八	9	3.5	3	0.7
九	1	3	5	0.7

续表

第九组				
实验轮次	高人力资本信号大学生的实验停止阶段	高人力资本信号大学生获得的工资	低人力资本信号大学生的实验停止阶段	低人力资本信号大学生获得的工资
一、二、三	2*；1；8*	5.5；5.5；4	6***；2；3*	1.5；1.2；1
四	4*	5	7****	1
五、六	1；3*	5；6	2；2	1；1
七	3*	6	3*	1
八	2*	7	2*	1
九	2*	6	3*	0.5
第十组				
一、二、三	3；4*；2	1.5；2.5；1	2；3*；5	0.5；1；1
四	2	1	2	1
五、六	6；3	1；1	1；1	1；1
七	1	1	5*	1
八	1	1	1	1
九	4*	1	6*	1

注："＊"表示拒绝了一次的企业工资报价；"＊＊"表示拒绝了两次的企业工资报价。依此类推。

2. 企业（雇主）给不同类型求职大学生的工资报价基本稳定，且高人力资本信号的求职大学生能够获得更高的工资报价

具体参见表3.36。

表3.36　求职大学生工资报价的描述性统计分析结果

实验组别	求职大学生类型	均值	中位数	标准差
第一组	高人力资本信号	0.918	0.8	0.175
	低人力资本信号	0.447	0.4	0.235

续表

实验组别	求职大学生类型	均值	中位数	标准差
第二组	高人力资本信号	5.778	6	2.489
	低人力资本信号	1.278	1.5	0.363
第三组	高人力资本信号	6.333	6	0.433
	低人力资本信号	1.222	1.5	0.363
第四组	高人力资本信号	2.611	3.5	1.387
	低人力资本信号	1.111	1	0.333
第五组	高人力资本信号	1.444	1	0.527
	低人力资本信号	2	2	0.866
第六组	高人力资本信号	6.667	6.5	0.353
	低人力资本信号	1.111	1	0.485
第七组	高人力资本信号	7.278	7.5	0.667
	低人力资本信号	5.611	5.5	0.333
第八组	高人力资本信号	4.278	3.5	1.064
	低人力资本信号	0.856	0.7	0.274
第九组	高人力资本信号	5.556	5.5	0.846
	低人力资本信号	1.022	1	0.259
第十组	高人力资本信号	1.222	1	0.507
	低人力资本信号	0.944	1	0.167

由表3.36可知，10个组在9个轮次实验中的不同类型求职大学生获得的工资报价基本能够保持一致并略有波动。另外，根据实验所设定的高人力资本信号的求职大学生能够为企业（雇主）带来更高的预期收益，为此，由求职大学生工资报价的描述性统计分析结果可知，利润最大化假定的企业（雇主）会为高人力资本信号的求职大学生提供相对更高的工资报价，这与上文的理论推论是一致的。

3. 在企业（雇主）拥有更强定价能力的情况下，外部环境变化对实验中企业（雇主）的工资报价行为的影响并不明显由于实验设定的是一个企业（雇主）与高和低人力资本信号的两名求职大学生进行匹配博弈，且每个实验阶段的配对保持不变，从而很大程度赋予了企业（雇主）在匹配博弈中更强的定价能力。

通过对实验结果进行方差分析（ANOVA）后发现：A. 第四轮实验增加了企业（雇主）搜寻补贴后，但是企业（雇主）的工资报价行为与第一、二、三轮实验结果相比较没有明显区别；B. 第五、六轮实验的阶段系数增加1.5倍后，但是企业（雇主）的工资报价行为与第一、二、三轮实验结果相比较没有明显区别；C. 第七轮实验增加了企业（雇主）的搜寻成本后，但是企业（雇主）的工资报价行为与第五、六轮实验结果相比较没有明显区别；D. 第八轮实验的大学生工作机会获取概率由50%下降为25%后，大学生就业市场环境更加紧张，但是企业（雇主）的工资报价行为与第五、六轮实验结果相比较没有明显变化；E. 第九轮实验的实验阶段期限缩短，但是企业（雇主）的工资报价行为与第八轮实验结果相比较没有明显变化。上述实验结果与上文的理论推论并不一致。

由此可见，企业搜寻补贴和成本的变化，以及大学生就业市场环境松紧程度的变化，都没有能够对实验中企业（雇主）的工资报价行为产生明显的影响，很大程度显示在实验中企业（雇主）具有更强的定价能力。

4. 求职大学生能够通过拒绝企业（雇主）工资报价的方式来获取部分定价能力，并有利于形成预期和争取更好收益

由于实验设计的原因，企业（雇主）的定价能力要更强一些，甚至于不受到外部环境因素变化的太大影响，但是，实验结果也提示，实验中企业（雇主）所具有的定价能力并不是绝对的。在实验过程中，虽然大部分模拟求职大学生的实验参与者在获得了企业（雇主）所给出的第一次工资报价后，基本会选择接受而停止，但是，拒绝企业（雇主）所给出工资报价的情况依然存在，具体参见表3.37。

表 3.37　求职大学生拒绝工资报价的次数统计表

实验组别	高人力资本信号求职大学生拒绝次数	低人力资本信号求职大学生拒绝次数	合计
第一组	1	4	5
第二组	7	8	15
第三组	5	8	13
第四组	5	2	7
第五组	1	4	5
第六组	2	6	8
第七组	1	5	6
第八组	4	3	7
第九组	7	11	18
第十组	2	3	5

（1）求职大学生都有拒绝工资报价的行为

在企业（雇主）具有强势定价能力的情况下，模拟求职大学生的实验参与者会通过拒绝企业（雇主）所提出的工资报价，从而体现出一定程度的讨价还价能力。另外，根据求职大学生拒绝工资报价的次数统计表，低人力资本信号的求职大学生拒绝工资报价的频率会更高些。究其原因，企业（雇主）为低人力资本信号的求职大学生提供的工资报价相对较低可能是主要因素，为此也一定程度相应拉长了低人力资本信号大学生的工作搜寻持续时间，这与上文的理论研究判断是一致的。

表 3.38　求职大学生拒绝和接受的工资报价情况表

实验组别	高人力资本信号求职大学生		低人力资本信号求职大学生	
	拒绝的工资	接受的工资	拒绝的工资	接受的工资
第一组	NA	0.78	0.38；0.39；0.4；0.6；1.3	0

实验组别	高人力资本信号 求职大学生		低人力资本信号 求职大学生	
	拒绝的工资	接受的工资	拒绝的工资	接受的工资
第二组	6	8	0.5；0.5	1
	2；4	1	0.5；1	1.5
	3	4		
	7；6；5	5		
第三组	5	6	1；1.5	1.5
	6；6.5	7	1	1
	5	6	1	1.5
	5	6	1.5；1.5；1.5；1.5	1.5
第四组	1；1.5；2；3	0	0.5	1
	3	3.5	1.5	2
第五组	1	1	1	3
			1	2
			2	3
			2	3
第六组	5；6	6.5	1；1	1.5
			1；1	1.5
			1；1	0
第七组	5	6	3.5；3.5	5.5
			5	6
			4；5	6
第八组	4；5.5；6	5.5	1；1.5	1.5
	5	5.5	1	1

续表

实验组别	高人力资本信号 求职大学生		低人力资本信号 求职大学生	
	拒绝的工资	接受的工资	拒绝的工资	接受的工资
	NA	5.5	NA；NA；NA	1.5
	NA	4	NA	1
	2	5	0.5；0.5；1；0.5	1
第九组	4	6	0.5	1
	4	6	0.5	1
	4	7	0.5	0.5
	4	6		
	1	2.5	1	1
第十组	1	1	1	1
			1	1

注："NA"表示数据缺失。

（2）求职大学生通过拒绝工资报价的行为能够为自己争取到更好的工资报价

根据求职大学生拒绝和接受的工资报价情况表（参见表3.38），求职大学生在拒绝了工资报价后，一定程度能够给企业（雇主）施加压力，毕竟迟迟不能实现匹配的话企业（雇主）要付出相当的时间机会成本，为此，通过拒绝一次及以上工资报价的方式，求职大学生能够获取一定的定价能力，从而改善自己的收益状况。该实验结果与上文的理论推论一致，即随着搜寻持续时间的不断延长，企业（雇主）有可能会提高工资报价以促成匹配，从而避免更多的时间机会成本。另外，实验结果显示，求职大学生会出于规避更多的时间机会成本的原因，接受之前曾经拒绝的工资报价，甚至接受比之前更低的工资报价来促成匹配，这与上文的理论推论是一致的。

（3）求职大学生通过拒绝工资报价的行为有利于形成匹配双方的预期，从而推动匹配博弈均衡的实现

　　求职大学生拒绝工资报价的行为更多出现在前四轮实验。究其原因，在实验开始阶段主要体现为匹配博弈的双方在相互试探，从而形成对彼此行为的预期，尤其对于处于弱势地位的求职大学生而言更是一个学习和了解就业市场的重要过程。另外，在后几轮实验中所出现的求职大学生拒绝工资报价的情况，很大程度是因为模拟企业（雇主）的实验参与者打破了之前几轮实验彼此形成关于工资报价的预期，因此导致求职大学生拒绝相应的工资报价，而在工资报价回归彼此形成的预期时，匹配博弈均衡就能够实现，相应的工资报价也被接受。

第四章　研究结论与促进大学生就业的对策建议

4.1　研究结论

1. 通过宏观现象分析与微观行为研究相结合，有利于认识和把握大学生就业实现中会遇到的周期性失业、结构性失业和摩擦性失业问题

本书基于国内外就业理论文献的系统性综述，发现就业理论逐步把研究触角从传统宏观就业总量和结构分析延伸到了劳动力市场微观不完善的领域，侧重考察不完全信息状况下劳动力市场中劳动供需主体的行为及其对就业实现的作用，从而为从宏观层面上更准确把握就业问题提供了必要的微观理论解释支撑。而回顾中国大学生就业实践，不难发现，在大学生就业市场配置背景下，大学生就业不仅会受到全社会就业总量波动的影响，而且会面对更为急迫的结构性和摩擦性失业问题。因此，本书选择从微观视角构建起大学生就业搜寻—匹配模型，并开展大学生就业的宏观环境和微观行为的实证分析，希望能够为大学生就业研究提供一个综合性的研究视角。

2. 研究所构建的大学生就业搜寻—匹配模型能够为大学生就业研究提供一个可供参考的微观理论基础

本书认为企业（雇主）与大学生的双向搜寻和匹配博弈过程是大学生就业研究的核心和基础，并通过把该过程划分企业（雇主）传递职位空缺信息和大学生获取职位空缺信息、大学生到达企业（雇主）和企业（雇主）形成候选人池、企业（雇主）挑选求职大学生和大学生参加企业（雇主）甄选、企业（雇主）给出职位雇用条件和大学生收到职位雇用条件、大学生决定是否接受工作机会和企业（雇主）职位空缺是否填补等相互联系的五个环节，从而构建起大学生就业研究的微观理论基础：基于中国情境的大学生就业搜寻—匹配模型。该模型尝试描述中国大学生就业情境与劳动供需双方的搜寻成本、搜寻收益以及匹配博弈谈判能力之间的理论关联度，建立起相互联系的企业（雇主）搜寻决策方程、大学生工作搜寻决策方程以及大学生和企业（雇主）匹配博弈方程，对中国大学生微观就业实现过程进行理论构建和研究。然后，本书开展了对 2012—2015 年经济增长就业弹性进行的面板数据分析、企业（雇主）搜寻和大学生工作搜寻行为的生存分析、大学生和企业（雇主）的匹配博弈行为的实验模拟分析，多方位实证分析了大学生就业的宏观环境和微观行为，实现了规范分析方法与实证研究方法的有机结合，从而为深入研究中国大学生就业问题的成因和对策提供了有益的理论分析框架。

4.2　促进大学生就业的对策建议

经济发展新常态下，经济增长将更多依靠人力资本质量和技术进步，创新成了驱动发展的新引擎。高等教育是社会重要的人力资本投资途径，是中国深入实施科教兴国战略和人才强国战略的关键。大学生与生产资料有效结合所产生的先进生产力，对中国加快建设创新型国家至关重要。为此，促进大学生就业，不仅是缓解日益增大的大学生就业压力的需要，更是引导全社会人力资本投资和实现经济持续健康高效发展的需要。基于企业（雇主）与大学生的双向搜寻和匹配博弈过程，本书对大学生就业实现问题进行了理论、宏观和微观数据研究，并在本部分提出相应的政策与启示。

4.2.1 建立以匹配效率为导向的大学生就业支持体系

大学生就业问题不仅包括总量性，而且包括结构性和摩擦性问题，而且根据大学生就业的理论研究脉络，企业（雇主）与大学生的双向搜寻和匹配博弈过程是研究的核心和基础，其中，企业（雇主）和大学生自身条件及其所处的内外部环境因素，都会对匹配效率产生重要影响。

1. 促进大学生就业要通过统筹兼顾摩擦性、结构性和周期性等问题来提高匹配效率

（1）短期内以缓解摩擦性失业程度为抓手来实现大学生就业匹配均衡

生存分析以及匹配博弈实验结果提示我们，虽然企业（雇主）和求职大学生的搜寻持续时间都相对不长，但是信息不对称以及企业（雇主）和求职大学生需要时间去建立和调整彼此预期，为此，在短期内实现大学生就业匹配均衡要处理好摩擦性失业的问题，并以就业信息资源有效配置和传递为工作切入口。

①强化大学、公共和私人等就业服务机构的战略合作关系，为企业和求职大学生提供更为便捷的就业信息服务

对于企业和求职大学生而言，虽然非正式搜寻渠道搜寻的成功概率更高，但是大量的企业和求职大学生依然主要通过大学、公共和私人就业服务机构等这些正式搜寻渠道来实行人职匹配。根据上文研究结果，企业和求职大学生使用正式搜寻渠道时的职位空缺持续时间和工作搜寻持续时间都要更长些。为此，为有效缓解摩擦性失业给大学生就业匹配均衡带来的影响，整合资源提升正式搜寻渠道的运行效率是必由之路。

当前，大学生就业服务机构、公共就业服务机构和私人就业服务机构处于相对独立的运作状态，就业信息的传递存在很多障碍，求职大学生和企业（雇主）的信息有效传递给对方的沟通渠道存在很大的不确定空间，导致企

业（雇主）和大学生所获得的是碎片化的就业信息，且就业信息的实效性也受到影响，即就业信息双向传递和双向送达的精准程度还有很大的提高空间。为此，强化大学就业服务机构、公共服务机构和私人就业服务机构之间的战略合作关系，是有效提升正式搜寻渠道的运行效率的重要选择。

由于不同类型的就业服务机构在服务对象和服务性质方面存在着差别，因此，要采取普惠性和差异性就业服务相结合的方式来实现就业服务机构之间的战略合作关系。A. 强化顶层设计，由国务院和各省市（自治区）人民政府进行统筹，打通跨省市（自治区）和各省市（自治区）内部公共就业服务机构的信息障碍，推动公共就业服务机构的就业信息互联互通，并逐步加大国家财政资金采购高品质的市场化就业服务产品的力度，提高公共就业服务水平，形成全覆盖的普惠性公共就业服务网络体系，为参与其中的企业（雇主）和求职大学生提供便捷高效的普惠性服务，进而提高其利用公共就业服务网络体系的信心，更好促成人职匹配。B. 鼓励大学就业服务机构和私人就业服务机构加强合作，通过持续跟踪大学生从入学到毕业的全部学习过程，并根据大学生的实际情况提前导入潜在企业（雇主）相关信息，从而为大学生和企业（雇主）都提供全方位动态的差异性就业服务，为大学生和企业（雇主）赢取更丰裕的匹配时间和空间，更好促成人职匹配。

②突出预期管理在就业宏观管理中的地位和作用，调整和引导企业和求职大学生形成合理预期

随着宏观管理不断重视政策实施后被调控对象的行为变化，预期管理成为宏观调控的重要手段和工具。企业和求职大学生的微观行为研究结果告诉我们，随着搜寻持续时间的延续，企业和求职大学生会持续调整工资出价和保留工资的相应预期，从而实现匹配均衡。一直以来，充分就业就是重要的宏观经济管理目标。为此，需要突出预期管理在就业宏观管理中的地位和作用，从而有效缓解摩擦性失业给大学生就业匹配均衡带来的影响。

第一，统筹现有国家层面就业预警的相关资源，依托全覆盖的普惠性公共就业服务网络体系，并充分引入私人就业服务机构的力量，对就业形势开

展前瞻性的趋势预测和分析，形成年度和季度的就业预警报告，并利用求职人数和职位空缺的相关数据形成简单易懂的就业预警指数，不断建立和形成就业预警的品牌效应和公信力，更好地调整和引导企业和求职大学生形成合理预期。第二，整合目前已有的国家和各省市（自治区）的公共就业信息发布资源，依托公共就业服务机构和私人就业服务机构所形成的战略合作关系，更详尽地对就业形势进行现状分析和政策宣传，从而形成国家和省市（自治区）层面的年度和季度就业形势报告，进一步调整和引导企业和求职大学生形成合理预期。第三，丰富日常就业信息发布的方式方法，除了采用定期化的信息发布机制如新闻发布会和专访之外，更可以筛选出有价值的就业信息，依托公共就业服务机构、私人就业服务机构和大学就业服务机构所形成的网络体系，采取滚动信息发布、新媒体平台推送等多种多样的形式及时精准推送给企业和求职大学生。

（2）中长期内以关注结构性和周期性失业问题为重心来实现大学生就业匹配均衡

大学生就业的宏观总量和结构分析结果提示我们，虽然经济增长有就业创造效应，但是经济结构调整和经济周期性波动也会传导到要素市场，使得企业（雇主）所提供的工作岗位在结构和总量方面出现动态性变化，对求职大学生的人力资本投资结构和更新速度提出了更高的要求。为此，在中长期内实现大学生就业匹配均衡要处理好结构性和周期性失业的问题，并以工作岗位资源的有效配置和持续创造为工作切入口。

①以有效平衡实体和虚拟经济的发展关系来促进大学生就业

第一，要坚持执行稳健的货币政策，规范和约束金融机构的资产管理业务，防范系统性金融风险，扭转金融机构通过"脱实向虚"的资金配置来获利的行为取向。第二，要通过结构化的税收安排来引导金融机构的资金配置行为。一方面增加金融机构通过"脱实向虚"业务所获收益的税率，另一方面为金融机构积极参与实体经济企业降低杠杆率的债转股等业务提供税收减免，引导金融机构的资金配置不断"脱虚向实"。第三，要进一步优化实体经济的营商环境，降低营商成本和创造营商机会并举，创造出实体经济更多的投资机会。

②以推进区域一体化来促进大学生就业

第一，教育，卫生和社会工作，金融业，信息传输、软件和信息技术服务业的就业弹性分析显示，东部地区能够为大学生就业提供更多的新兴产业的工作岗位，是大学生求职的主要目标区域，为此，应该把打通东部和中西部地区公共就业服务机构的信息障碍作为构建全覆盖的普惠性公共就业服务网络体系的重点，加速推进东中西部劳动力市场一体化进程，跨区域配置就业岗位资源，为包括大学生在内的所有求职者提供更多的就业选择。第二，通过推进区域城市群建设和产城融合进程来提升全社会固定资产投资的效率，维持和提升建筑业和制造业的就业弹性，为产业和城市发展蓄积潜在能量，不仅缓解大学生面临的短期就业压力，更有利于未来创造更优质的工作岗位。

③以推进产业转型升级来促进大学生就业

经济发展新常态下，我国在"创新、协调、绿色、开放、共享"五大发展理念指导下积极开展经济转型升级工作，就业弹性分析结果显示已经取得了相当的成效，尤其在东部地区已经出现了明显的产业转型升级的迹象和成果。随着全国产业转型升级步伐的不断加快，旧有工作岗位不断消失，而新兴工作岗位不断涌现，这对劳动力所具有的人力资本会提出更多和更高的要求。对于拥有一定人力资本的大学生而言，既面临难得的就业机遇，也带来了人力资本持续更新的挑战。

④以鼓励创业创新活动来促进大学生就业

虽然本书对于大学生通过创业创新实现自我雇佣并没有进行研究，但是调查问卷显示，虽然选择的比例不高，但是自主创业也是大学生实现就业的一个选项。由于处于职业生涯的初期，诸多条件的限制使得大学生创业创新的成功率不高，但是此类尝试活动有利于提升大学生的人力资本，更是全社会经济转型升级的重要组成部分。

2. 促进大学生就业要统筹兼顾企业（雇主）、大学生及其所处的内外部环境因素来提高匹配效率

（1）要重视和发挥企业在工作岗位创造方面的主体作用

根据企业（雇主）与大学生的双向搜寻和匹配博弈过程，企业（雇主）传递职位空缺信息才触发了大学生的就业进程，没有企业所创造和提供的工作岗位，谈不上大学生就业的实现。从宏观来看，企业如果在商品市场中持续不断提供产品和服务，才会不断引致出在要素市场中对包括劳动要素在内的一系列生产要素的需求，即著名的引致需求原理。为此，促进大学生就业，需要重视和发挥企业在工作岗位创造方面的主体作用。

（2）要全方位提升大学生实现就业的能力

自 Beveridge[1]（1909）提出就业能力（employability）概念以来，如何提高就业能力以增加就业机会一直是国内外就业理论和政策研究的热点，Hillage 和 Pollard[2]（1998）把就业能力定义为劳动者获得最初工作、保住工作、在同一个组织内部转换职位、如果需要能够获取新工作以及确保能够恰当和有效完成工作的能力，甚至认为就业能力比简单的就业状态要更加重要。McQuaid 和 Lindsay[3]（2005）更是从个人因素、个人环境和外部因素等三个维度对就业能力的影响因素进行了系统归类。上述就业能力的研究成果与本书依托大学生与企业（雇主）之间双向搜寻和匹配博弈过程所提炼出的大学生就业影响因素在本质上是一致的，即大学生就业影响因素会直接体现为大学生实现就业的能力高低。为此，促进大学生就业，需要全方位提升大学生实现就业的能力。

（3）要高度关注影响企业创造工作和大学生实现就业的内外环境因素

恰如上文理论和实证研究所指出的，要有效实现企业（雇主）和求职大

---

[1]　Beveridge, W. Unemployment: A Problem of Industry [M]. Longmans, London, 1909.

[2]　Hillage, J., Pollard, E. Employability: developing a framework for policy analysis [R]. Research Brief 85, Department for Education and Employment, London. 1998.

[3]　McQuaid, R. W., Lindsay, C. The concept of employability [J]. Urban Studies 2005, 42: 197 – 219.

学生的匹配均衡，除了企业（雇主）和求职大学生自身可以控制的因素之外，大量因素是企业（雇主）和求职大学生所无法控制的，比如家庭背景、企业规模、企业所在行业特征、利率水平、大学生就业市场供求形势、最低工资政策、社会保障政策和劳动合同法等，这些因素或者会影响企业创造工作岗位的意愿，或者会给大学生实现就业形成各种障碍，从而影响大学生就业匹配均衡的实现。为此，促进大学生就业，需要高度关注影响企业创造工作和大学生实现就业的内外环境因素。

4.2.2 增强企业的岗位创造能力

1. 优化企业营商的软硬环境，增强企业的岗位创造能力

（1）通过持续完善基础设施和降低全社会物流成本，增强企业的岗位创造能力

在"一带一路"倡议下，以基础设施互联互通带动跨国贸易和产业投资活动。要持续完善渗透到县、镇、村的综合性交通网络体系，不断释放我国广阔县域所潜藏的广阔产业和城镇发展的投资空间。要以物流资源的区域空间相对集聚为抓手，大力建设能够提供一站式物流解决方案的区域性物流平台和中心，进一步降低全社会物流成本。

（2）通过持续降低企业运营成本和提高政府行政管理效能，增强企业的岗位创造能力

要通过税收安排和共有产权房屋建设等手段，抑制城市房价水平过快增长所带来的人才挤出效应，平缓企业和工作岗位外流的速度。要继续压缩企业运营的税费水平，通过大幅度让利来帮助企业抵御经济发展新常态下的经营压力。要优化政府行政管理流程，简化审批环节，强化绩效管理和责任担当，提高项目落地效率，营造良好企业投资环境，增强企业的岗位创造能力。

2. 挖掘产业转型升级和城市发展的投资机会和空间，增强企业的岗位创造能力

（1）通过尊重、保护和认可企业的首创精神，增强企业的岗位创造能力

政府要通过负面清单管理和维护公平竞争市场环境入手，为企业营造勇于创新的环境，并要敢于打破既有利益格局的羁绊，为企业创新活动提供更多的来自政策层面的确认和支持。

（2）通过前瞻性的产业发展规划和相应的政策手段，增强企业的岗位创造能力

产业政策要持续追踪世界技术和产业发展潮流，兼顾后发优势和培育先发优势，突出产业发展规划的前瞻性，并统筹利用财政、货币和产业政策，引导和帮助企业实现转型升级。

（3）通过善用城市发展所蕴含的巨大市场空间，增强企业的岗位创造能力

目前城市群的建设方兴未艾，人才和资金的空间集聚效应日趋明显，为新兴产业和城市服务业的大发展提供了难得的机遇，蕴含了大量新型就业岗位的创造空间。

（4）通过提高全社会创业创新活动的成功率，增强企业的岗位创造能力

要精准发挥发挥财政资金的杠杆作用，在研发、研发成果产业化、创新型企业对接优势资本等环节加大投入力度，搭建初创企业与社会资金有效对接的常态化机制和平台，全方位提高全社会创业创新活动的成功概率，创造更多的新兴就业岗位。

4.2.3 提升大学生的就业能力

1. 强化大学生职业生涯规划管理和拓展高等教育的自主办学灵活性并举，提升大学生的就业能力

（1）通过强化大学生职业生涯规划管理的地位，提升大学生的就业能力

要尽快激发大学生对职业生涯规划管理的重视程度，树立起进行自我职业生涯规划管理的主动意识。高校要继续强化就业服务的覆盖程度，为大学生提供职业生涯规划管理的相关课程、测试和咨询服务，让大学生尽快明确

学习目标和未来努力方向，增强其主动学习和积极向上的学习和人生态度。

（2）通过更加灵活的专业、课程和学习方式安排，提升大学生的就业能力

在强化大学生的职业生涯规划管理的基础上，为大学生提供更多校内、跨校和跨专业学习的选择和机会，丰富大学生的人力资本内涵，增加大学生的人力资本弹性，拓展大学生未来职业发展的机会。

2. 鼓励企业等用人单位深度参与大学生教育和规范企业等用人单位行为并举，提升大学生的就业能力

（1）通过鼓励企业等用人单位深度渗透到大学生的培养过程，提升大学生的就业能力

基于互利共赢的原则，鼓励高校与企业等用人单位签订更多的联合培养协议，或者在企业等用人单位建立实习和实训基地等方式，为大学生提供更多的职业实践和经验积累，从而不断修正和完善其职业生涯规划。

（2）通过继续规范企业等用人单位行为，提升大学生的就业能力

第一，国家党政机关、事业单位和国有企业要带头严格执行反就业歧视的相关规定，纠正在性别和户籍等方面不合理的规定和要求，承担更多的社会责任并做出表率，不断规范全社会用人单位的行为。第二，强化劳动监察力度，明确被举报就业歧视的企业等用人单位的举证责任，进一步约束用人单位的就业歧视行为。

3. 整合多方资源为求职大学生营造公平竞争的就业环境，提升大学生的就业能力

（1）通过提供普惠性就业服务，提升大学生的就业能力

强化大学就业服务机构、公共就业服务机构和私人就业服务机构的战略合作，为求职大学生提供普惠性的信息获取渠道，降低信息不对称导致的就业困难概率，继续为家庭困难的大学生提供一对一的全过程就业服务，努力帮助其提升就业能力。

（2）通过落实户籍制度改革举措，提升大学生的就业能力

国家要加快落实公共服务提供越多的地区获得越多中央政策扶持的相关文件精神，引导先进地区进一步突破现有户籍制度下区域教育、卫生等公共服务规划的局限，把规划服务人群从户籍人口扩大为常住人口，并加大投入力度，形成示范和带动效应，提高包括大学生在内的求职者的流动性，最终提高大学生的就业能力。

4.3 研究局限与未来研究展望

1. 理论模型需要与大学生就业实践更加紧密结合

对于理论模型，研究过程通过设置理论假定来简化分析，有些假定并不一定完全能够反映丰富多彩的大学生就业的实践，为此，后续研究需要理论联系实际，不断发现大学生就业实践中涌现出来的关键约束因素，并通过持续改进理论假定和理论模型，从而更好地反映和解释不断变化的大学生就业实践。

2. 问卷调查的范围需要进一步拓展和深化

问卷调查的范围不广是企业（雇主）搜寻和大学生工作搜寻行为研究的缺陷，由于资源的限制从而无法在更大范围内开展问卷调查研究，难以完全保证问卷调查的随机性，只能局部反映大学生就业实践的部分状况。另外，课题问卷调查获取的是横截面的静态数据，需要后续研究中开展企业和大学生的追踪调查，从而开展大学生就业实践的动态追踪研究。

3. 匹配博弈实验的场景需要更加丰富

匹配博弈实验设计的实验场景单一对本研究来说是一个缺憾。本课题尝试设计和实施了匹配博弈实验，只能说是一种新的尝试，后续研究要根据大学生就业的实践，设计出更丰富的实验场景，充分利用实验方法模拟大学生就业中的各种匹配博弈行为。

4. 研究方法需要进一步推陈出新

本书通过规范分析方法与实证研究方法结合，宏观现象分析与微观行为研究相结合，开展了大学生就业研究。展望未来，要在企业（雇主）和大学生工作搜寻的行为研究中做到动态和静态研究相结合，并尝试开展质化分析和量化分析相结合，通过更多的个案及其追踪访谈和观察来获取更为深刻的认识。

参考文献

[1] 陈志平. 高校毕业生就业难的出路：宏观调控与微观搞活 [J]. 广州大学学报（社会科学版），1999（2）：25-28.

[2] 丁元竹. 正确认识当前"大学生就业难"问题 [J]. 宏观经济研究，2003（3）：3-6.

[3] 范元伟，郑继国，吴常虹. 初次就业搜寻时间的因素分析——来自上海部分高校的经验证据 [J]. 清华大学教育研究，2005（26）：27-33.

[4] 何亦名，朱卫平. 我国大学毕业生工作搜寻行为的实证分析与逻辑推演 [J]. 学习与实践，2008（8）：62-67.

[5] 胡守律. 浅议大学生就业难及其对策 [J]. 中国高等教育，1996（3）：14.

[6] 胡乃武，姜玲. 对当前我国大学生就业缺口的经济学分析 [J]. 山西财经大学学报，2005（27）：1-4.

[7] 胡永远，余素梅. 大学毕业生失业持续时间的性别差异分析 [J]. 人口与经济，2009（4）：43-47.

[8] 赖德胜. 劳动力市场分割与大学毕业生失业 [J]. 北京师范大学学报（人文社会科学版），2001（4）：69-76.

[9] 赖德胜. 大学毕业生就业难：现象、原因及对策 [J]. 中国高等教育，2001（13）：33-35.

[10] 赖德胜，吉利. 大学生择业取向的制度分析 [J]. 宏观经济研究，2003（7）：34-38.

[11] 赖德胜. 大学毕业生就业难的人力资本投资效应 [J]. 北京大学教育评论，2004（4）：13-15.

［12］李广众. 大学毕业生就业市场的有效性研究［J］. 教育发展研究，2006（15）：43 - 46.

［13］李莹，丁小浩. 中等职业教育毕业生待业时间的生存分析［J］. 教育与经济，2008（2）：26 - 31.

［14］李锋亮，陈晓宇，刘帆. 工作找寻与学用匹配——对高校毕业生的实证检验［J］. 北京师范大学学报（社会科学版），2009（5）：126 - 135.

［15］刘扬. 大学专业与工作匹配研究——基于大学毕业生就业调查的实证分析［J］. 清华大学教育研究，2010（6）：82 - 88.

［16］马克思. 资本论：第一卷［M］. 北京：人民出版社，1975.

［17］马克思. 资本论：第二卷［M］. 北京：人民出版社，1975.

［18］莫荣. 大学生就业真难吗？［J］. 时事报告，2003（1）：37 - 39.

［19］麦可思中国大学生就业研究课题组. 2009 年中国大学生就业报告［M］. 北京：社会科学文献出版社，2009.

［20］麦可思中国大学生就业研究课题组. 2010 年中国大学生就业报告［M］. 北京：社会科学文献出版社，2010.

［21］麦可思中国大学生就业研究课题组. 2011 年中国大学生就业报告［M］. 北京：社会科学文献出版社，2011.

［22］麦可思研究院. 2015 年中国本科生就业报告［M］. 北京：社会科学文献出版社，2015.

［23］申作青. 大学生就业的自身障碍及对策探析——以三届毕业生调查为基础的分析研究［J］. 教育发展研究，2006（7）：73 - 75.

［24］时巨涛. 从大学生"就业难"谈加快劳动力市场建设［J］. 江苏高教，1998（3）：55 - 58.

［25］石莹. 搜寻匹配理论与中国劳动力市场［J］. 经济学动态，2010（12）：108 - 113.

［26］宋国学，谢晋宇. 择业模式、择人模式及其匹配［J］. 经济管理，2006（13）：50 - 55.

［27］谭卫华，陈沙麦，陈少平. 大学生职业意识探析［J］. 福州大学学报（哲学社会科学版），2001（15）：95 - 97.

［28］唐镳，孙长. 基于事件史分析的高校毕业生工作搜寻持续时间研

究 [J]. 经济理论与经济管理, 2009 (9)：22 – 27.

[29] 田永坡, 俞婷君, 吴克明. 工作搜寻、配置能力与大学毕业生就业研究 [J]. 青年研究, 2007 (3)：33 – 37.

[30] 田国强. 现代经济学的基本分析框架与研究方法 [J]. 经济研究, 2005 (2)：113 – 125.

[31] 彭非, 王伟. 生存分析 [M] 北京：人民大学出版社, 2004.

[32] 王萍. 大学毕业生工作搜寻行为——基于劳动经济学视角的分析 [J]. 财经问题研究, 2010 (6)：111 – 118.

[33] 王玉民, 周立华, 张荣. 序贯决策方法的应用 [J]. 技术经济, 1996 (11)：57 – 59.

[34] 王军, 何苗, 黄曙萍. 大学生就业的新趋势及其引发的思考 [J]. 江苏高教, 2004 (1)：121 – 123.

[35] 王子成, 杨伟国. 就业匹配对大学生就业质量的影响效应 [J]. 教育与经济, 2014 (4)：44 – 57.

[36] 吴克明. 职业搜寻理论与大学生自愿性失业 [J]. 教育科学, 2004 (4)：41 – 43.

[37] [英] 皮萨里德斯. 均衡失业理论 [M]. 欧阳葵, 王国成, 译. 北京：商务印书馆, 2012.

[38] 谢勇, 李珣. 大学生的工作搜寻时间及其影响因素——基于生存模型的实证研究 [J]. 北京大学教育评论, 2010 (08)：158 – 167.

[39] 许汉生. 社会主义市场经济与大学生就业 [J]. 经济评论, 1994 (1)：78 – 82.

[40] [英] 亚当·斯密. 国民财富的性质和原因的研究 [M]. 北京：商务印书馆, 1981.

[41] [英] 约翰·梅纳德·凯恩斯. 就业、利息和货币通论 [M]. 北京：商务印书馆, 2006.

[42] [美] 扬奎斯特, 萨金特. 递归宏观经济理论 [M]. 北京：中国人民大学出版社, 2005.

[43] 杨伟国. 大学生就业选择与政策激励 [J]. 中国高教研究, 2004 (10)：83 – 85.

［44］杨宜勇，周帅．我国社会就业压力与大学生就业难题的破解 ［J］.
中国高等教育，2006 （24）：19 - 21.

［45］杨宜勇，朱小玉．大学生就业问题成因及其对策 ［J］．中国高等教
育，2007 （23）：25 - 27.

［46］杨河清，李晓曼．北京地区大学毕业生需求分析及对策探讨 ［J］.
中国人才，2008 （7）：20 - 23.

［47］杨金阳，周应恒，严斌剑．劳动力市场分割—保留工资与知识失
业 ［J］．人口学刊，2014 （5）：25 - 36.

［48］姚开建．经济学说史 ［M］．北京：中国人民出版社，2003：
555 - 556.

［49］姚先国．"知识性失业"的根源与对策 ［J］．湖南社会科学．2009
（3）：137 - 140.

［50］岳昌君，文东茅，丁小浩．求职与起薪：高校毕业生就业竞争力
的实证分析 ［J］．管理世界，2004 （11）：53 - 61.

［51］曾湘泉．变革中的就业环境与中国大学生就业 ［J］．经济研究，
2004 （6）：87 - 95.

［52］曾湘泉．劳动经济学 ［M］．上海：复旦大学出版社，2006：30.

［53］张秋萍．改革开放以来中国大学生就业状况分析 ［J］．教育发展研
究，1998 （4）：62 - 66.

［54］张曙光，施贤文．市场分割、资本深化和教育深化——关于就业
问题的进一步思考 ［J］．云南大学学报（社会科学版），2003 （2）：70 - 76.

［55］张建武，崔惠斌．大学生就业保留工资影响因素的实证分析 ［J］.
中国人口科学，2007 （6）：68 - 74.

［56］张车伟．解决大学生就业难需建立长效机制 ［J］．中国经贸导刊，
2009 （5）：6 - 7.

［57］张抗私，盈帅．中国女大学生就业搜寻研究——基于 63 所高校的
数据分析 ［J］．中国人口科学，2012 （1）：94 - 112.

［58］赵立卫．职业生涯理论及其在大学生就业辅导中的运用 ［J］．教学
研究，2005 （2）：111 - 116.

［59］郑洁．当代女大学生就业意识的调查与研究——以重庆市高校的

女大学生为例 [D]. 上海：华东师范大学，2004.

[60] Aghion Philippe, Howitt Peter . Growth and Unemployment [J]. The Review of Economic Studies, 1994 (61): 477 - 494.

[61] Allyn A Young. Increasing Returns and Economic Progress [J]. The Economic Journal, 1928 (38): 527 - 542.

[62] Albrecht James W. , Axell Bo . An Equilibrium Model of Search Unemployment [J]. Journal of Political Economy, 1984 (92): 824 - 840.

[63] Andrews M. J. Bradley, S. Stott D. and Upward R. Successful Employer Search? An Empirical Analysis of Vacancy Duration Using Micro Data [J]. Economica, 2007: 1 - 26.

[64] Banerjee Biswajit, Bucci Gabriella A. On - the - Job Search in a Developing Country: An Analysis Based on Indian Data on Migrants [J]. Economic Development and Cultural Change, 1995 (43): 565 - 583.

[65] Barron, J. M. , Bishop J. Extensive Search, Intensive Search and Hiring Costs: New Evidence on Employer Hiring activity [J]. Economic Inquiry, 1985 (23): 363 - 383.

[66] Barron J. M, Bishop J. , Dunkelberg W C. Employer search: The interviewing and hiring of new employees [J]. The Review of Economics and Statistics, 1985 (67): 43 - 52.

[67] Barron John M. , Black Dan A. , Loewenstein Mark A. Employer Size: The Implications for Search, Training, Capital Investment, Starting Wages, and Wage Growth [J]. Journal of Labor Economics, 1987 (5): 76 - 89.

[68] Barron J M, Berger M C, Black D A. Employer search, training, and vacancy duration [J]. Economic Inquiry, 1997 (35): 167 - 192.

[69] Beaumont P. B. The duration of registered vacancies: An exploratory exercise [J]. Scottish Journal of Political Economy, 1978 (25): 75 - 87.

[70] Beveridge W. Unemployment: A Problem of Industry [M]. London: Longmans, 1909.

[71] Beveridge W. H. Full Employment in a Free Society [M]. London: Geoprge Allen &Unwin, 1944.

[72] Bloemen Hans G. , Stancanelli Elena G. F. Individual Wealth, Reservation Wages, and Transitions into Employment [J]. Journal of Labor Economics, 2001 (19): 400 – 439.

[73] Brenčič Vera. Wage posting: evidence from job ads [J]. The Canadian Journal of Economics / Revue canadienne d'Economique, 2012 (45): 1529 – 1559.

[74] Burdett Kenneth. A Theory of Employee Job Search and Quit Rates [J]. The American Economic Review. 1978 (68): 212 – 220.

[75] Burdett Kenneth, Judd Kenneth L. Equilibrium Price Dispersion [J]. Econometrica, 1983 (51): 955 – 969.

[76] Burdett Kenneth, Vishwanath Tara. Declining Reservation Wages and Learning [J]. The Review of Economic Studies, 1988 (55): 655 – 665.

[77] Burdett K. and Cunningham E J. Toward a Theory of Vacancies [J]. Journal of Labor Economics, 1998 (16): 445 – 478.

[78] Cass David, Optimum Growth in an Aggregative Model of Capital Accumulation [J], The Review of Economic Studies, 1965 (32): 233 – 240.

[79] Clark Kim B. , Freeman Richard B. How Elastic is the Demand for Labor? [J]. The Review of Economics and Statistics, 1980 (62): 509 – 520.

[80] Cox James C. , Oaxaca Ronald L. Laboratory Experiments with a Finite-Horizon Job – Search Model [J]. Journal of Risk and Uncertainty, 1989 (2): 301 – 330.

[81] Datcher L. The Impact of Informal Networks on Quit Behavior [J]. Review of Economlcs and Statistics, 1983: 491 – 495.

[82] Diamond Peter A. A Model of Price Adjustment [J]. Journal of Economic Theory, 1971 (3): 156 – 168.

[83] Diamond, Peter A. , Eric Maskin. An Equilibrium Analysis of Search and Breach of Contract, I: Steady States [J]. Bell Journal of Economics, 1979 (10): 282 – 316.

[84] Diamond, Peter A. Wage Determination and Efficiency in Search Equilibrium [J]. Review of Economic Studies, 1982 (49): 217 – 227.

[85] Domar E. , Expansion and Employment [J] . American Economic Review, 1947, 3 (37): 348.

[86] Dow J. C. R. , Dicks – Mireaux L. A.. The Excess Demand for Labour. A Study of Conditions in Great Britain, 1946 – 56 [J]. Oxford Economic Papers, 1958 (10): 1 – 33.

[87] Friedman Milton. The Role of Monetary Policy [J]. The American Economic Review, 1968, 58: 1 – 17.

[88] Gali J. , Gertler M. Inflation dynamics: A structural econometric analysis [J]. Journal of Monetary Economics, 1999 (44): 195 – 222.

[89] Gonzalez Francisco M. , Shi Shouyong . An Equilbrium Theory of Learning, Search, and Wages [J]. Econometrica, 2010 (78): 509 – 537.

[90] Goodwin W. B. , Carlson J. A. Job – Advertising and Wage Control Spillovers [J]. The Journal of Human Resources, 1981 (16): 80 – 93.

[91] Gordon, R. J. The Welfare Cost of Higher Unemployment [J]. Brookings Papers on Economic Activity, 1973, 1: 133 – 195.

[92] Gronau, R. Information and Frictional Unemployment [J]. American Economic Review, 1971 (61): 290 – 301.

[93] Hall Robert E. , Krueger Alan B. Evidence on the Incidence of Wage Posting, Wage Bargaining, and On – the – Job Search [J]. American Economic Journal: Macroeconomics, 2012 (4): 56 – 67.

[94] Harnett D. L. , Cummings L. L. , Hughes G. D.. The Influence of Risk-Taking Propensity on Bargaining Behavior [J]. Behavioral Science, 1971 (2): 91 – 101.

[95] Harrod R. F. Towards a Dynamic Economics [M]. London: MacMillan, 1948.

[96] Hillage J. , Pollard, E. Employability: developing a framework for policy analysis [R]. London: Research Brief 85, Department for Education and Employment, 1998.

[97] Holt C C, David M H. The concept of job vacancies in a dynamic theory of the labor market. In The measurement and interpretation of Job Vacancies

[C]. New York: National Bureau of Economic Research, 1966: 76 - 77.

[98] Holt C. C. Job Search, Phillips' Wage Relation, and Union Influence: Theory and Evidence [C]. Micro – economic Fouindations of Employment and Inflation Theory, New York: W. W. Norton, 1970.

[99] Holzer H. J. Hiring Procedures in the Firm: Their Economic Determinants and Outcomes [R]. New York: National Bureau of Economic Research, 1987.

[100] Holzer H. J. Hiring Procedures in the Firm: Their Economic Determinants and Outcomes [R]. New York: National Bureau of Economic Research, 1987: 11 - 12.

[101] Holzer Harry J. Search Method Use by Unemployed Youth [J]. Journal of Labor Economics, 1988, 6: 1 - 20.

[102] Hosios J. On the Efficiency of Matching and Related Models of Search and Unemployment [J]. The Review of Economic Studies. 1990 (57): 279 - 298.

[103] Hyytinen Ari, Ilmakunnas Pekka . Entrepreneurial Aspirations: Another Form of Job Search? [J]. Small Business Economics, 2007 (29): 63 - 80.

[104] Jovanovic Boyan. Job Matching and the Theory of Turnover [J]. The Journal of Political Economy, 1979 (87): 972 - 990 .

[105] Jovanovic Boyan. Firm – specific Capital and Turnover [J]. The Journal of Political Economy, 1979 (87): 1246 - 1260 .

[106] Kahn Lawrence M. , Low Stuart A. An Empirical Model of Employed Search, Unemployed Search, and Nonsearch [J]. The Journal of Human Resources, 1984 (19): 104 - 117.

[107] Kasper, H. The Asking Price of Labor and the Duration of Unemployment [J]. Review of Economics & Statistics, 1967 (49): 165 - 172.

[108] Kim B. Clark, Richard B. Freeman How Elastic is the Demand for Labor? [J] The Review of Economics and Statistics, 1980 (62): 509 - 520.

[109] Kim Chigon . Looking for a "Better" Job: Job Characteristics and On-the-Job Search among theEmployed in the Metropolitan Labor Market [J]. Journal

of Applied Social Science, 2010 (4): 44 – 63.

[110] Kübler Dorothea, Müller Wieland, Normann Hans – Theo. Job Market Signaling and Screening: An Experimental Comparison [R], IZA DP No. 1794, 2005.

[111] Kumar Raj. Employment elasticities and speeds of labour adjustment: The implications of different estimation methods for Malaysian commercial agriculture and forestry [J]. The Journal of Development Studies, 1981 (4): 497 – 510.

[112] Koopmans Tjalling C. On the Concept of Optimal Economic Growth [R], Cowles Foundation Paper, 1965: 238.

[113] Lancaster T. Econometrie Methods For the Duration of Unemployment [J]. Econometrica, 1979 (47): 939 – 956.

[114] Lippman Steven A, McCall John J, The Economics of Job Search: A Survey [J], Economic Inquiry, 1976 (14): 155 – 189.

[115] Lippman Steven A, McCall John J, The Economics of Belated Information [J]. International Economic Review, 1981 (22): 135 – 146.

[116] Lucas, Jr. Robert E. Some International Evidence on Output – Inflation Tradeoffs [J]. The American Economic Review, 1973 (63): 326 – 334.

[117] Lucas, Jr. Robert E. On the mechanics of economic development [J]. Journal of Monetary Economics, 1988 (22): 3 – 42.

[118] Martin Neil Baily. The Productivity Growth Slowdown by Industry [J]. Brookings Papers on Economic Activity, 2: 1982.

[119] Meisenheimer II Joseph R. Ilg, Randy E. Looking for á 'better' job: job – search activity of the employed [J]. Monthly Labor Review, 2000 (123): 3 – 14.

[120] Mellow Wesley. Employer Size and Wages [J]. The Review of Economics and Statistics, 1982 (64): 495 – 501.

[121] McCall J J. The Economics of Information and Optimal Stopping Rules [J] . The Journal of Business, 1965 (38): 312.

[122] McCall J J. Economics of Information and Job Search [J]. The Quar-

terly Journal of Economics, 1970 (84): 113 – 126.

[123] McQuaid, R. W., Lindsay, C. The concept of employability [J]. Urban Studies, 2005 (42): 197 – 219.

[124] Michl Thomas R. The Productivity Slowdown and the Elasticity of Demand for Labor [J]. The Review of Economics and Statistics, 1986 (68): 532 – 536.

[125] Mincer Jacob. On – the – Job Training: Costs, Returns, and Some Implications [J]. Journal of Political Economy, 1962 (70): 50 – 79.

[126] Moen Espen R. Competitive Search Equilibrium [J]. Journal of Political Economy, 1997 (105): 385 – 411.

[127] Morgan Peter and Manning Richard. Optimal Search [J]. Econometrica, 1985 (53): 923 – 944.

[128] Mortensen Dale T. Job Search, the Duration of Unemployment, and the Phillips Curve [J]. The American Economic Review, 1970 (60): 847 – 862.

[129] Mortensen, Dale T. Specific Capital and Labor Turnover [J]. Bell Journal of Economics, 1978 (9): 572 – 586.

[130] Mortensen Dale T. The Matching Process as a Noncooperative Bargaining Game [C]. John J. McCall, ed. The Economics of Information and Uncertainty. University of Chicago Press, 1982: 233 – 258.

[131] Mortensen Dale T., Pissarides Christopher A. Job Creation and Job Destruction in the Theory of Unemployment [J]. The Review of Economic Studies, 1994 (61): 397 – 415.

[132] Mortensen Dale T. and Pissarides Christopher A. New developments in models of search in the labor market [C]. Chapter 39 in Handbook of Labor Economics, 1999 (3): 2571 – 2572.

[133] Nickell S. Estimating the Probability of Leaving Unemployment [J]. Econometrica, 1979 (47): 1249 – 1266.

[134] Oi Walter Y. Labor as a Quasi – Fixed Factor [J]. Journal of Political Economy1962, 70: 538 – 555.

[135] Oi Walter Y . Heterogeneous Firms and the Organization of Production

[J]. Economic Inquiry, 1983 (21): 147 – 171.

[136] Olivier Jean Blanchard, Peter Diamond, Robert E. Hall, Janet Yellen . The Beveridge Curve [J]. Brookings Papers on Economic Activity, 1989 (1): 1 – 76.

[137] Okun A. . Potential GNP: Its Measurement and Significance, in American Statistical Association [C], Proceedings of the Business and Economics Statistics Section; reprinted with slight changes in Arthur M. Okun, The Political Economy of Prosperity, Washington, D. C. : Brookings Institution, 1970.

[138] Parikh A. , Edwards R. An Input – Output Approach to Forecasting Gross Domestic Output and Employment Intensities by Sectors [J]. Empirical Economics, 1980 (5): 1 – 14.

[139] Parsons Donald O. The Job Search Behavior of Employed Youth [J]. The Review of Economics and Statistics. 1991 (73): 597 – 604.

[140] Phelps Edmund S. Phillips Curves, Expectations of Inflation and Optimal Unemployment over Time [J]. Economica, 1967 (34): 254 – 281.

[141] Phelps Edmund S. Money – Wage Dynamics and Labor – Market Equilibrium [J]. Journal of Political Economy, 1967 (76): 678 – 711.

[142] Phelps Edmund S. The New Microeconomics in Inflation and Employment Theory [J]. The American Economic Review, 1969 (59): 147 – 160.

[143] Phillips A. W. The Relation between Unemployment and the Rate of Change of Money Wage Rates in theUnited Kingdom, 1861 – 1957 [J]. Economica, 1958 (25): 283 – 299.

[144] Pissarides, Christopher A. Job Matchings with State Employment Agencies and Random Search [J]. Economic Journal, 1979 (89): 818 – 833.

[145] Pissarides, Christopher A. Short – Run Equilibrium Dynamics of Unemployment Vacancies, and Real Wages [J]. American Economic Review, 1985 (75): 676 – 690.

[146] Pissarides, Christopher A. Unemployment and Vacancies in Britain [J]. Economic Policy, 1986 (1): 499 – 540.

[147] Pissarides, Christopher A. Equilibrium Unemployment Theory [M].

Cambridge, MA: Blackwell, 1990.

[148] Pissarides Christopher, Mortensen Dale. New Developments in Models of Search in the Labour Market [R]. Centre for Economic Policy Research. Discussion Paper No. 2053. 1999.

[149] Rees, A. Information networks in labor markets [J]. The American Economic Review, 1966, 56: 559 - 566.

[150] Robert M. Solow, A Contribution to the Theory of Economic Growth, The Quarterly Journal of Economics, 1956, 79 (1): 65 - 94.

[151] Romer Paul M. Increasing Returns and Long - Run Growth [J]. Journal of Political Economy, 1986 (94): 1002 - 1037.

[152] Roper S. Recruitment methods and vacancy duration [J]. Scottish Journal of Political Economy, 1988 (5): 51 - 64.

[153] Rothschild M. Models of Market Organization with Imperfect Information [J]. Journal of Political Economy, 1973 (81): 1283 - 1308.

[154] Rothschild, M. Searching for the Lowest Price When the Distribution of Prices is Unknown [J]. Journal of Political Economy, 1974 (82): 689 - 711.

[155] Russo G., Rietveld P., Nijkamp P., and Gorter C. Spatial aspects of recruitment behaviour of firms: an Empirical Investigation [J]. Environment and Planning, 1996 (28): 1077 - 1093.

[156] Salop S. C. Systematic Job Search and Unemployment [J]. The Review of Economic Studies, 1973 (40): 191 - 201.

[157] Sant Donald T. Reservation Wage Rules and Learning Behavior [J]. The Review of Economics and Statistics, 1977 (59): 43 - 49.

[158] Salant S. W. Search Theory and Duration Data: a Theory of Sorts [J]. Quarterly Journal of Economics, 1977, 91: 39 - 77.

[159] Schultz Theodore W. Investment in Human Capital [J]. The American Economic Review, 1961 (51): 1 - 17.

[160] Shimer Robert, Werning Iván. Reservation Wages and Unemployment Insurance [J]. The Quarterly Journal of Economics, 2007 (122): 1145 - 1185.

[161] Spence Michael. Job Market Signaling [J]. The Quarterly Journal of

Economics, 1973 (87): 355 – 374.

[162] Stephenson, Jr. Stanley P. The Economics of Youth Job Search Behavior [J]. The Review of Economics and Statistics, 1976 (58): 104 – 111.

[163] Stigler, G J. Information in the Labor Market [J]. The Journal of Political Economy, 1962 (70): 94 – 105.

[164] Stigler G J. The economics of information [J]. The Journal of Political Economy, 1961 (69): 213 – 225.

[165] Swan TW, Economic Growth and Capital Accumlation, Economic Record [J], 1956 (32): 334 – 361.

[166] Van Ours. Durations of Dutch Job Vacancies [R]. Amsterdam: Free University Research Memorandum, 1988.

[167] Van Ours J. Durations of Dutch Job Vacancies [J]. DeEconomist, 1989 (137): 309 – 327.

[168] Van Ours J. An Empirical Analysis of Employers' Search [R]. Amsterdam: Free University Research Memorandum, 1989.

[169] Van Ours J., Ridder G. Vacancies and the Recruitment of New Employees [J]. Journal of Labor Economics, 1992, 10: 138 – 155.

[170] Van Ours J., Ridder G. Vacancy durations: Search or Selection [J]. Oxford Bulletin of Economics and Statistics, 1993 (55): 187 – 198.

[171] Van Ommeren, Russo. Firm Recruitment Behaviour: Sequential or Non – Sequential Search? [D]. Amsterdam: Free University, FEWEB, 2008.

[172] Weber A . Vacancy durations – A Model for Employer's Search [J]. Applied Economics, 2000 (32): 1069 – 1075.

[173] Whipple D. A Generalized Theory of Job Search [J]. Journal of Political Economy, 1973 (81): 1170 – 1188.

附　录

附录1：企业调查问卷

调查问卷B　　　　　　　编号：B－_____

亲爱的朋友：您好！

我们在进行"大学生就业"的科研调查，衷心感谢您给予的配合与支持！此问卷为匿名形式，所有资料仅限于用于此次社会调查和科研，我们对资料保密，请放心。

请将各问题的正确选项字母填在右边的"回答处"，或回答文字填在问题后的横线处。

序号	问　　题	回答处
1	贵单位所属行业或部门（主营业务）： A. 金融证券　B. 信息技术　C. 机械、电子制造/工业　D. 通信业　E. 房地产　F. 汽车　G. 建筑　H. 电力、石油等能源行业　I. 零售/批发　J. 交通/物流　K. 餐饮服务业　L. 商业服务/咨询　M. 医药类　N. 卫生　O. 文化、教育、科研　P. 慈善/非营利　Q. 其他（请注明）_____	
2	贵单位性质：A. 外资企业　B. 国有企业（含控股）　C. 民营企业　D. 港澳台企业　D. 国家机关　E. 事业单位　F. 其他（请注明）_____	

序号	问　　题	回答处
3	贵单位所在城市（请按实际情况填写）＿＿＿。	
4	截至 2015 年 12 月 31 日贵单位有全职员工＿＿＿人，兼职员工＿＿＿人。	
5	截至 2015 年 12 月 31 日贵单位最新录用大学毕业生的一个全职岗位名称（请按实际情况填写）＿＿＿。	
6	该最新录用岗位是：A. 2015 年新增的岗位　　　B. 往年已有的岗位	
	G6.1 若为往年已有的岗位，请问该岗位前一名员工的离职提前通知时间为： A. 没有提前离职通知　B. 一个星期　C. 半个月　D. 一个月　E. 两个月　F. 三个月　G. 其他（请注明）＿＿＿	
7	该岗位所需要录用的员工数（请按实际情况填写）＿＿＿＿＿＿＿。	
8	该岗位的招聘开始时间为：＿＿＿＿＿年＿＿＿＿月。	
9	该岗位是什么时间招到员工的：＿＿＿年＿＿＿月。	
10	该岗位的年龄最低要求：A. 20 岁　B. 25 岁　C. 30 岁　D. 35 岁　E. 40 岁　F. 45 岁　G 无年龄要求　H 其他（请注明）＿＿＿＿＿＿	
11	该岗位的性别要求：A. 男　　　　　B. 女　　　　C. 无性别要求	
12	该岗位的户籍要求：A. 本地户籍　B. 外地户籍　C. 无户籍要求	
13	该岗位的最低相关工作经验要求：A. 无工作经验要求　B. 一年　C. 两年　D. 三年　E. 四年　F. 五年　G. 十年　H. 其他（请注明）＿＿＿＿＿＿	
14	该岗位的工作条件：A. 很好　B. 较好　C. 一般　D. 较差　E. 很差	
15	该岗位是否设置求职简历接收截止日期？A. 是　　　　　　B. 否	
	G15.1 若设置了求职简历接收截止日期，请问是＿＿＿ 年＿＿＿ 月。	
16	该岗位使用的招聘渠道（可多选）： 　　A. 职业介绍机构　B. 校园招聘会　C. 社会招聘会　D. 报纸、杂志等招聘广告　E. 广播、电视招聘广告　F. 直接张贴招聘广告　G. 本企业网站　H. 就业中介网站　I. 商业网站　J. 员工推荐　K. 其他企业推荐　L. 内部招聘　M. 猎头公司　N. 劳务派遣公司　O. 委托招聘　P. 其他（请注明）＿＿＿＿＿	
	16.1 该岗位使用的招聘渠道中帮助最大的是：＿＿＿＿＿＿＿＿＿。	

序号	问 题	回答处
	16.2 该招聘渠道帮助最大的原因是：A. 可信度高 B. 信息多 C. 全面 D. 效率高 E. 免费 F. 成功率高 G. 对求职者了解更多 H. 其他（请注明）____	
	16.3 贵单位使用过的就业中介机构包括（可多选）： A. 劳动部门职业介绍机构 B. 人事部门所属人才交流中心 C. 其他部委就业服务机构 D. 国企性质就业中介 E. 民营就业中介 F. 社会团体及行业就业服务机构（包括工会、残联、妇联、共青团及其他协会所属的） G. 其他（请注明）____ H. 我不清楚这个机构的背景 I. 没有使用过就业中介机构	
	16.4 贵单位使用的就业中介服务内容有： A. 发布招聘信息 B. 提供招聘摊位 C. 招聘甄选顾问 D. 为员工提供培训 E. 政策咨询 F. 劳务派遣 G. 人事代理（档案、户口、社会保险及党组织关系） H. 其他（请注明）____	
17	该最新录用岗位的求职者总数？（请按实际情况填写）__。	
18	您和您同事面试一名该岗位的求职者大约花费多少小时？（请按实际情况填写）__小时。	
19	该岗位共面试了多少位求职者（包括已录用的求职者）？（请按实际情况填写）____。	
20	该岗位共向多少位求职者提供了工作录用机会？（请按实际情况填写）____。	
21	有多少位求职者拒绝了该岗位的工作录用机会？（请按实际情况填写）____。	
22	该岗位的月起点（试用期）工资是多少？（请按实际情况填写）__元/月。	
23	在入职第一个月中贵单位人力资源部门和管理人员引导和培训一名该岗位新录用员工的小时数？（请按实际情况填写）____。	
24	该岗位一名新入职员工所需要的机器和（或）设备价值：（请按实际情况填写）____元。	
25	该岗位新入职员工所培训的技能有多少是在企业之外有用的？ A. 差不多全部 B. 大部分 C. 一些 D. 差不多没有	

序号	问　题	回答处
26	本城市还有多少其他类似企业提供类似的工作岗位？ A. 少于5　B. 5到15　C. 16到100　D. 多于100	
27	《劳动合同法》实施后该岗位的解雇困难程度： A. 大幅度增加　B. 小幅度增加　C. 没有变化　D. 小幅度下降　E. 大幅度下降	
28	您对提高招聘的成功率有什么建议？（简要填写） 1. ＿＿＿＿＿＿＿＿＿＿＿＿。 2. ＿＿＿＿＿＿＿＿＿＿＿＿。 3. ＿＿＿＿＿＿＿＿＿＿＿＿。	

附录2：大学生调查问卷

调查问卷A　　　　　　　　编号：A＿＿-＿＿＿＿＿

亲爱的朋友：您好！

　　我们在进行"大学生就业"的科研调查，衷心感谢您给予的配合与支持！此问卷为匿名形式，所有资料仅限于用于此次社会调查和科研，我们对资料保密，请放心。

　　请将各问题的正确选项字母填在右边的"回答处"，或回答文字填在问题后的横线处。

序号	问　题	回答处
1	性别：A. 男　　　B. 女	
2	年龄：（请按实际情况填写）＿＿＿＿＿＿＿＿＿＿＿＿。	
3	目前的月消费水平：A. 300元及以下　B. 301—500元　C. 501—1000元　D. 1000元以上	

序号	问　　题	回答处
4	您家庭的经济状况：A. 宽裕　B. 比较宽裕　C. 一般　D. 比较紧张　E. 非常紧张	
5	籍贯：＿＿＿＿＿省（市、区）＿＿＿＿＿市＿＿＿＿县（区）	
6	您来自：　A. 农村　　B. 中小城市　　C. 大城市	
7	教育程度：A. 中学及中学以下　B. 大学专科　C. 大学本科　D. 研究生及以上	
8	您最终学历的就学学校位于：＿＿＿＿＿省（市、区）＿＿＿＿＿市＿＿＿＿县（区）	
9	您所学的专业是：（请按实际情况填写）＿＿＿＿＿＿＿＿＿＿＿＿＿。	
10	您是否有工作实习经验？A. 是　　　B. 否	
11	您寻找（找到）第一份工作花费了多少时间？　A. 一个月内　B. 一到三个月　C. 三到六个月　D. 半年到一年　E. 一年以上	
12	您寻找（找到）第一份工作的应聘次数是多少？（请按实际情况填写）＿＿＿＿＿＿＿＿＿＿。	
13	您的第一份工作是如何寻找（找到）的：A. 学校推介　B. 培训机构推介　C. 劳动力市场　D. 人才市场　E. 媒体招聘信息　F. 关系介绍 G. 自己创业	
14	您目前是否找到了工作？　A. 是　　　B. 否	
15	您是否接受过就业指导或就业培训？　A. 是　　B. 否 若您第15题回答为"是"，则请继续回答问题15. 1和15. 2。	
	15. 1　您接受的就业指导或就业培训由哪些机构提供： A. 政府或由政府付费的培训机构　B. 自己付费的培训机构　C. 全日制学校	
	15. 2　在您看来，所接受的就业指导或就业培训对于就业的作用： A. 很大　　B. 较大　　C. 一般　D. 不大　E. 很小　　F. 根本没用	

序号	问 题	回答处
16	在您求职或面试过程中，您认为哪些因素最重要？（请选出三项最重要的，并按 1，2，3 排序填在括号中） （ ）A. 专业知识；（ ）B. 工作能力；（ ）C. 工作经验；（ ）D. 人际能力； （ ）E. 相貌身高；（ ）F. 口头表达能力；（ ）G. 特长或爱好；（ ）H. 学习能力； （ ）I. 本地户口；（ ）J. 其他（请注明）_____。	
17	在求职过程中，您优先考虑的因素是（可选一项或两项）：A. 地域 B. 薪酬与福利 C. 单位性质 D. 单位声誉 E. 个人发展空间 F. 家庭期望 G. 其他	
18	如果您暂时没有找到自己理想的工作，您会：A. 降低期望先就业，逐步向目标奋斗 B. 托关系找工作 C. 不托关系继续找，直到找到理想的工作 D. 继续深造 E. 参加短期技能培训后再找 F. 自己创业 G. 回家 H. 其他	
19	您期望从事工作的单位性质是：A. 国有企业 B. 事业单位 C. 国家机关 D. 外资企业 E. 私营民营企业 F. 自己创办的企业 G. 其他（请注明）_____。	
20	您认为找到期望工作单位的机会是： A. 没有机会 B. 1—2 成 C. 3—4 成 D. 5—6 成 E. 7—8 成 F. 9—10 成	
21	您估计目前能够得到的工作单位性质是：A. 国有企业 B. 事业单位 C. 国家机关 D. 外资企业 E. 私营民营企业 F. 自己创办的企业 G. 其他	
22	您期望的就业单位所在地区：A. 京津沪等大城市 B. 中小城市 C. 沿海开放城市 D. 城镇或乡村 E. 边远地区	
23	您认为在期望就业地区找到工作的机会是：A. 一成以下 B. 1—2 成 C. 3—4 成 D. 5—6 成 E. 7—8 成 F. 9—10 成 G. 没有机会	

续表

序号	问　　题	回答处
24	您目前的就学所在的地区是：A. 京津沪等大城市　B. 中小城市　C. 沿海开放城市 D. 县/镇　E. 乡村　F. 边远地区	
25	您期望签订的劳动合同类型是：　A. 与用人单位签订固定期限劳动劳动合同　B. 与用人单位签订无固定期限劳动合同　C. 与用人单位签订以完成一定工作任务为期限的劳动合同　　D. 与用人单位签订劳务派遣协议	
26	您认为自己工作后，要经过多长时间能够胜任工作：A. 2 年以上　B. 1 年左右　C. 6 个月左右　D. 3 个月左右　E. 1 月左右　F. 上岗即可	
27	您认为在工作后多长时间内加薪或者职位晋升？A. 三个月　B. 半年　C. 一年　D. 两年　E. 三年　F. 其他	
28	您期望在第一个工作单位的工作年限是：A. 2 年或 2 年以上　B. 1—2 年　C. 半年—1 年　D. 3 个月—半年　E. 1 月—3 个月	
29	您期望工作三年后的职务等级是什么：A. 老板　B. 高级管理人员　C. 部门经理或中级管理者　D. 一般白领　E. 工人、销售人员、一般蓝领	
30	您期望工作三年后的月收入水平在：A. 1000 以内　B. 1001—2000　C. 2001—3000　D. 3001—5000　E. 5000 以上	
31	如果您马上就业，您估计目前能够得到的月收入水平在：A. 1000 以内　B. 1001—2000　C. 2001—3000　D. 3001—5000　E. 5000 以上	
32	您对目前自己的学业满意程度如何：A. 非常满意　B. 满意　C. 一般　D. 不满意　E. 非常不满意	

序号	问 题	回答处
33	如果您更换工作单位，其主要原因是什么（请按您的重视程度排出 1、2、3 等顺序）： （ ）A. 争取更多的晋升机会； （ ）B. 为了满足自己的兴趣和爱好； （ ）C. 为了发挥自己的特长； （ ）D. 为了获得更高的收入和福利； （ ）E. 原单位的人际关系难处； （ ）F. 对原单位的工作难以适应； （ ）G. 工作单位地理上的方便程度；（ ）H. 个人和家庭方面的原因； （ ）I. 为增加工作体验和阅历； （ ）J. 其他（请注明）_____。	
34	您认为目前周围其他人的就业质量如何： A. 很好 B. 较好 C. 一般 D. 不好 E. 很差	
35	您对自己就业前景的看法是：A. 乐观 B. 比较乐观 C. 一般 D. 比较悲观 E. 非常悲观 您持此看法的理由是：_____。	
36	您对大学生就业问题和提高大学生的就业成功率有什么看法和建议？（简要填写） 1. _____。 2. _____。 3. _____。	

附录3：匹配博弈实验指导书

对所有参与者的实验指导语

在该实验中有三种类型参与者：企业、高人力资本大学生和低人力资本大学生。一旦你被随机分配了一种类型，在整个实验中你就一直是该类型参与者。3 个参与者将参与 9 轮次的实验，每一轮实验有 20 个或 10 个实验阶段，参与者不一定要使用完所有的实验阶段，在计算自己的收益后，高人力资本大学生或低人力资本大学生可以在实验的任何一个阶段中接受企业的工资报价，从而停止该轮实验，如果选择继续实验，那么该轮实验不能超过规定的实验阶段数。

相关信息如下：

1. 每一轮实验有一个企业与两个大学生配对，每一类型一个大学生。每个阶段的配对保持不变；

2. 每一轮实验的每个阶段大学生获得工作机会的概率为 50% 或 25%，只有获得了工作机会的大学生才能和企业进行匹配博弈；

3. 企业从（0，1，2，3，4，5，6，7，8，9，10）中选取一个整数，为获得工作机会的大学生提供工资报价；

4. 获得工作机会的大学生决定是接受工资报价，还是继续实验以获得新的工资报价；

5. 在大学生接受企业提供的工资报价后，该轮实验结束；（注意：不同类型大学生结束每一轮实验的阶段不同是正常的）

6. 每一轮实验实现匹配后的企业纯利润 = 不同类型大学生创造的收益 * 该阶段的系数 - 企业给该类型大学生的工资报价 + 该轮实验预先给定的收益；

7. 每一轮实验实现匹配后的大学生纯收入 = 不同类型大学生接受的工资报价 * 该阶段的系数 - 该类型大学生的人力资本投资成本 + 该轮实验预先给定的收益；

8. 在每一轮实验开始时，你将会被告知该轮实验预先给定的收益和该轮实验每个阶段的系数；（注意：实验阶段持续时间越长，阶段系数会不断下降）

9. 每一位大学生只能看到他或她自己的生产率表，而企业可以看到两个类型大学生的生产率表；大学生之间彼此不知道对方获得的工资报价；

10. 每一位大学生都知道他或她自己的人力资本水平；

11. 每一轮实验预先给定的收益，如果只和大学生有关，只能大学生知道预先给定收益的情况；如果只和企业有关，只能企业知道预先给定收益的情况；

12. 在整个实验结束后，把每轮实验情况汇总后统一结算总企业纯利润和总大学生纯收入。

在回答有关上述流程的问题后，我们将把参与者随机分为三种类型。

你们是否有什么问题？

对企业的实验指导书

在每轮实验中，你将和一组两个大学生相配对。该组大学生将由一个高人力资本大学生和一个低人力资本大学生组成。

两个类型的大学生先抽签，你只给抽到"1"标签的大学生给出工资报价，从（0，1，2，3，4，5，6，7，8，9，10）中选取一个整数（注意：不用给抽到"0"标签的大学生给出工资报价）。

抽到"1"标签的大学生将被告知他的或她的工资，接着他们选择接受或是拒绝该工资。如果大学生接受企业提供的工资报价，该轮实验结束。如果大学生不接受企业提供的工资报价，该轮实验继续进行。

每一组大学生有一个高人力资本大学生和一个低人力资本大学生。不同人力资本类型大学生对应不同的人力资本投资成本，并产生不同的企业收益（参见表1）。除了不能看到该组中另外一位大学生的成本和收益外，大学生看到的图表与你一样。

表1

大学生 人力资本水平	大学生 人力资本投资成本	大学生创造的收益
低	7.5	1.7
高	1.5	8.5

实验流程

一、第一轮（20个阶段）

两个大学生分别从4张签抽一张（2个"0"，2个"1"）。如果大学生抽到的签是数字"0"，在该阶段你不用工资报价。如果大学生抽到的签是数字"1"，你从（0，1，2，3，4，5，6，7，8，9，10）中选取一个整数作为工资报价，抽到"1"的大学生决定是接受工资报价还是继续实验。

该轮实验实现匹配后的企业纯利润的情况

（一）雇用高人力资本大学生

企业纯利润 =（8.5 - 被接受的工资报价）＊该阶段的系数

（二）雇用低人力资本大学生

企业纯利润 =（1.7 - 被接受的工资报价）＊该阶段的系数

第一轮实验每个阶段对应的系数表

阶段	1	2	3	4	5	6	7	8	9	10
系数	20	19	18	17	16	15	14	13	12	11

阶段	11	12	13	14	15	16	17	18	19	20
系数	10	9	8	7	6	5	4	3	2	1

二、第二轮（20个阶段）

两个大学生分别从4张签抽一张（2个"0"，2个"1"）。如果大学生抽到的签是数字"0"，在该阶段你不用工资报价。如果大学生抽到的签是数字

"1"，你从（0，1，2，3，4，5，6，7，8，9，10）中选取一个整数作为工资报价，抽到"1"的大学生决定是接受工资报价还是继续实验。

该轮实验实现匹配后的企业纯利润的情况

（一）雇用高人力资本大学生

企业纯利润 =（8.5 - 被接受的工资报价）＊该阶段的系数

（二）雇用低人力资本大学生

企业纯利润 =（1.7 - 被接受的工资报价）＊该阶段的系数

第二轮实验每个阶段对应的系数表

阶段	1	2	3	4	5	6	7	8	9	10
系数	20	19	18	17	16	15	14	13	12	11

阶段	11	12	13	14	15	16	17	18	19	20
系数	10	9	8	7	6	5	4	3	2	1

三、第三轮（20 个阶段）

两个大学生分别从 4 张签抽一张（2 个"0"，2 个"1"）。如果大学生抽到的签是数字"0"，在该阶段你不用工资报价。如果大学生抽到的签是数字"1"，你从（0，1，2，3，4，5，6，7，8，9，10）中选取一个整数作为工资报价，抽到"1"的大学生决定是接受工资报价还是继续实验。

该轮实验实现匹配后的企业纯利润的情况

（一）雇用高人力资本大学生

企业纯利润 =（8.5 - 被接受的工资报价）＊该阶段的系数

（二）雇用低人力资本大学生

企业纯利润 =（1.7 - 被接受的工资报价）＊该阶段的系数

第三轮实验每个阶段对应的系数表

阶段	1	2	3	4	5	6	7	8	9	10
系数	20	19	18	17	16	15	14	13	12	11

阶段	11	12	13	14	15	16	17	18	19	20
系数	10	9	8	7	6	5	4	3	2	1

四、第四轮（20个阶段）

两个大学生分别从四张签抽一张（两个"0"，两个"1"）。如果大学生抽到的签是数字"0"，在该阶段你不用工资报价。如果大学生抽到的签是数字"1"，你从（0，1，2，3，4，5，6，7，8，9，10）中选取一个整数作为工资报价，抽到"1"的大学生决定是接受工资报价还是继续实验。注意：该轮次实验中，预先给定收益为5点实验货币。

该轮实验实现匹配后的企业纯利润的情况

（一）雇用高人力资本大学生

企业纯利润 =（8.5 – 被接受的工资报价）* 该阶段的系数

（二）雇用低人力资本大学生

企业纯利润 =（1.7 – 被接受的工资报价）* 该阶段的系数 + 5

第四轮实验每个阶段对应的系数表

阶段	1	2	3	4	5	6	7	8	9	10
系数	20	19	18	17	16	15	14	13	12	11

阶段	11	12	13	14	15	16	17	18	19	20
系数	10	9	8	7	6	5	4	3	2	1

五、第五轮（20个阶段）

两个大学生分别从4张签抽一张（2个"0"，2个"1"）。如果大学生抽到的签是数字"0"，在该阶段你不用工资报价。如果大学生抽到的签是数字

"1"，你从（0，1，2，3，4，5，6，7，8，9，10）中选取一个整数作为工资报价，抽到"1"的大学生决定是接受工资报价还是继续实验。

该轮实验实现匹配后的企业纯利润的情况

（一）雇用高人力资本大学生

企业纯利润 =（8.5 – 被接受的工资报价）＊该阶段的系数

（二）雇用低人力资本大学生

企业纯利润 =（1.7 – 被接受的工资报价）＊该阶段的系数

第五轮实验每个阶段对应的系数表

阶段	1	2	3	4	5	6	7	8	9	10
系数	30	28.5	27	25.5	24	22.5	21	19.5	18	16.5

阶段	11	12	13	14	15	16	17	18	19	20
系数	15	13.5	12	10.5	9	7.5	6	4.5	3	1.5

六、第六轮（20 个阶段）

两个大学生分别从 4 张签抽一张（2 个"0"，2 个"1"）。如果大学生抽到的签是数字"0"，在该阶段你不用工资报价。如果大学生抽到的签是数字"1"，你从（0，1，2，3，4，5，6，7，8，9，10）中选取一个整数作为工资报价，抽到"1"的大学生决定是接受工资报价还是继续实验。

该轮实验实现匹配后的企业纯利润的情况

（一）雇用高人力资本大学生

企业纯利润 =（8.5 – 被接受的工资报价）＊该阶段的系数

（二）雇用低人力资本大学生

企业纯利润 =（1.7 – 被接受的工资报价）＊该阶段的系数

第六轮实验每个阶段对应的系数表

阶段	1	2	3	4	5	6	7	8	9	10
系数	30	28.5	27	25.5	24	22.5	21	19.5	18	16.5
阶段	11	12	13	14	15	16	17	18	19	20
系数	15	13.5	12	10.5	9	7.5	6	4.5	3	1.5

七、第七轮（20 个阶段）

两个大学生分别从 4 张签抽一张（2 个"0"，2 个"1"）。如果大学生抽到的签是数字"0"，在该阶段你不用工资报价。如果大学生抽到的签是数字"1"，你从（0，1，2，3，4，5，6，7，8，9，10）中选取一个整数作为工资报价，抽到"1"的大学生决定是接受工资报价还是继续实验。注意：该轮次实验中，预先给定收益为 –10 点实验货币（注意：为负值）。

该轮实验实现匹配后的企业纯利润的情况

（一）雇用高人力资本大学生

企业纯利润 =（8.5 – 被接受的工资报价）＊该阶段的系数 –10

（二）雇用低人力资本大学生

企业纯利润 =（1.7 – 被接受的工资报价）＊该阶段的系数 –10

第七轮实验每个阶段对应的系数表

阶段	1	2	3	4	5	6	7	8	9	10
系数	30	28.5	27	25.5	24	22.5	21	19.5	18	16.5
阶段	11	12	13	14	15	16	17	18	19	20
系数	15	13.5	12	10.5	9	7.5	6	4.5	3	1.5

八、第八轮（20 个阶段）

两个大学生分别从 4 张签抽一张（注意：3 个"0"，1 个"1"）。如果大学生抽到的签是数字"0"，在该阶段你不用工资报价。如果大学生抽到的签是数字"1"，你从（0，1，2，3，4，5，6，7，8，9，10）中选取一个整数作为工资报价，抽到"1"的大学生决定是接受工资报价还是继续实验。

该轮实验实现匹配后的企业纯利润的情况

（一）雇用高人力资本大学生

企业纯利润 =（8.5 - 被接受的工资报价）＊该阶段的系数

（二）雇用低人力资本大学生

企业纯利润 =（1.7 - 被接受的工资报价）＊该阶段的系数

第八轮实验每个阶段对应的系数表

阶段	1	2	3	4	5	6	7	8	9	10
系数	30	28.5	27	25.5	24	22.5	21	19.5	18	16.5

阶段	11	12	13	14	15	16	17	18	19	20
系数	15	13.5	12	10.5	9	7.5	6	4.5	3	1.5

九、第九轮（注意：10 个阶段）

两个大学生分别从 4 张签抽一张（注意：3 个"0"，1 个"1"）。如果大学生抽到的签是数字"0"，在该阶段你不用工资报价。如果大学生抽到的签是数字"1"，你从（0，1，2，3，4，5，6，7，8，9，10）中选取一个整数作为工资报价，抽到"1"的大学生决定是接受工资报价还是继续实验。

该轮实验实现匹配后的企业纯利润的情况

（一）雇用高人力资本大学生

企业纯利润 =（8.5 - 被接受的工资报价）＊该阶段的系数

（二）雇用低人力资本大学生

企业纯利润 =（1.7 - 被接受的工资报价）＊该阶段的系数

第九轮实验每个阶段对应的系数表

阶段	1	2	3	4	5	6	7	8	9	10
系数	15	13.5	12	10.5	9	7.5	6	4.5	3	1.5

在每一轮实验的每一个阶段末，请你把实验轮次数、实验阶段数、大学生的抽签情况、你的工资报价、大学生是否接受、大学生类型与编号等信息汇总记录在纸上。

如果你有任何问题，请举手。

对高人力资本信号大学生的实验指导书

在每轮实验中，你和另一个大学生一起和一个企业配对。

——当你抽到"1"标签时，企业会给你一个工资报价，你将选择接受或是拒绝该工资。如果你接受企业提供的工资报价，该轮实验结束。如果你不接受企业提供的工资报价，该轮实验继续进行。

——当你抽到"0"标签时，如果另外一个大学生抽到"1"标签，等一等企业和另外一个大学生的配对情况后，再继续抽签。

你有人力资本投资成本，并为企业创造企业收益。参见表1。

表1

人力资本投资成本	为企业创造的收益
1.5	8.5

实验流程

一、第一轮（20个阶段）

你从4张签抽一张（2个"0"，2个"1"）。如果抽到的签是数字"0"，在该阶段你没有获得工资报价。如果你抽到的签是数字"1"，在该阶段你获得工资报价，并决定是接受工资报价还是继续实验。

该轮实验实现匹配后的纯收入＝接受的工资报价＊该阶段的系数－1.5

第一轮实验每个阶段对应的系数表

阶段	1	2	3	4	5	6	7	8	9	10
系数	20	19	18	17	16	15	14	13	12	11
阶段	11	12	13	14	15	16	17	18	19	20
系数	10	9	8	7	6	5	4	3	2	1

二、第二轮（20 个阶段）

你从四张签抽一张（2 个"0"，2 个"1"）。如果抽到的签是数字"0"，在该阶段你没有获得工资报价。如果你抽到的签是数字"1"，在该阶段你获得工资报价，并决定是接受工资报价还是继续实验。

该轮实验实现匹配后的纯收入＝接受的工资报价＊该阶段的系数－1.5

第二轮实验每个阶段对应的系数表

阶段	1	2	3	4	5	6	7	8	9	10
系数	58	52	46	41	36	32	28	25	22	19
阶段	11	12	13	14	15	16	17	18	19	20
系数	16	14	12	9	8	6	5	3	2	1

三、第三轮（20 个阶段）

你从 4 张签抽一张（2 个"0"，2 个"1"）。如果抽到的签是数字"0"，在该阶段你没有获得工资报价。如果你抽到的签是数字"1"，在该阶段你获得工资报价，并决定是接受工资报价还是继续实验。注意：该轮次实验中，预先给定收益为 5 点实验货币。

该轮实验实现匹配后的纯收入＝接受的工资报价＊该阶段的系数－1.5＋5

第三轮实验每个阶段对应的系数表

阶段	1	2	3	4	5	6	7	8	9	10
系数	20	19	18	17	16	15	14	13	12	11

阶段	11	12	13	14	15	16	17	18	19	20
系数	10	9	8	7	6	5	4	3	2	1

四、第四轮（20 个阶段）

你从四张签抽一张（两个"0"，两个"1"）。如果抽到的签是数字"0"，在该阶段你没有获得工资报价。如果你抽到的签是数字"1"，在该阶段你获得工资报价，并决定是接受工资报价还是继续实验。

该轮实验实现匹配后的纯收入＝接受的工资报价 * 该阶段的系数－1.5

第四轮实验每个阶段对应的系数表

阶段	1	2	3	4	5	6	7	8	9	10
系数	20	19	18	17	16	15	14	13	12	11

阶段	11	12	13	14	15	16	17	18	19	20
系数	10	9	8	7	6	5	4	3	2	1

五、第五轮（20 个阶段）

你从 4 张签抽一张（2 个"0"，2 个"1"）。如果抽到的签是数字"0"，在该阶段你没有获得工资报价。如果你抽到的签是数字"1"，在该阶段你获得工资报价，并决定是接受工资报价还是继续实验。

该轮实验实现匹配后的纯收入＝接受的工资报价 * 该阶段的系数－1.5

第五轮实验每个阶段对应的系数表

阶段	1	2	3	4	5	6	7	8	9	10
系数	30	28.5	27	25.5	24	22.5	21	19.5	18	16.5

阶段	11	12	13	14	15	16	17	18	19	20
系数	15	13.5	12	10.5	9	7.5	6	4.5	3	1.5

六、第六轮（20 个阶段）

你从 4 张签抽一张（2 个"0"，2 个"1"）。如果抽到的签是数字"0"，在该阶段你没有获得工资报价。如果你抽到的签是数字"1"，在该阶段你获得工资报价，并决定是接受工资报价还是继续实验。注意：该轮次实验中，预先给定收益为 −10 点实验货币（注意：为负值）。

该轮实验实现匹配后的纯收入 = 接受的工资报价 * 该阶段的系数 − 1.5 − 10

第六轮实验每个阶段对应的系数表

阶段	1	2	3	4	5	6	7	8	9	10
系数	30	28.5	27	25.5	24	22.5	21	19.5	18	16.5

阶段	11	12	13	14	15	16	17	18	19	20
系数	15	13.5	12	10.5	9	7.5	6	4.5	3	1.5

七、第七轮（20 个阶段）

你从 4 张签抽一张（2 个"0"，2 个"1"）。如果抽到的签是数字"0"，在该阶段你没有获得工资报价。如果你抽到的签是数字"1"，在该阶段你获得工资报价，并决定是接受工资报价还是继续实验。

该轮实验实现匹配后的纯收入 = 接受的工资报价 * 该阶段的系数 − 1.5

第七轮实验每个阶段对应的系数表

阶段	1	2	3	4	5	6	7	8	9	10
系数	30	28.5	27	25.5	24	22.5	21	19.5	18	16.5
阶段	11	12	13	14	15	16	17	18	19	20
系数	15	13.5	12	10.5	9	7.5	6	4.5	3	1.5

八、第八轮（20 个阶段）

你从 4 张签抽一张（注意：3 个"0"，一个"1"）。如果抽到的签是数字"0"，在该阶段你没有获得工资报价。如果你抽到的签是数字"1"，在该阶段你获得工资报价，并决定是接受工资报价还是继续实验。

该轮实验实现匹配后的纯收入 = 接受的工资报价 * 该阶段的系数 - 1.5

第八轮实验每个阶段对应的系数表

阶段	1	2	3	4	5	6	7	8	9	10
系数	30	28.5	27	25.5	24	22.5	21	19.5	18	16.5
阶段	11	12	13	14	15	16	17	18	19	20
系数	15	13.5	12	10.5	9	7.5	6	4.5	3	1.5

九、第九轮（注意：10 个阶段）：你从四张签抽一张（注意：三个"0"，一个"1"）。如果抽到的签是数字"0"，在该阶段你没有获得工资报价。如果你抽到的签是数字"1"，在该阶段你获得工资报价，并决定是接受工资报价还是继续实验。

该轮实验实现匹配后的纯收入 = 接受的工资报价 * 该阶段的系数 - 1.5

第九轮实验每个阶段对应的系数表

阶段	1	2	3	4	5	6	7	8	9	10
系数	15	13.5	12	10.5	9	7.5	6	4.5	3	1.5

在每一轮实验的每一个阶段末，请把实验轮次数、实验阶段数、你自己是否接受企业工资报价的选择、你自己的大学生类型与编号等信息写在纸上交给企业。

如果你有任何问题，请举手。

对低人力资本信号大学生的实验指导书

在每轮实验中，你和另一个大学生一起和一个企业配对。

——当你抽到"1"标签时，企业会给你一个工资报价，你将选择接受或是拒绝该工资。如果你接受企业提供的工资报价，该轮实验结束。如果你不接受企业提供的工资报价，该轮实验继续进行。

——当你抽到"0"标签时，如果另外一个大学生抽到"1"标签，等一等企业和另外一个大学生的配对情况后，再继续抽签。

你有人力资本投资成本，并为企业创造企业收益。参见表1。

表1

人力资本投资成本	为企业创造的收益
7.5	1.7

实验流程

一、第一轮（20个阶段）

你从4张签抽一张（2个"0"，2个"1"）。如果抽到的签是数字"0"，在该阶段你没有获得工资报价。如果你抽到的签是数字"1"，在该阶段你获得工资报价，并决定是接受工资报价还是继续实验。

该轮实验实现匹配后的纯收入 = 接受的工资报价 * 该阶段的系数 − 7.5

第一轮实验每个阶段对应的系数表

阶段	1	2	3	4	5	6	7	8	9	10
系数	20	19	18	17	16	15	14	13	12	11

阶段	11	12	13	14	15	16	17	18	19	20
系数	10	9	8	7	6	5	4	3	2	1

二、第二轮（20 个阶段）

你从 4 张签抽一张（2 个 "0"，2 个 "1"）。如果抽到的签是数字 "0"，在该阶段你没有获得工资报价。如果你抽到的签是数字 "1"，在该阶段你获得工资报价，并决定是接受工资报价还是继续实验。

该轮实验实现匹配后的纯收入 = 接受的工资报价 * 该阶段的系数 − 7.5

第二轮实验每个阶段对应的系数表

阶段	1	2	3	4	5	6	7	8	9	10
系数	58	52	46	41	36	32	28	25	22	19

阶段	11	12	13	14	15	16	17	18	19	20
系数	16	14	12	9	8	6	5	3	2	1

三、第三轮（20 个阶段）

你从四张签抽一张（两个 "0"，两个 "1"）。如果抽到的签是数字 "0"，在该阶段你没有获得工资报价。如果你抽到的签是数字 "1"，在该阶段你获得工资报价，并决定是接受工资报价还是继续实验。注意：该轮次实验中，预先给定收益为 5 点实验货币。

该轮实验实现匹配后的纯收入 = 接受的工资报价 * 该阶段的系数 − 7.5 +5

第三轮实验每个阶段对应的系数表

阶段	1	2	3	4	5	6	7	8	9	10
系数	20	19	18	17	16	15	14	13	12	11

阶段	11	12	13	14	15	16	17	18	19	20
系数	10	9	8	7	6	5	4	3	2	1

四、第四轮（20 个阶段）

你从 4 张签抽一张（2 个"0"，2 个"1"）。如果抽到的签是数字"0"，在该阶段你没有获得工资报价。如果你抽到的签是数字"1"，在该阶段你获得工资报价，并决定是接受工资报价还是继续实验。

该轮实验实现匹配后的纯收入 = 接受的工资报价 * 该阶段的系数 − 7.5

第四轮实验每个阶段对应的系数表

阶段	1	2	3	4	5	6	7	8	9	10
系数	20	19	18	17	16	15	14	13	12	11

阶段	11	12	13	14	15	16	17	18	19	20
系数	10	9	8	7	6	5	4	3	2	1

五、第五轮（20 个阶段）

你从 4 张签抽一张（2 个"0"，2 个"1"）。如果抽到的签是数字"0"，在该阶段你没有获得工资报价。如果你抽到的签是数字"1"，在该阶段你获得工资报价，并决定是接受工资报价还是继续实验。

该轮实验实现匹配后的纯收入 = 接受的工资报价 * 该阶段的系数 − 7.5

第五轮实验每个阶段对应的系数表

阶段	1	2	3	4	5	6	7	8	9	10
系数	30	28.5	27	25.5	24	22.5	21	19.5	18	16.5
阶段	11	12	13	14	15	16	17	18	19	20
系数	15	13.5	12	10.5	9	7.5	6	4.5	3	1.5

六、第六轮（20 个阶段）

你从 4 张签抽一张（2 个"0"，2 个"1"）。如果抽到的签是数字"0"，在该阶段你没有获得工资报价。如果你抽到的签是数字"1"，在该阶段你获得工资报价，并决定是接受工资报价还是继续实验。注意：该轮次实验中，预先给定收益为 -10 点实验货币（注意：为负值）。

该轮实验实现匹配后的纯收入 = 接受的工资报价 * 该阶段的系数 -7.5 -10

第六轮实验每个阶段对应的系数表

阶段	1	2	3	4	5	6	7	8	9	10
系数	30	28.5	27	25.5	24	22.5	21	19.5	18	16.5
阶段	11	12	13	14	15	16	17	18	19	20
系数	15	13.5	12	10.5	9	7.5	6	4.5	3	1.5

七、第七轮（20 个阶段）

你从 4 张签抽一张（2 个"0"，2 个"1"）。如果抽到的签是数字"0"，在该阶段你没有获得工资报价。如果你抽到的签是数字"1"，在该阶段你获得工资报价，并决定是接受工资报价还是继续实验。

该轮实验实现匹配后的纯收入 = 接受的工资报价 * 该阶段的系数 -7.5

第七轮实验每个阶段对应的系数表

阶段	1	2	3	4	5	6	7	8	9	10
系数	30	28.5	27	25.5	24	22.5	21	19.5	18	16.5

阶段	11	12	13	14	15	16	17	18	19	20
系数	15	13.5	12	10.5	9	7.5	6	4.5	3	1.5

八、第八轮（20 个阶段）

你从 4 张签抽一张（注意：3 个"0"，1 个"1"）。如果抽到的签是数字"0"，在该阶段你没有获得工资报价。如果你抽到的签是数字"1"，在该阶段你获得工资报价，并决定是接受工资报价还是继续实验。

该轮实验实现匹配后的纯收入 = 接受的工资报价 * 该阶段的系数 − 7.5

第八轮实验每个阶段对应的系数表

阶段	1	2	3	4	5	6	7	8	9	10
系数	30	28.5	27	25.5	24	22.5	21	19.5	18	16.5

阶段	11	12	13	14	15	16	17	18	19	20
系数	15	13.5	12	10.5	9	7.5	6	4.5	3	1.5

九、第九轮（注意：10 个阶段）：你从四张签抽一张（注意：三个"0"，一个"1"）。如果抽到的签是数字"0"，在该阶段你没有获得工资报价。如果你抽到的签是数字"1"，在该阶段你获得工资报价，并决定是接受工资报价还是继续实验。

该轮实验实现匹配后的纯收入 = 接受的工资报价 * 该阶段的系数 − 7.5

第九轮实验每个阶段对应的系数表

阶段	1	2	3	4	5	6	7	8	9	10
系数	15	13.5	12	10.5	9	7.5	6	4.5	3	1.5

在每一轮实验的每一个阶段末，请把实验轮次数、实验阶段数、你自己是否接受企业工资报价的选择、你自己的大学生类型与编号等信息写在纸上交给企业。

如果你有任何问题，请举手。